Sebastian Bartoschek

Bekanntheit von und Zustimmung zu Verschwörungstheorien – eine empirische Grundlagenarbeit

Bibliographische Informationen der Deutschen Bibliothek
Die Deutsche Bibliothek verzeichnet diese Publikation in der
Deutschen Nationalbibliographie; detaillierte Informationen sind im Internet unter
http://dnb.ddb.de abrufbar.

Bartoschek, Sebastian:
Bekanntheit von und Zustimmung zu Verschwörungstheorien – eine empirische
Grundlagenarbeit
3. Auflage, Hannover: jmb-Verlag, Dezember 2015

jmb-Verlag. Jens Bolm.
Rotekreuzstr. 25, 30627 Hannover
Gestaltung: Sebastian Bartoschek
Gesamtherstellung: Pressel, Remshalden

ISBN 978-3-944342-60-3

Abbildungsverzeichnis

Tabellenverzeichnis

0 Zusammenfassung

Diese Arbeit betrachtet empirisch Verschwörungstheorien (VT). Bekanntheit von und Zustimmung zu VT werden unterschieden, zwei Fragebogen konstruiert, bisherige Forschung dargestellt. Die Bogen beinhalten 95 VT, die kurz inhaltlich umrissen werden. Soziodemografische Merkmale werden erhoben. Die Datenerhebungen erfolgen online. Nach deskriptiver Statistik zur Bekanntheit ($N = 1143$) und Zustimmung ($N = 699$), werden Testgütekriterien betrachtet, gefolgt von der Betrachtung des Einflusses soziodemografischer Merkmale sowie Faktorenanalysen zum Zusammenhang zwischen den VT. Bekanntheit und Zustimmung korrelieren ($r = 0{,}578$, $p < 0{,}001$). Extremismus hat positiven Einfluss auf beide Konstrukte. Unterschiedlich ist die Wirkrichtung bei Geschlecht (Männer kennen mehr, glauben weniger), Alter (Ältere kennen mehr, glauben weniger) sowie Religiosität (Religiöse glauben mehr, kennen weniger). Einsamkeit hat positiven Einfluss auf Bekanntheit, nicht auf Zustimmung, während Bildung negativen Einfluss auf Zustimmung, aber keinen auf Bekanntheit hat. Der Glaube an VT wird als Teil des Mustererkennungssystems diskutiert.

1 Zielsetzung

Bisher fehlt im Bereich der Forschung zu Verschwörungstheorien ein empirisches Fundament. Zwar gibt es einige, v.a. soziologische, Aufsätze zur Thematik der Verschwörungstheorien, doch sind die darin postulierten Modelle kaum bis gar nicht geprüft. Andererseits ist das Thema Verschwörungstheorien, neben seiner großen medialen Relevanz, ein originär psychologisches, da es mit der Frage zu tun hat, wie eine subjektive Realität gebildet und aufrechterhalten wird.

So Datenerhebungen stattfanden, haben sie sich nur mit wenigen einzelnen Theorien auseinandergesetzt und selten die Wechselwirkungen einzelner Theorien zueinander betrachtet.

Ziel dieser Arbeit ist daher, ein möglichst breites empirisches Fundament zu möglichst vielen unterschiedlichen Verschwörungstheorien zu liefern.

Erstmals soll dabei zwischen der Bekanntheit von und der Zustimmung zu Verschwörungstheorien unterschieden werden, deren Beziehung zueinander und deren Einflussfaktoren auf breiter empirischer Basis betrachtet werden sollen.

2 Begriffsbestimmungen

Der Begriff der „Verschwörungstheorie“ wird in „Verschwörung“ (vgl. 2.1) und „Theorie“ (vgl. 2.2) zerlegt, die zunächst isoliert betrachtet werden. Anschließend folgt eine Annäherung an den Begriff „Verschwörungstheorie“ (vgl. 2.3) sowie eine Abgrenzung des Glaubens an Verschwörungstheorien von psychopathologischen Störungsbildern wie der Paranoia (vgl. 2.3.2). Das entwickelte Verständnis des Begriffes „Verschwörungstheorie“ (vgl. 2.3.3) wird später (vgl. 5.1.1.1) nochmals reflektiert, wenn es um die Auswahl geeigneter Verschwörungstheorien als Items für die Fragebogen geht und ist zudem Gegenstand der Diskussion (vgl. 7.4.2).

2.1 Verschwörung

Der Duden definiert eine „Verschwörung“ als

> „gemeinsame Planung eines Unternehmens gegen jemanden oder etwas (besonders gegen die staatliche Ordnung); Konspiration“ (Duden, 1983).

Die Internetenzyklopädie Wikipedia (2010) setzt die „Verschwörung“ der „heimlichen Verbündung“ gleich. Dabei diene die

> „heimliche Verbündung [...] der Durchführung eines Plans mit entweder (a) selbstsüchtiger verwerflicher Zielsetzung zum Schaden anderer oder (b) zwecks Beseitigung von – tatsächlichen oder vermeintlichen – Missständen. Die Zielsetzung einer Verschwörung beruht daher nicht immer auf niederen Motiven, sie basiert jedoch in jedem Falle auf Täuschung.“

Weiter wird ausgeführt, dass der Begriff „negativ besetzt“ sei und „nicht zur Selbstbeschreibung einer Gruppe gebraucht“ werde. Es erfolgt hier zudem bereits eine Annäherung an den Begriff der „Verschwörungstheorie“:

> „Die Heimlichkeit einer Verschwörung ist der Nährstoff vieler Verschwörungstheorien. Sie wird von der staatlich sanktionierten Geheimhaltung [...] unterschieden.“ (Wikipedia, 2010)

Die zum Ausdruck kommende negative Färbung des Begriffs „Verschwörung" ist im angelsächsischen Bereich noch deutlicher. Eine „conspiracy"[1] ist im angelsächsischen Rechtskreis ein Terminus für einen Straftatbestand (vgl. 3.5).

Demgegenüber gibt es im deutschen Gesetz keinen Tatbestand der „Verschwörung". Allerdings geht § 30 Strafgesetzbuch (StGB) mit der „Verabredung eines Verbrechens/ Versuch einer Beteiligung" in diese Richtung (Tröndle, 1997):

> „(1) Wer einen anderen zu bestimmen versucht, ein Verbrechen zu begehen oder zu ihm anzustiften, wird nach den Vorschriften über den Versuch des Verbrechens bestraft. [...].
> (2) Ebenso wird bestraft, wer sich bereit erklärt, wer das Erbieten eines anderen annimmt oder wer mit einem anderen verabredet, ein Verbrechen zu begehen oder zu ihm anzustiften."

Dabei gilt, dass das „konspirative Zusammenwirken von Beteiligten schon vor Eintritt in das Verbrechensstadium [...] gefährlich ist". Entscheidend ist nicht die Realisierung gesetzeswidrigen Handelns, sondern die Verabredung dazu. Diese wird als „die vom ernstlichen Willen getragene [...] aber vielleicht auch stillschweigende Einwilligung von mindestens zwei Personen [...] an der Verwirklichung eines bestimmten Verbrechens [...] mitzuwirken" verstanden (Tröndle, 1997).

Die „stillschweigende Einwilligung" ist zwar für den juristischen Tatbestand nach § 30 StGB hinreichend, landläufig wird bei einer „Verschwörung" aber von einer artikulierten Zustimmung zum Verbrechen ausgegangen.

Die Tatsache, dass Verschwörungen strafbewehrt sind zeigt, dass es solche auch in der Realität gibt. Dies sollte im Folgenden nicht vergessen und Verschwörungstheorien vorschnell zurückgewiesen werden.

Im Laufe der Geschichte gab es viele tatsächliche und belegte Verschwörungen, so den Mord an Gaius Julius Cäsar am 14. März 44 v. Chr. durch eine

[1]dt.:„Verschwörung"

Gruppe von Senatoren (Grüter, 2006) oder das Attentat auf den österreichischen Thronfolger Franz Ferdinand in Sarajevo am 28. Juni 1914 durch Mitglieder des serbischen Geheimbundes „die Schwarze Hand" (Mai, 2008).

2.2 Theorie

Der Begriff „Theorie" kann vier verschiedene Bedeutungen annehmen (Duden, 1983):

> a) „System wissenschaftlich begründeter Aussagen zur Erklärung bestimmter Tatsachen od. Erscheinungen u. der ihnen zugrundeliegenden Gesetzlichkeiten [...]"
> b) „Lehre über die allgemeinen Begriffe, Gesetze, Prinzipien eines bestimmten Bereichs der Wissenschaft, Kunst, Technik [...]"
> c) „[...] rein begriffliche (nicht praxisorientierte od. -bezogene) Betrachtung(sweise), Erfassung von etw. [...]"
> d) „[...] wirklichkeitsfremde Vorstellung; bloße Vermutung [...]"

Dabei unterscheiden sich die Konnotationen erkennbar: Positiv besetzt sind die ersten beiden Definitionen, neutral ist ein Verständnis im Sinne der dritten Begriffsbestimmung. Klar negativ konnotiert ist die vierte Definition einer Theorie – sie weist eine Verwandtschaft zum Begriff der „Spekulation" auf.

Auf dieses Problem der Definition von „Theorie" weist Dawkins (2009) im Rahmen des Streits um die Evolutionstheorie hin. Gegner der Evolutionstheorie wenden gerne die Definition einer Theorie als „bloße Vermutung" an, um zu dem Schluss kommen zu können, für die Gültigkeit der Evolutionslehre fehlten Belege und sie sei ein Konstrukt ohne praktischen Bezug. Dawkins (2009) hingegen fokussiert auf die ersten beiden Definitionen, und zwar als im Wissenschaftsbetrieb gebräuchliches Verständnis einer „Theorie", und wendet dieses Verständnis auf den Begriff der Evolutionstheorie an, die somit ein Faktum und Regelwerk beschreibe.

Eine ähnliche Diskussion könnte zur Bedeutung des Begriffs „Verschwörungstheorie“ geführt werden.

2.3 Verschwörungstheorie

Zunächst ist unter einer Verschwörungstheorie eine Theorie zu verstehen, die sich mit einer Verschwörung beschäftigt. Dabei reicht die Bandbreite, je nach der gewählten Bedeutung des Begriffs „Theorie“ (vgl. 2.2), von einer „wissenschaftlich begründeten Aussage“ über das „konspirative Wirken“ einer Gruppe (vgl. 2.1) bis hin zu einer „wirklichkeitsfremden Vorstellung“ darüber.

Der Begriff „Verschwörungstheorie“ scheint noch nicht lange Teil der deutschen Alltagssprache zu sein: Er findet sich weder in einem Lexikon aus dem Jahr 1983 (Duden) noch aus dem Jahr 1999 (Bertelsmann in Hermann, 1999). Nach der Jahrtausendwende findet sich der Begriff dann in Lexika und zwar in solchen aus den Jahren 2005 (Wahrig in Hermann, 2005), 2006 (Duden) und 2010 (Duden). Die Aufnahme des Begriffs „Verschwörungstheorie“ in lexikalische Werke spricht dafür, dass seine Bekanntheit und Verbreitung in den letzten 10 Jahren gestiegen sein muss.

2.3.1 Definitionsversuche im Internet

Das Internet ist für die Verbreitung und Rezeption von Verschwörungstheorien ein besonders wichtiges Medium. Dies war bereits zu Beginn des neuen Jahrtausends der Fall, damals besonders in Newsgroups und Mailingslisten aber auch schon auf Internetseiten, die der Thematik gewidmet waren (Lutter, 2001). Durch die erhöhte Interaktivität des virtuellen Raums, allgemein als „Web 2.0“ bezeichnet, ist die Relevanz des Internets hinsichtlich der Verbreitung von Verschwörungstheorien wohl noch weiter gestiegen, ebenso wie durch den Anstieg der generellen Internetnutzung (Zimmermann, 2011).
Dies steht im Einklang mit der Aussage von Freyermuth:

> „Der Cyberspace ist für Konspirationsfans am Ende des 20. Jahrhunderts, was am Ende des 19. das Hinterzimmer und das Flugblatt waren: Versammlungsort und Publikationsmittel zugleich." (Freyermuth, 1998 nach Lutter, 2001)

Für die vorliegende Arbeit bedeutet dies, dass eine Betrachtung der Thematik nicht allein anhand von Printmedien erfolgen kann (vgl. 3.1), sondern dass das Internet als Quelle unerlässlich ist. Besonders zentrale „Orte" des Internets sind dabei die Internetenzyklopädie „Wikipedia"[2] sowie das Suchportal „Google"[3]. So unterschiedlich die wissenschaftliche Güte von Wikipedia im Vergleich zu Printlexika beurteilt wird, so sehr ist sie doch für viele Internetnutzer ein relevantes Informationsportal, das folglich unsere Wahrnehmung ebenso mitgestaltet wie klassische Printenzyklopädien.
Eine Blindstudie, veröffentlicht im Magazin „Nature", zeigte zudem, dass die Güte von „Wikipedia" mit 4 Fehlern pro Artikel nur geringfügig schlechter ist als die der „Encyclopaedia Britannica" mit 3 Fehlern pro Artikel (Giles, 2005).

Wenn man nun berücksichtigt, dass Verschwörungstheorien generell Eingang in die alltägliche Wahrnehmung gefunden haben, dass die Nutzung des Internets steigt und dass das Internet ein besonders geeigneter Ort für die Rezeption von Verschwörungstheorien ist, überrascht es nicht, dass die Internetenzyklopädie Wikipedia (2010b) dem Begriff „Verschwörungstheorie" einen ausführlichen Artikel widmet.

Hier wird als Verschwörungstheorie

> „im weitesten Sinne jede[r] Versuch [verstanden], ein Ereignis, einen Zustand oder eine Entwicklung durch eine Verschwörung, also durch das zielgerichtete, konspirative Wirken von Personen zu einem illegalen oder illegitimen Zweck, zu erklären."

---

[2] http://www.wikipedia.de
[3] http://www.google.de

Bei der Einordnung des Verständnisses einer „Theorie“ wird der negativen Konnotation als „bloße Vermutung“ gefolgt (vgl. 2.2), denn nachfolgend findet sich zur Bewertung von Verschwörungstheorien:

> „Der Begriff Verschwörungstheorie wird oft kritisch oder abwertend verwendet. In der Rhetorik ist das mediale Diskreditieren des Gegners mittels eines solchen Vorwurfs ein erprobtes Instrument. Die Charakterisierung als Verschwörungstheoretiker ist Gegenstand von Diskussionen.“ (Wikipedia, 2010b)

Im weiteren Verlauf des Artikels wird eine grundlegende Differenzierung zweier Arten von Verschwörungstheorien eingeführt und immer genauer spezifiziert:

1) die „Zentralsteuerungshypothesen“, diese mache „rationale und überprüfbare Aussagen über reale Verschwörungen“ und
2) „wahnhafte Verschwörungsideologien“ (Wikipedia, 2010b).

Maßgeblich für die Einführung dieser Kategorisierung ist dabei der Wunsch negative Beiklänge zu vermeiden:

> „Um dem stark wertenden Gebrauch des Wortes 'Verschwörungstheorie' zu begegnen, wird im Folgenden zwischen zwei Hauptformen von Verschwörungstheorien unterschieden: der Verschwörungstheorie als Zentralsteuerungshypothese, die ein Phänomen rational mit einer Verschwörung erklärt, und der irrationalen Verschwörungsideologie“ (Wikipedia, 2010b).

Dieser Unterscheidung von Verschwörungstheorien wird in der vorliegenden Arbeit nicht gefolgt. Zunächst fehlt dazu eine empirische Basis, außerdem ist der Begriff „wahnhaft“ stark an psychopathologische Befunde angelehnt (zur Abgrenzung vgl. 2.3.2). Hauptgrund der Ablehnung der Kategorisierung ist, dass diese wenig durchführbar erscheint. Verfechter einer Verschwörungstheorie werden diese sinnvollerweise immer als „rational“ und „überprüfbar“ sehen, während Gegner derselben diese oft als „wahnhaft“ darstellen werden. Sollte der vorgeschlagenen Kategorisierung auch nur bei nicht-pathologischen Verschwörungstheoretikern gefolgt werden, müsste letztlich der Wahrheitsgehalt der einzelnen Verschwörungstheorien beurteilt werden. Die vorliegende Arbeit hat jedoch nicht den Ansatz einzelne Verschwörungstheorien zu überprüfen, zu falsifizieren oder zu verifizieren, zumal dies oft abschließend grundsätzlich nicht möglich ist (vgl. 3.5). Deswegen wird grundsätzlich nur von „Verschwörungstheorien“ gesprochen, nicht aber zwischen „Zentralsteuerungshypothesen“ oder „Verschwörungsideologien“ differenziert.

Da keine Beurteilung einzelner Theorien stattfinden soll, sollen folglich auch die Verschwörungstheorie-Anhänger nicht beurteilt werden. So wird die Negativhaltung gegenüber Personen, die einer Verschwörungstheorie zustimmen, im nachfolgenden „Verschwörungstheoretiker“ genannt, zurückgewiesen.

2.3.2 Abgrenzung des Verschwörungsglaubens zu klinischen Störungen

Im Alltagsleben wird eine Person, die stark an Verschwörungstheorien glaubt, gerne als „paranoid“ bezeichnet. Dabei handelt sich um eine Zuschreibung, die dem Bereich der klinischen Psychologie entstammt. Der Begriff „Paranoia“ kommt aus dem Griechischen und bedeutet „neben dem Verstand“, „Torheit“ oder „Wahnsinn“ (Dudenredaktion, 1994).

In der klinischen Kategorisierung nach dem ICD-10 ist paranoides Verhalten mit den Störungen der paranoiden Schizophrenie (F 20.0), der Paranoia als Wahn (F 22.0) sowie der paranoiden Persönlichkeitsstörung verbunden (F 60.0) (Dilling, Mombour & Schmidt, 2010).

Eine Betrachtung solcher pathologischer Zustände soll in der vorliegenden Arbeit nicht erfolgen. Die Zustimmung zu Verschwörungstheorien soll als Merkmal einer „gesunden“ Person angesehen werden.

Den Diagnostik-Leitlinien des ICD-10 folgend (Dilling et al., 2010) werden die folgenden Merkmale als definierend für pathologische Zustände und somit als Ausschlusskriterien für den „normalen“ Verschwörungsglauben angesehen:

1. Halluzinationen, vor allem visuelle und akustische
2. übertriebene Ich/Selbst-Bezogenheit äußerer Ereignisse
3. Denkstörungen
4. Wahrnehmungsstörungen

Zudem sollen hier auch solche Störungen vom normalen Verschwörungsglauben ausgeschlossen werden, die zwar keine psychische Störung im Sinne des ICD-10 sind, aber durch eine körperliche Erkrankung erklärt werden können, z.B. infolge chronischen Alkoholmissbrauchs.

2.3.3 Gegenständliche Definition der „Verschwörungstheorie"

Im Rahmen dieser Arbeit wird unter einer „Verschwörungstheorie" (VT) jeder Versuch verstanden, ein Ereignis, einen Verlauf, eine Überzeugung oder einen Zustand durch das zielgerichtete heimliche Wirken einer Gruppe von Personen zu erklären. Dabei soll für die „Gruppe" eine Anzahl von mindestens zwei Personen notwendig und hinreichend sein; dies folgt der Kommentierung zum §30 StGB (vgl. 2.1). Die Sozialpsychologie erlaubt die Anwendung des Begriffs „Gruppe" bereits für zwei Personen, wobei die Zwei-Personen-Gruppe (oder Dyade) von der Mehr-Personen-Gruppe unterschieden werden kann (Bierhoff, 2000).

Zudem erleben Verschwörungstheoretiker, als Anhänger einer spezifischen Verschwörungstheorie, das vermutete heimliche Handeln der Gruppe als illegal oder illegitim. Sie gehen dabei von einer expliziten Zustimmung der Verschwörer zur Konspiration aus.

Bei der Auswahl geeigneter Verschwörungstheorien als Fragebogenitems zeigte sich außerdem die Notwendigkeit, die einzelnen VT hinsichtlich ihrer Ernsthaftigkeit, Aktualität und ihrem Widerspruch zu einer offiziellen Version zu prüfen und nur solche VT zuzulassen, die diese drei Kriterien positiv erfüllen (vgl. 5.1.1.1).

3 Stand der Forschung

An dieser Stelle wird der Blick auf die Frage gerichtet, inwiefern bisherige Forschungsarbeiten sich, gerade auch empirisch, mit dem Phänomen der Verschwörungstheorien auseinandergesetzt haben und welche konkreten Ergebnisse dabei erzielt wurden.

3.1 Allgemeines zu verfügbaren Quellen

Verschwörungstheorien erfreuen sich im Allgemeinen großer Beliebtheit und, wie oben ausgeführt (vgl. 2.3.1), im Internet besonderer Verbreitung (Lutter, 2001).

Exemplarisch zeigt Tabelle (Tab.) 1 Suchergebnisse zum Thema auf verschiedenen Internetportalen. Dabei wurde jeweils mit den meist benutzten Portalen in den Bereichen

- Suchmaschinen („Google"),
- Videoplattformen („Youtube") und
- Buchversandhandel („Amazon") gearbeitet.

Tabelle 1. Internetsuchergebnisse zum Thema „Verschwörungstheorie" am 5. Juni 2010, 16.30 Uhr

Suchbegriff	Uniform Resource Locator (URL)[4]	Anzahl der Ergebnisse
Verschwörungstheorie	www.google.de	393.000 Seiten
conspiracy theory	www.google.de	7.070.000 Seiten
Verschwörungstheorie	www.amazon.de	1.254 Bücher
conspiracy theory	www.amazon.de	2.104 Bücher
Verschwörungstheorie	www.youtube.de	964 Videos
conspiracy theory	www.youtube.de	232.000 Videos

Augenscheinlich ist eine vollständige Sichtung aller Medien und Internetseiten, die mit Verschwörungstheorien im Zusammenhang stehen, nicht zu bewältigen. Des Weiteren steigt die Anzahl von Internetseiten, Büchern und Videos, die sich

[4]dt. „einheitlicher Quellenanzeiger" – Internetadresse einer Homepage

der Thematik widmen, rasant, wie ein Vergleich mit einer Wiederholung der Suchanfrage nach einem Drei-Monats-Intervall zeigt. Die Veränderungen der Häufigkeiten gegenüber Tab. 1 sind in Tab. 2 dargestellt.

Tabelle 2. Veränderung der Internetsuchergebnisse zum Thema „Verschwörungstheorie" am 13. September 2010, 19.04 Uhr im Vergleich zu solchen am 5. Juni 2010, 16.30 Uhr.

Suchbegriff	**URL**	**Veränderung im Vergleich zum 5. Juni 2010**	
		absolut	**relativ**
Verschwörungstheorie	www.google.de	- 63.000 Seiten	-16,03%
conspiracy theory	www.google.de	+ 2.800.000 Seiten	39,60%
Verschwörungstheorie	www.amazon.de	+ 14 Bücher	1,12%
conspiracy theory	www.amazon.de	+ 767 Bücher	36,45%
Verschwörungstheorie	www.youtube.de	+ 946 Videos	98,13%
conspiracy theory	www.youtube.de	+ 196.000 Videos	84,48%

Bei dieser Betrachtung fallen zwei Aspekte ins Auge: Zum einen ist der Zuwachs im angelsächsischen Bereich größer als bei den deutschen Suchbegriffen, zum anderen ist der Anstieg bei den Videos besonders groß. Der stärkere Anwuchs im Englischen ist wenig überraschend, wenn man sich die Verbreitung der deutschen und englischen Sprache vor Augen führt und sich vergegenwärtigt, dass Englisch die internationale Verkehrssprache ist. Mit Blick auf die Videos entsteht für die vorliegende Arbeit das Problem der Zitierbarkeit und der oft unklaren Urheberschaft, vor allem wenn sie unter Pseudonymen auf Videoplattformen veröffentlicht werden. Es wird angestrebt, bei nur im Internet verfügbaren Publikationen textgestützte Quellen zu präferieren, danach Videos mit klarer Urheberschaft und zuletzt solche ohne erkennbare Urheberschaft.

Im Bereich der Buchveröffentlichungen können fünf Kategorien von Büchern unterschieden werden, die sich mit Verschwörungstheorien beschäftigen:

1. Sammelbände:

   Diese Sammlungen verschiedener Verschwörungstheorien (z.B. McConnacie & Tudge, 2005) sind meist Unterhaltungsliteratur. Ein Standardwerk in diesem Bereich stellt „Das Lexikon der Verschwörungstheorien. Verschwörungen, Intrigen, Geheimbünde“ von Robert Anton Wilson (2007) dar (Original: Everything Is Under Control. Conspiracies, Cults, and Cover-ups. 1998). Der Grund ist in der Person des Autors zu sehen, der durch seine „Illuminatus!“-Trilogie (Wilson & Shea, 1975, 1977, 1978) und verschiedene andere Schriften – teilweise in Zusammenarbeit mit Timothy Leary (z.B. Leary, Wilson & Koopman, 1993) – historische Verschwörungstheorien in sein literarisches Werk einband, in die Moderne übertrug und bis heute starke Rezeption erfährt. Wilsons Lexikon (2007) lässt die Verschwörungstheorien nicht unverbunden stehen; vielmehr sind Querverweise eingearbeitet – letztlich ist dieses Buch aber kein Fachbuch, sondern ein amüsantes Sachbuch.

2. Werke zu einzelnen Verschwörungstheorien, unabhängig ob aus skeptischer oder gläubiger Sicht:

   Dies sind Bücher, in denen Autoren Verschwörungstheorien aufstellen, zu untermauern oder zu widerlegen versuchen, bspw. als Verschwörungsgläubiger zum Thema Freimaurer van Helsing (2010) und als skeptischer Aufklärer Pöhlmann (2008). Die Anzahl dieser Veröffentlichungen ist schwierig zu erfassen, da vor allem gläubige Autoren ihr Buch selten als „Verschwörungstheorie“ kennzeichnen (zur negativen Konnotation vgl. 2.3) und aus demselben Grund oft auch den Begriff „Verschwörung“ vermeiden.

3. Belletristik:

   Viele Romanautoren greifen reale oder fiktive Verschwörungstheorien auf. Am bekanntesten sind derzeit sicherlich die Romane „Sakrileg“ und „Das verlorene Symbol“ des US-amerikanischen Autors Dan Brown (2004, 2009). Dabei beschäftigt sich „Sakrileg“ mit einer Verschwörungstheorie um die angebliche Blutlinie Jesu Christi, während „Das verlorene

Symbol" sich mit dem Einfluss der Freimaurer auf Ereignisse der Weltgeschichte beschäftigt. Während diese beiden Romane Beispiele für Rückgriffe auf reale Verschwörungstheorien darstellen, erfinden andere Autoren vollständig neue Verschwörungstheorien, so bspw. Andreas Eschbach (2006) die Geschichte von einem existierenden Video von Jesus Christus, dessen Verbreitung von einem verschworenen Kreis von Kirchenpolitikern verhindert wird. Auf die Verwendung belletristischer Literatur wurde im Rahmen der vorliegenden Arbeit verzichtet, so andere Quellen verfügbar waren.

4. populärwissenschaftliche Veröffentlichungen:

   In diese Kategorie fallen Werke, die sich an ein breites Publikum wenden und die oft unterhaltsam versuchen, sich dem Phänomen der Verschwörungstheorien zu nähern. Eigene, insbesondere empirische, Forschung ist kaum vorhanden (z.B. Wippermann, 2007).

5. wissenschaftliche Veröffentlichungen:

   Dem großen allgemeinen Interesse sowie der Vielzahl der Publikationen insgesamt steht eine geringe Anzahl wissenschaftlicher Texte gegenüber. Fachveröffentlichungen beschäftigen sich oft nur mit einzelnen Verschwörungstheorien. Allgemeiner gefasste Veröffentlichungen zu Verschwörungstheorien kommen aus den Wissenschaftsbereichen Geschichte oder Soziologie (z.B. Reinalter, 2002).

Generell fehlt es vor allem an der Publikation empirischer Befunde.
Zur Frage, warum die empirische Forschung sich bisher kaum Verschwörungstheorien zugewandt hat, mutmaßt Pfahl-Traughber (2002):

> „Offensichtlich sahen es viele Historiker, Politiker und Sozialwissenschaftler als unter ihrer akademischer Würde an, sich mit derartigen unseriösen und vulgären Deutungen politischer Prozesse zu beschäftigen."

Und Jaworski (2001) merkt ironisch an, dass die

> „Zwielichtigkeit des Untersuchungsfeldes [...] zu unliebsamen Rückschlüssen auf die Seriosität des damit befassten Forschers verleiten“

könne.

Die negative Konnotation der Verschwörungstheorien könnte auf den Untersucher selbst zurückfallen – zumindest in den Augen seiner Kollegen.
Diese Gefahr gilt es nach Meinung des Autors in Kauf zu nehmen, um einen Forschungsbereich voranzutreiben.

3.2 Gesellschaft zur wissenschaftlichen Untersuchung von Parawissenschaften

Die Gesellschaft zur wissenschaftlichen Untersuchung von Parawissenschaften e.V. (GWUP), gegründet 1987, ist eine Skeptikerorganisation mit Sitz in Roßdorf. Die GWUP benennt als ihre zentralen Ziele:

- die Information der Öffentlichkeit über parawissenschaftliche Behauptungen,
- die Untersuchung der Parawissenschaften mit wissenschaftlichen Methoden und den Instrumenten des kritischen Denkens,
- die Förderung wissenschaftlicher Erkenntnisse und Methoden sowie des kritischen Denkens (GWUP, 2011).

Dabei definiert die GWUP (2011) diejenigen Themenbereiche als „parawissenschaftlich“, die „am Rande oder sogar außerhalb der anerkannten Wissenschaften“ liegen, bspw. Homöopathie, Sterndeutung oder UFO-Sichtungen.

In der Verbandszeitschrift „DER SKEPTIKER“ werden verschiedene parawissenschaftliche Themen, darunter Verschwörungstheorien, behandelt.
Veröffentlichungen im SKEPTIKER werden in der Datenbank PSYNDEX des Leibniz-Zentrums für Psychologische Information und Dokumentation (ZPID)

gelistet, da bei Fachartikeln ein Peer-Review-Verfahren durch externe Gutachter stattfindet, was als Qualitätsmerkmal angesehen werden kann (ZPID, 2011).

Die GWUP betreibt keine eigene Forschung zu Verschwörungstheorien, sondern greift auf die Veröffentlichungen anderer Autoren zurück, z.B. von Thomas Grüter, dessen Dreistufen-Modell zur Genese von Verschwörungstheorien von der GWUP übernommen wird (vgl. 3.7).
Nach Meinung der GWUP ist eine Verschwörungstheorie die

> „sachlich unbegründete Annahme, ein bestimmtes meist negatives Geschehen sei das Ergebnis einer Verschwörung“ (GWUP, 2011b).

Die GWUP nimmt eine negative Bewertung des Verschwörungstheoriebegriffes sowie der daran glaubenden Personen vor, wie im folgenden Zitat deutlich wird:

> „Durch ihre Argumentationen widersetzen sich Verschwörungstheorien jeglicher logischen Widerlegung, deshalb sind sie wissenschaftlich wertlos.“ (GWUP, 2011b)

Kritiker der GWUP, wie das ehemalige Gründungsmitglied Edgar Wunder, werfen dem Verein mangelnde Offenheit und Voreingenommenheit bei der Prüfung vermeintlich parawissenschaftlicher Inhalte vor (Wunder, 2000).

3.3 Graumann & Mosovici (1987)

In einem Herausgeberwerk vereinen Graumann und Mosovici (1987) verschiedene Aufsätze, die die Annäherung an das Phänomen der Verschwörungstheorien aus psychologischer, historischer und soziologischer Sicht versuchen.

Interessant für die vorliegende Arbeit sind vor allem die Beiträge von Dieter Groh, Serge Mosovici und Arie Kruglanski.

Groh (1987) arbeitet verschiedene Merkmale von VT heraus. Entscheidend ist für ihn zunächst die Annahme über die Verschwörung einer kleinen Gruppe. Diese habe einen hohen gruppeninternen Zusammenhalt und arbeite kontinuierlich im Verborgenen an ihrem Plan. Die Weltsicht der Verschwörungsgläubigen sei dualistisch und könne ins Wahnhafte abgleiten. Ziel einer VT sei zum einen die „Reduktion von Komplexität" und zum anderen die Auflösung dissonanter Wahrnehmungen, die im Alltag gemacht würden. Zudem würden Verschwörungstheoretiker das zufällige Wirken von Ereignissen ausschließen und einem streng deterministischen Weltbild anhängen. Kausale Verbindungen zwischen historisch unzusammenhängenden Ereignissen würden dabei geknüpft. Als historisch früheste Verschwörungstheorie sieht er den Hexenglauben an (ebenso wie Grüter, 2008, vgl. 3.7).

Mosovici (1987) nähert sich aus psychologischer/ psychodynamischer Sicht dem Denken von Verschwörungsgläubigen an. Seines Erachtens nach gehe es bei Verschwörungstheorien immer darum, dass eine Majorität einer Minorität illegale und illegitime Handlungen unterstellt. Dabei ginge es weniger um die echte Erklärung von Ereignissen, als vielmehr um den Wunsch durch kognitive Umdeutungen die eigene soziale Sicht auf den Fortgang der Geschichte behalten zu können. Das zentrale psychologische Motiv der Verschwörungsgläubigen sei die Missgunst gegenüber der Minderheit, die beneidet würde, da ihr Tabubrüche erlaubt seien bzw. dies der Mehrheit so erscheine. Die Beschuldigung als Verschwörer führe zur Entmenschlichung der Beschuldigten, deren Auslöschung deswegen zu einem probaten Mittel werde. Für Mosovici (1987) ist der Verschwörungsglauben kein pathologisches Problem, sondern Teil des normalen menschlichen Denkens (vgl. 2.3.2). Er ziehe sich durch die gesamte Menschheitsgeschichte.

Kruglanski (1987) beschäftigt sich primär mit der Attributionsforschung, die der Frage nachgeht, welcher Ursache Ereignisse zugeschrieben werden. Die Erkenntnisse dieses sozialpsychologischen Paradigmas wendet er auf den Bereich der Verschwörungstheorien an. Jeder Mensch forme sich sein Bild der Realität und dazu gültige und passende Hypothesen.

Dabei kämen bei der Generierung solcher Hypothesen über das Funktionieren der Welt die Faktoren

a) Wunsch nach Struktur,
b) Angst vor falschen Schlussfolgerungen sowie
c) Schlussfolgerungs-Bedürfnisse (die Hypothesen sollen kongruent zur eigenen Weltsicht sein)
zum Tragen.

Verschwörungstheorien würden dabei besonders den Struktur- und den Kongruenz-Wunsch erfüllen. In diesem Zusammenhang vertritt er folgende These: Je stärker soziale Verwerfungen, desto größer die individuelle Instabilität, desto größer der Wunsch nach Struktur, desto erfolgreicher Verschwörungstheorien.

Im einzigen empirischen Aufsatz des Sammelbandes zeigt Inglehart (1987) auf, dass die eigene ideologische Position signifikant das Vertrauen gegenüber staatlichen Institutionen bestimmt. Dabei sind Links- und Rechtsextreme gleich stark in ihrem Misstrauen gegenüber staatlichen Institutionen.

3.4 Ted Goertzel (1994)

Goertzel (1994) führte eine Befragung von 348 Bewohnern in New Jersey durch. Er präsentierte ihnen eine Liste von zehn, meist spezifisch amerikanischen, Verschwörungstheorien. Dabei war die Einstiegsfrage, wer für die Ermordung John F. Kennedys verantwortlich sei: Entweder eine Verschwörung oder ein Einzeltäter. 69% der Befragten stimmten für die Verschwörung, 14% für den Einzeltäter und 17% waren sich unsicher. Bei den anderen neun Items gab es die Möglichkeit zur abgestuften Antwort. Tabelle 3 stellt die Ergebnisse der Befragung dar.

Tabelle 3. Ergebnisse der Verschwörungstheorie-Befragung von Goertzel (1994)

Nr.	Verschwörungstheorie	Prozentsatz der Antworten[5]: „Definitely True“ (DT) „Probably True“ (PT) „Probably False“ (PF) „Definitely False“ (DF) „Don´t know“ (DK)				
		DT	PT	PF	DF	DK
2	Anita Hill was part of an organized conspiracy against Judge Clarence Thomas.[6]	10	22	31	23	14
3	The AIDS virus was created deliberately in a government laboratory.[7]	5	10	25	48	12
4	The government deliberately spread the AIDS virus in the homosexual community.[8]	3	8	26	54	9
5	The government deliberately spread the AIDS virus in the black community.[9]	4	6	26	56	8
6	The Air Force is hiding evidence that the United States has been visited by flying saucers.[10]	12	29	25	23	11
7	The FBI was involved in the assassination of Martin Luther King.[11]	9	33	22	20	16
8	Ronald Reagan and George Bush conspired with the Iranians so that the American hostages would not be released until after the 1980 elections.[12]	16	39	23	11	12
9	The Japanese are deliberately conspiring to destroy the American economy.[13]	16	30	30	16	8
10	The American government deliberately put drugs into the inner city communities. [14]	7	14	29	41	9

[5]dt: „DT = Definitiv Wahr, PT = Vielleicht wahr, PF = Wahrscheinlich falsch, DF = Definitiv falsch“. Die Möglichkeit DK (= weiß nicht) wurde nicht angeboten, aber notiert, so sie benannt wurde

[6]dt.: „Anita Hill war Teil einer organisierten Verschwörung gegen Richter Clarence Thomas“

[7]dt.: „Das AIDS-Virus wurde absichtlich in einem Regierungslabor entwickelt.“

[8]dt.: „Die Regierung hat das AIDS-Virus absichtlich unter Homosexuellen verbreitet.“

[9]dt.: „Die Regierung hat das AIDS-Virus absichtlich unter Schwarzen verbreitet.“

[10]dt.: „Die Air Force verschweigt Beweise dafür, dass die USA von fliegenden Untertassen besucht wurde.“

[11]dt.: „Das FBI war an der Ermordung Martin Luther Kings beteiligt.“

[12]dt.: „Ronald Reagan und George Bush verschworen sich dergestalt mit den Iranern, dass eine Freilassung der amerikanischen Geiseln nicht vor den Wahlen 1980 erfolgte.“

[13]dt.: „Die Japaner haben sich absichtlich verschworen, um die amerikanische Wirtschaft zu zerstören.“

[14]dt.: „Die amerikanische Regierung bringt absichtlich Drogen in die innerstädtischen Gemeinschaften.“

Goertzel (1994) überprüfte zudem seine Hypothese, nach der der Zustimmung zu Verschwörungstheorien eine generelle Tendenz (als individuelle persönliche Ideologie) zugrunde läge. Wenn dies so sei, müsse die Zustimmung zu einer Verschwörungstheorie mit der Zustimmung zu den anderen VT korrelieren. Alle 45 bivariaten Korrelationen waren positiv, davon 11 signifikant mit $\alpha < 0{,}01$ und 26 mit $\alpha < 0{,}001$ (einseitige Prüfung, $N = 348$). Acht Korrelationen waren nicht signifikant (17,8%), diese Werte werden nicht berichtet. Zudem führte er eine explorative Faktorenanalyse durch, deren erster Faktor 39% der Varianz der Zustimmung zu den 9 VT erklärte. Beides wertet Goertzel als Beleg für die Hypothese, dass der Verschwörungsglaube ein generelles Konstrukt sei.

Als Korrelate des Glaubens an Verschwörungstheorien benennt Goertzel (1994) im geringeren Ausmaß das Alter ($r = -0{,}21$) und die Unsicherheit des Arbeitsplatzes ($r = 0{,}21$), stärker die Zugehörigkeit zu einer Minderheit ($r = 0{,}44$, mit „weiß“ = 1, „hispanisch“ = 2 und „schwarz“ = 3), das individuelle Vertrauen in Polizei, Nachbarn und Verwandte ($r = -0{,}37$), und „Anomie“ ($r = 0{,}43$), ein Konstrukt, das die individuelle Vereinsamung erfasst.

Keine Korrelationen ergaben sich zum Geschlecht, dem Bildungsgrad oder dem Beruf. In einer multivariaten Regression zeigte sich zudem keine Signifikanz mehr für das Alter und die Unsicherheit des Arbeitsplatzes.

In der Diskussion unterscheidet Goertzel (1994) zwischen „dialogischen“ und „monologischen“ Glaubenssystemen, wobei letztere unabhängig von den tatsächlichen Beobachtungen seien. Sie seien insofern „monologisch“, als dass der Informationsaustausch nur in eine Richtung laufe. Im diesen Sinne sei der Glaube an VT monologisch, dessen großer Nutzen in der einfachen Erklärung neuer Phänomene, ohne gleichzeitige Bedrohung für das bisherige Glaubenssystem, liege.

3.5 Reinalter (2002)

In allen Gesprächen des Autors mit den Verfassungsschutzbehörden des Bundes und des Landes Nordrhein-Westfalen wurde immer wieder auf das Herausgeberwerk von Reinalter (2002) verwiesen, weswegen es wohl als besonders bedeutend für den deutschen Sprachraum angesehen werden kann. Es beinhaltet eine Sammlung von Aufsätzen, als Ergebnis einer Konferenz zum Thema „Verschwörungstheorien in Geschichte und aktueller Gegenwart" am 17. und 18. Mai 2001 an der Universität Innsbruck.

Von besonderer Bedeutung für die vorliegende Arbeit sind die Ausführungen „[z]ur Geschichte der Verschwörungstheorien" (v. Biberstein, 2002), mögliche „Definitionen, Erscheinungsformen, Funktionen und Ursachen" von Verschwörungen (Pfahl-Traughber, 2002) sowie Darlegungen zu den „esoterische[n] Grundlagen im Verschwörungsbild des Rechtsextremismus" (Gugenberger, 2002).

Bevor von Biberstein (2002) einen geschichtlichen Überblick über Verschwörungstheorien gibt, führt er aus, dass es ihm nicht um Verschwörungen im Sinne des amerikanischen Rechts ginge, die

> „eine Verbindung beinhalten von zwei oder mehreren Personen zu dem Zweck, eine illegale oder verbrecherische Tat zu verüben" (vgl. 2.1).

Es ginge auch nicht um kriminelle oder lokale Verschwörung, sondern um sogenannte „Weltverschwörungen", die durch im Verborgenen handelnde Verschwörer gekennzeichnet seien. Verschwörungstheorien müssten ein Mindestmaß an Glaubwürdigkeit aufweisen, wozu sie oft einen Funken Wahrheit nutzen, der dann auf bizarre Weise in ein dualistisches Weltbild verzerrt werde. Dabei reduzierten Verschwörungstheorien[15] die Komplexität der Realität und böten so eine „gefährliche Orientierungsfunktion". Stets gehe es um eine kleine Minderheit, die durch „dämonisch-übermenschliche Kräfte" zu Lenkungsprozessen in der Lage sei. Zwar seien Verschwörungstheorien ursprünglich eine politisch rechte Domäne, doch gäbe es mittlerweile „linke" und sich fortschrittlich darstellende

[15] im Original: „Verschwörungsthesen"

Verschwörungstheorien. Dies könne ein Indiz für eine Berührung der Extreme oder für die Verwischung politischer Schlagworte in der „Spaßgesellschaft“ sein.

Ursprung aller Verschwörungstheorien sei die Gegenrevolutionsbewegung zur Französischen Revolution. Danach seien Verschwörungstheorien deutlich „säkularisiert“ und „radikalisiert“ worden. Im späten 18. Jahrhundert seien Elemente des Satans- und Hexenglaubens auf die Juden und Freimaurer übertragen worden, was besonders auch auf den Illuminatenorden zuträfe. Im 19. Jahrhundert änderten sich die Verschwörungsthesen hin zur Sozialistenfeindlichkeit. Auf der Synthese, der „jüdisch-freimaurerisch-sozialistischen“ Weltverschwörung, bauten in der Folgezeit NS-Ideologen wie Alfred Rosenberg auf.

Pfahl-Traughber (2002) definiert zunächst einige zentrale Begriffe:

a) „Echte“ Verschwörungen: Meist geheim geregelte Übereinkünfte einer kleinen Gruppe von Personen, die die Durchsetzung „eines konkreten Ziels auf diesem Weg anstrebt“. Sie seien „kurzfristig durchgeführte Vorhaben mit einem konkreten Ziel“.

b) Verschwörungshypothese: Annahme über eine Verschwörung, die jedoch dem empirischen Gegenbeweis zugängig ist.

c) Verschwörungsideologie: Annahme über eine Verschwörung, die nicht mehr durch Empirie korrekturfähig ist. Hier gebe es „festgefügte monokausale und stereotype Einstellungen“. Real existierenden Gruppen werde eine deutlich übersteigerte Wirkmöglichkeit zugeordnet.

d) Verschwörungsmythos: „Übersteigerung der Verschwörungsideologie“. Entscheidend sei, dass die Gruppe nicht real existieren müsse, sondern Ausgeburt der Fantasie sein kann.

e) Verschwörungstheorie: Diesen Begriff lehnt der Autor ab, da er zu eng am wissenschaftlichen Begriff der „Theorie“ angelehnt sei (vgl. 2.2).

Nachfolgend werden Varianten von Verschwörungsideologien (Tab. 4) unterschieden.

Tabelle 4. Akteure in Verschwörungstheorien und deren Zuordnung nach Pfahl-Traughber (2002)

Akteure der Verschwörung	Zentrale Inhalte	passender Begriff
Juden	Brunnenvergiftung, Ritualmord, die gefälschten „Protokolle der Weisen von Zion“	Verschwörungsmythos
Freimaurer	Unterstellung des Ziels des Staatsumsturzes. Dabei versuchen Freimaurer eigentlich „eine humanitäre Geisteshaltung durch geistige Erörterung und rituelle Handlungen zu vermitteln.“	Zwischen Verschwörungsideologie und Verschwörungsmythos
Illuminaten	Sonderform der Freimaurer-Theorie: Illuminatenorden war von 1776 bis 1785 tätig, hatte objektiv keine große politische Bedeutung. Nach Auflösung als „supergeheimes Verschwörungszentrum“ gesehen. Wiederaufnahme in esoterisch-rechter Verschwörungsliteratur, oft unter der Bezeichnung „Illuminati“.	Verschwörungsmythos
Kommunisten	Historische Verschwörungstheorie, die mit dem Ende des Kalten Krieges weniger relevant wurde.	Verschwörungs-ideologie
Kapitalisten	Geht entweder von Verschwörung gegen sozialistische Systeme oder einer heimlichen Herrschaft des Kapitals in Demokratien aus. Stets verbunden mit dem Heraufziehen von Wirtschaftskrisen.	Verschwörungs-ideologie
Geheimagenten	Geheimdienstliche Tätigkeiten können Gegenstand von Verschwörungshypothesen sein, diese gehen jedoch meist weiter als das konkrete, spezifische Wirken.	Verschwörungs-ideologie oder Verschwörungsmythos
Zudem sei in jüngerer Zeit zu beachten, dass verstärkt Außerirdische in Verschwörungstheorien involviert würden.		

Pfahl-Traughber (2002) unterscheidet vier Funktionen von Verschwörungsideologien:

a) Identität: Ein dualistisches Weltbild wird erzeugt, in dem „die Anderen“ böse seien und die eigene Gruppe folglich gut.

b) Erkenntnis: Durch Verschwörungsideologien wird das „Verständnis komplexer historisch-politischer Entwicklung“ vereinfacht.

c) Manipulation: Über das Formulieren von Verschwörungsideologien kann ein Publikum „gelenkt werden“. Historisches Beispiel sei die Beeinflussung der Deutschen durch Hitler.

d) Legitimation: Eng mit der Manipulation verknüpft; dient der „Rechtfertigung von Herrschafts-, Unterdrückungs- und Vernichtungsmaßnahmen“.

Als Ursachen für die Akzeptanz von Verschwörungsideologien unterscheidet Pfahl-Traughber (2002) drei Faktoren:

a) psychologische Faktoren: Diese seien in der Charakterstruktur angelegt und werden als „Verschwörungsmentalität" bezeichnet.

b) soziale Faktoren: Dabei gehe es zentral um gesellschaftliche Umbrüche, die sich in schnellem Tempo vollziehen.

c) politische Faktoren: Verschwörungsideologien müssen aktiv durch einflussreiche Personen verbreitet werden, um Zustimmung zu erfahren.

Zwar geht Pfahl-Traughber (2002) von einem multimodalen Modell aus, betont aber, dass auch monokausale Erklärungen durchaus denkbar seien, wobei die Grundlage der psychologische Faktor sei, eine „latent vorhandene Einstellung", die einen „stabilen Faktor" darstelle.

3.6 Martin Bruder

Der Sozialpsychologe Dr. Martin Bruder erstellte Ende 2006 eine Online-Umfrage zu Verschwörungstheorien. Neben der Erhebung von Michael Neumann (vgl. 3.8.) ist dies die derzeit einzige aktuelle deutschsprachige empirische Befragung zum Thema Verschwörungstheorien, die nicht nur eine einzelne VT, sondern eine Vielzahl solcher betrachtet.

In den einleitenden Instruktionen zur Umfrage definiert Bruder eine Verschwörungstheorie als „eine Theorie, die eine alternative Erklärung zum etablierten Verständnis eines Ereignisses in der Geschichte oder Gegenwart bietet". Zudem geht er auf den Aspekt des konspirativen Wirkens im Rahmen einer VT ein, indem er ausführt, dass Verschwörungstheorien davon ausgingen, dass das „betreffende Ereignis das Ergebnis bewusster Manipulationen von Einzelpersonen oder geheimen Gruppen" sei. Bruder betont gegenüber den Teilnehmenden des Fragebogens, dass es häufig keine Möglichkeit gebe, festzustellen, „ob eine Verschwörungstheorie wahr oder falsch" sei. Die Instruktionen zum Fragebogen dienen in diesem Zusammenhang in erster Linie dazu, den

Teilnehmenden Akzeptanz für ihre im Fragebogen zu treffenden Einschätzungen zu vermitteln (Bruder, persönliche Kommunikation, 2010).

Im weiteren Verlauf des Fragebogens sollen dann 38 Items hinsichtlich der subjektiven Zustimmung der Versuchspersonen zu eben diesen beurteilt werden. Dabei liegt der Fragebogen in drei Sprachfassungen vor (Englisch, Deutsch und Türkisch). Die Erfassung der Zustimmung zu den 38 Aussagen erfolgt auf einer elfstufigen Skala, die von 0 bis 100% in Zehnerschritten skaliert und semantisch unterlegt ist (Tab. 5).

Tabelle 5. Skala des Fragebogens von Bruder (2010)

0%	sicher nicht
10%	äußerst unwahrscheinlich
20%	sehr unwahrscheinlich
30%	unwahrscheinlich
40%	eher unwahrscheinlich
50%	unentschieden
60%	eher wahrscheinlich
70%	wahrscheinlich
80%	sehr wahrscheinlich
90%	äußerst wahrscheinlich
100%	sicher

Nach eigenen Angaben (Bruder, persönliche Kommunikation, 2010) haben bisher mehr als 8.000 Personen den Fragebogen ausgefüllt. Eine Publikation der Ergebnisse liegt nicht vor. Allerdings wurde die englischsprachige Version des Fragebogens in einer kürzlich publizierten Studie von Darwin, Neave und Holmes (2011) verwendet.

Zur Interpretation der Ergebnisse gibt Bruder jedoch selbst auf der Webseite des Fragebogens an, dass eine kürzere Version an hundert Studierenden in Großbritannien getestet worden sei.

Der Mittelwert in dieser Stichprobe lag bei 4,12 mit einer Standardabweichung von 1,12. Bei der Umsetzung in die, in der eingesetzten Skala, genutzten Prozentwerte (vgl. Tab. 5.), ergibt sich so ein *M* = 41,2% mit *SD* = 11,2% (Bruder, persönliche Kommunikation, 2010)[16].

Die von Bruder benutzten Items sind im Anhang angefügt (vgl. *Anhang* A). Sie fragen sowohl die subjektive Einschätzung zu spezifischen Verschwörungstheorien ab, wie

> „Regierungen haben absichtlich HIV unter ethnischen Minderheiten verteilt" (Item 2),

als auch allgemeinere Überzeugungen, die sich nicht auf spezifische Verschwörungstheorien beziehen, wie

> „mindestens eine Person in meiner näheren Wohnumgebung hat Verbindung zu terroristischen Vereinigungen" (Item 15).

Um späterer Forschung Vergleichsmöglichkeiten zu ermöglichen, wurden in der vorliegenden Arbeit sowohl die spezifischen VT aus Bruders Fragebogen eingefügt als auch die unspezifischen Überzeugungen, die im Zusammenhang mit VT stehen, übernommen. Diese ergänzen die selbst erstellten Items (vgl. 5.1ff.).

3.7 Thomas Grüter (2006)

Der Mediziner Thomas Grüter nähert sich dem Thema der Verschwörungstheorien aus historisch-soziologischer Blickrichtung und zeichnet die Geschichte bekannter Verschwörungstheorien nach (Grüter, 2006).

Im Mittelpunkt stehen bei Grüter (2006) antisemitische und antifreimaurerische Verschwörungstheorien. Zudem benennt er antijesuitische Theorien und solche, die mit dem Glauben an Hexen zusammenhängen. Dieser Hexenglauben ist für Grüter eine Verschwörungstheorie, da er auf der Überzeugung vom geheimen Wirken einer „weit verzweigten Hexensekte" fuße (Grüter, 2008).

[16] Zum Vergleich zu den in dieser Arbeit erzielten Werten vgl. 7.5

Grüter (2006) entwirft ein Dreistufen-Modell zur Genese von Verschwörungstheorien. Er unterscheidet dabei zwischen Verschwörungsglaube, Verschwörungslegende und Verschwörungstheorie. Die nachfolgende Abbildung (Abb.) verdeutlicht den postulierten Zusammenhang dieser drei Stufen (Abb. 1).

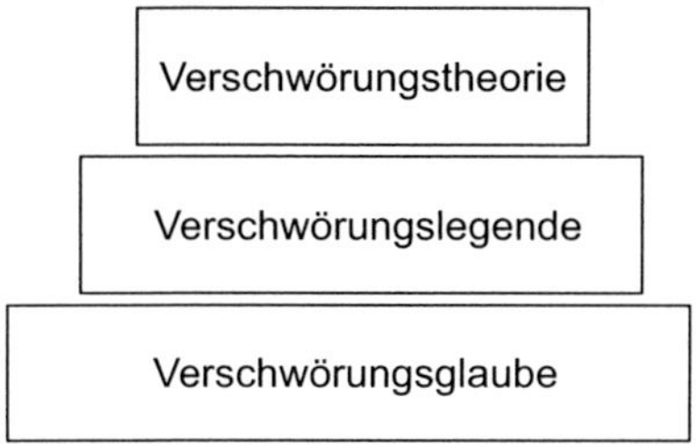

Abb. 1. Genese von Verschwörungstheorien nach Grüter (2006)

Der Verschwörungsglaube sei dabei ein generelles und „latentes Misstrauen gegen eine andere soziale, ethische oder religiöse Gruppe“ (Grüter, 2006). Es handele sich um ein tiefsitzendes Motiv.

Werde der Verschwörungsglauben konkreter, so komme es zur Bildung von Verschwörungslegenden. Diese entstünden aus einer „Umdeutung von Ereignissen [...] im Sinne eines Verschwörungsglauben“ (Grüter, 2006).
Die Bezeichnung „Legende“ wählt Grüter (2006) in Anlehnung an die Großstadtlegenden (engl. „urban legends“), die auch als „Wandersagen“ bezeichnet werden. Dabei handelt es sich um Geschichten außergewöhnlicher Ereignisse, die weit verbreitet sind und regionale Gegebenheiten einweben sowie den Anspruch darauf erheben, tatsächlich geschehen zu sein, meist unter Verweis auf den Bekannten eines Bekannten. Solche Geschichten berichten von angeblichen Spinnen in Yucca-Palmen, in Kinosesseln platzierten AIDS-Spritzen oder Döner-Imbissen, die wegen des Fundes von Sperma in der Joghurtsoße geschlossen wurden (Brednich, 1996; Harder, 2005).

Wird die Verschwörungslegende weiter ausdifferenziert, werden verschiedene Verschwörungslegenden untereinander in Beziehung gesetzt und ein „pseudowissenschaftliches Gedankengebäude" (Grüter, 2006) erzeugt, so spricht Grüter (2006) von einer Verschwörungstheorie. Diese diene immer der Selbst-Entlastung über die Zuordnung der Schuld zu einem Sündenbock[17] auf der Basis bestehender Vorurteile und Stereotypen gegenüber und von Menschengruppen (Grüter, 2008).

Als besondere Form („Königsklasse") der Verschwörungstheorien sieht Grüter (2008) so genannte „Weltverschwörungstheorien", bei denen einer Gruppe der Versuch zur Erlangung der Weltherrschaft unterstellt wird. Hiervon betroffene Gruppen seien die katholische Kirche oder die Freimaurer. Gruppen, die hinter Weltverschwörungen stünden, würden nach Grüter (2008) immer in den Rahmen eines Dämonenstereotyps gepresst. Dieses zeichne sich dadurch aus, dass der Gegner „mächtig, allgegenwärtig, unsichtbar und böse" sei (Grüter, 2006).

Eine empirische Prüfung seiner Modelle unterbleibt bei Grüter.

3.8 Michael Neumann (2008)

Neumann konstruierte im Rahmen seiner Diplomarbeit eine Skala zur Messung des Glaubens an Verschwörungstheorien (GVT-Skala). Ziel der Arbeit war eine Skala, die sowohl den Anforderungen der probabilistischen Testtheorie nach Rasch (1960) als auch der klassischen Testtheorie genügt (Neumann, 2008).

Neumann baut seine Itemkonstruktion auf geschichtswissenschaftlichen und psychodynamischen Überlegungen auf. Er vermutet hinter dem Glauben an Verschwörungstheorien zum einen den Wunsch nach „Vermeidung von Dissonanz", zum anderem pathologisiert er „Verschwörungsgläubige" auf psychodynamischer Basis als von „Ich-Schwäche" geprägt und rückt sie in die Nähe des klinischen Störungsbildes der Paranoia (Neumann, 2008). Dem wird in vorliegender Arbeit nicht gefolgt (vgl. 2.3.2).

---

[17]engl.: „scape goating"

Laut Neumann (2008) verbindet den Glauben an Verschwörungstheorien und die Paranoia, dass es bei beidem „um psychische Entlastung und um emotionale Stabilisierung durch neue Sinnstiftung“ gehe. Verschwörungstheorien würden zudem „immer an tradierte Klischees oder Vorurteile“ anknüpfen.

Den inhaltlichen Fokus setzt er auf antisemitische und antifreimaurerische Verschwörungstheorien. Spezifische aktuelle VT werden von Neumann bewusst weniger bei der Konstruktion berücksichtigt, da er auf die Erfassung eines allgemeinen Weltbildes der Verschwörungsgläubigen abziele und dies in konkreten Theorien nicht operationalisiert sieht.

Die erste Fragebogenform umfasste 28 Items, von denen im Sinne der vorliegenden Arbeit fünf Items keine Verschwörungstheorien darstellen (vgl. 2.3.2 und 5.1.1.1).

Diese sind mit der Nummerierung nach Neumann (2008):

4. Die Welt ist nicht gerecht, weil jeder einzelne Mensch im Grunde egoistisch (und nicht gerecht) ist.
7. Es ist wichtig sich mit Themen wie Unsterblichkeit zu beschäftigen.
10. Ich beschäftige mich mit Geheimwissen.
11. Die Tatsache, dass die Welt nicht gerecht ist, liegt in der Widersprüchlichkeit jedes einzelnen Menschen.
13. Manches Wissen (Geheimlehren, Wissen über verschleierte Zusammenhänge) ist gefährlich.

Die Items 7 und 10 sind dabei eher den Gebieten der Zustimmung zu esoterischen Inhalten oder der Transliminalität (Thalbourne, 2000; Bartoschek, 2011) zuzuordnen. Die Items 4 und 11 erinnern an das Konstrukt des Gerechte-Welt-Glaubens (Bierhoff, 2000).
Item 13 stellt zwar einen Bezug zu Verschwörungstheorien her („verschleierte Zusammenhänge“), doch wird dies mit einem esoterischen Aspekt („Geheimlehren“) verknüpft.

Die Beantwortung der Items erfolgte über die Antwortmöglichkeiten: „eher falsch“, „eher richtig“ sowie „Thema nicht bekannt“. Durch letztere Antwortform wird die Möglichkeit gegeben, ein Item bei mangelnder Bekanntheit nicht zu beantworten. Nur die ersten beiden Beantwortungsmöglichkeiten gingen in die Datenanalyse ein.

Nach einer Itemrevision verblieben 12 der 28 Items in der GVT-Skala, darunter keines der oben benannten Items 4, 7, 10, 11 oder 13, wobei die revidierte Skala von nun an als „GVT12“ bezeichnet wird.

Neumann berichtet einen leicht negativen korrelativen Zusammenhang zwischen Alter und Zustimmung zur GVT12 (r = -0,191*). Eine vermutete höhere Zustimmung unter Bürgern der ehemaligen DDR konnte nicht bestätigt werden; Neumann führt dies auf das geringe Durchschnittsalter seiner Stichprobe zurück, das er mit „unter 30 Jahren“ angibt.

3.9 Whitson & Galinsky (2008)

Im Rahmen einer experimentalpsychologischen Untersuchungsreihe beschäftigten sich Whiston & Galinsky (2008) mit der Frage nach dem Zusammenhang von Kontrollverlust und Musterwahrnehmung.

Insgesamt wurden sechs unterschiedliche Versuche zum Thema berichtet. Die Forschungshypothese war, dass subjektiver Kontrollverlust die Tendenz zur Musterwahrnehmung erhöht, worunter die „Feststellung zusammenhängender und bedeutungsvoller Beziehungen unter zufälligen oder untereinander unverbundenen Stimuli“ verstanden wird.

Der subjektive Kontrollverlust wurde bei Whitson & Galinsky (2008) als Unabhängige Variable auf zwei Wegen operationalisiert:

a) die Probanden durchliefen, nach einer Selbsteinschätzung, verschiedene Arten von Übungen, die Ihnen entweder das Gefühl der Kontrolle („internal locus of control“) oder des Kontrollverlusts („external locus of control") vermittelten. Dieses Vorgehen geht auf Pittman & Pittman (1979) zurück, die es im Rahmen der Betrachtung gelernter Hilfslosigkeit in Abhängigkeit von der Art der Kontrollüberzeugung (internal vs. external locus of control) kreierten,

b) zum anderen sollten sich die Probanden Situationen ins Gedächtnis rufen, in denen sie entweder volle oder keine Kontrolle über das Geschehen hatten.

Abhängige Variable war in allen Fällen die Musterwahrnehmung. Sie wurde abgebildet durch die Tendenz falsche Korrelationen wahrzunehmen, abergläubische Rituale auszuführen, nicht vorhandene Figuren im optischen Rauschen zu sehen und verschwörungstheoretische Überzeugungen anzunehmen. Diese vier Arten illusorischer Musterwahrnehmung wurden gleichgesetzt.

Hinsichtlich des Sinnes verschwörungstheoretischer Überzeugungen folgten sie Pipes (1998), der ausführt, diese hätten den Sinn „verstörende Launen der Realität [...] unter Kontrolle zu bringen", indem sie Struktur und Zusammenhang in Zufälliges bringen. Anzumerken ist, dass Pipes (1998) diese Schlussfolgerung soziologisch herleitete und empirisch selbst nicht prüfte.

Whitson & Galinsky (2008) diente die Zustimmung zu verschwörungstheoretischen Inhalten in besonderer Weise als Kontrolle für die Musterwahrnehmung. So sei sichergestellt, dass es sich bei etwaigen Effekten nicht um bloße Heuristiken handle, da Verschwörungstheorien „keinen vereinfachenden Prozess, sondern eine komplexe Datenintegration darstellen, die kognitiv anspruchsvoll ist.[18]"

Die Zustimmung zu verschwörungstheoretischen Inhalten operationalisierten sie, indem sie den Probanden mehrere Szenarien vorstellten, in denen unklar war, ob das Output einer Situation zufällig oder durch das gezielte Zusammen-

---

[18]im Original: „The perception of conspiracies is not a simplifying process but a complex integration of data that is cognitively effortful"

wirken der einzelnen Personen, im Sinne einer Verschwörung, entstanden war. Die Versuchspersonen mussten eben dies beurteilen, wobei das Zusammenwirken im Sinne einer Verschwörung als Zustimmung zu verschwörungstheoretischem Denken gewertet wurde.

Die sechs Untersuchungen bestätigten die Forschungshypothese von Whitson & Galinsky (2008): es zeigte sich durchgängig ein Kausalzusammenhang zwischen Kontrollverlust und erhöhter Musterwahrnehmung. Dabei war die genaue Form der Operationalisierung ohne Bedeutung.

Im Falle des Versuchs mit der Zustimmung zu verschwörungstheoretischen Inhalten (10 Szenarien) war die Anzahl der zustimmenden Personen bei der Gruppe mit induziertem Kontrollverlust ($M = 4{,}42$, $SD = 1{,}1$)[19] signifikant höher als in der Kontrollgruppe ($M = 3{,}50$, $SD = 1{,}0$; $t(23) = 2{,}19$, $p = 0{,}04$).

Zudem prüften Whitson & Galinsky (2008) den Einfluss wahrgenommener Bedrohung im selben Paradigma in einer Doppel-Blind-Anordnung. Wahrgenommene Bedrohung hatte keinen Effekt auf das Ausmaß der Musterwahrnehmung ($t(23) = 1{,}1$, $p = 0{,}30$).

Hingegen zeigte sich, dass Selbstbestätigung („self-affirmation") als kompensatorischer Mechanismus das Ausmaß der Musterwahrnehmung verringern konnte. Hierfür wurden Verschwörungsszenarien eingesetzt.

Trotz unterschiedlicher Wege zur Operationalisierung der Musterwahrnehmung zeigte sich stets eine Abhängigkeit derselben von wahrgenommener Kontrolle sowie der Möglichkeit zur Selbstbestätigung (nicht aber von wahrgenommener Bedrohung).

Whitson & Galinsky (2008) schlussfolgern, dass dies daran liege, dass es einen, allen Wegen der Musterwahrnehmung zugrunde liegenden, gemeinsamen Motivationsgrund gäbe.

---

[19] M = arithmetischer Mittelwert, SD = Standardabweichung

4 Hypothesen

Bisher ist nach Stand der Literaturrecherche offenbar keine Untersuchung durchgeführt worden, die so viele unterschiedliche spezifische Verschwörungstheorien wie die vorliegende Arbeit gleichzeitig betrachtet hat (vgl. 5.1.3).

Deswegen ist ein zentrales Ziel dieser Arbeit, die mehr oder minder expliziten Hypothesen bisheriger Forschung aufzugreifen und in ihrem Gesamtzusammenhang empirisch zu überprüfen.

Dabei wird, wie nachfolgend beschrieben, erstmals zwischen der Bekanntheit von und Zustimmung zu Verschwörungstheorien unterschieden sowie das Verhältnis dieser beiden Konstrukte zueinander untersucht.

4.1 Hypothese 1: Die Zustimmung zu und Bekanntheit von VT korrelieren positiv

In der bisherigen Forschung zu Verschwörungstheorien wurde nicht systematisch zwischen den Aspekten der Bekanntheit einer Verschwörungstheorie und der Zustimmung zu derselben unterschieden. Goertzel (1994) hielt zwar die Aussagen fest, bei denen Personen keine Einschätzung zu einer VT abgaben (vgl. 3.4), doch gab er diese Antwortmöglichkeit nicht explizit vor. Neumann (2008) hingegen führte zwar die Antwortmöglichkeit „Thema nicht bekannt" ein, doch wertete er sie nicht systematisch aus. In der vorliegenden Untersuchung soll zwischen der Bekanntheit von und der Zustimmung zu Verschwörungstheorien getrennt werden.

Bekanntheit ist dabei ein Maß für die Verbreitung einer Theorie. Damit wird die Bedeutung des Wortes „bekannt" im Sinne von „von vielen gekannt, gewusst" (Duden, 1983) benutzt. Dabei soll Bekanntheit als dichotomes Merkmal verstanden werden, d.h. entweder ist eine VT gänzlich unbekannt, nämlich dann, wenn eine Theorie erstmalig im Rahmen dieser Untersuchung vom Probanden gelesen wird, oder eine VT ist bekannt, wobei hier nicht unterschieden werden soll zwischen „im Detail bekannt“ und „vom Hören-Sagen her im Grundsatz bekannt“. Von einer differenzierteren Abstufung der Bekanntheit soll Abstand genommen werden, da keine sinnvolle Skalierung vorliegt (vgl. 5.1.2.1).

Für den Begriff der Zustimmung gilt, dass als Zustimmen „eine Übereinstimmung mit der Meinung eines anderen dartun; mit jemanden der gleichen Meinung sein“ verstanden wird (Duden, 1983). Dabei wird Rückgriff auf die von Bruder (2010) genutzte Elf-Punkte-Skala genommen, die sowohl eine Abstufung der Zustimmung in Zehnerprozentschritten erlaubt, als auch diese Zahlenwerte semantisch unterlegt (vgl. 3.6)[20].

Während eine Betrachtung des Zusammenhangs von Bekanntheit und Zustimmung in Bezug auf Verschwörungstheorien fehlt, ist aber im Allgemeinen der sogenannte Häufigkeits-Validitäts-Effekt (Hertwig, 1993) bekannt. Nach diesem wird eine Aussage als um so glaubwürdiger eingeschätzt, je häufiger eine Konfrontation mit derselben erfolgt. Die Glaubwürdigkeit kann hier als Zustimmung und die Häufigkeit der Konfrontation als Bekanntheit aufgefasst werden, was einen positiven Zusammenhang zwischen Bekanntheit und Zustimmung nahelegt. Allerdings soll kein kausaler Zusammenhang zwischen Bekanntheit und Zustimmung postuliert werden, da hierfür die Genese und Verbreitung einer völlig neuen VT untersucht werden müsste.

Stattdessen soll die Idee gegenseitiger positiver Wirkung von Zustimmung und Bekanntheit geprüft werden.

Diese Hypothese greift zudem die Überlegungen von Pfahl-Traughber (2002) auf, der postuliert, dass eine Verschwörungstheorie Verbreitung erfahren müsse, um anerkannt zu werden (vgl. 3.5).

---

[20] Zur Frage der Skalierung der Fragebogen vergleiche 5.1.2.1 zur Bekanntheit von Verschwörungstheorien sowie 5.1.2.2 zur Zustimmung zu denselben.

4.2 Hypothese 2: Wie verteilt sich der Glaube an Verschwörungstheorien?

Für Mosovici (1987, vgl. 3.3) ist der Verschwörungsglauben normaler Teil des menschlichen Denkens. Goertzel (1994, vgl. 3.4) sieht in der Zustimmung zu Verschwörungstheorien eine generelle menschliche Tendenz. Pfahl-Traughber (2002, vgl. 3.5) spricht von einer „Verschwörungsmentalität“, die in der Charakterstruktur angelegt sei, einen „stabilen Faktor“ darstelle und als „latent vorhandene Einstellung“ aktiviert werden müsse. Auch Grüter (2006, vgl. 3.7) geht beim Verschwörungsglauben von einem tiefsitzenden Motiv aus. Diesen Argumentationen folgend, wäre davon auszugehen, dass der Glaube an Verschwörungstheorien normalverteilt (Bortz, 1999) ist, so dass die meisten Menschen ein mittleres Maß an Zustimmung zeigen und nur sehr wenige kaum bzw. stark verschwörungsgläubig sind.

Denkbar wäre aber auch, dass sich der Glaube an Verschwörungstheorien zweigipflig verteilt, nämlich dergestalt, dass es zum einen viele Personen gibt, die generell sehr wenig bis keine VT glauben und es andererseits viele Personen gibt, die sehr viele bis alle VT glauben.

Bisher hat keine diesbezügliche Prüfung stattgefunden, so dass mit Hypothese 2 geprüft werden soll, wie sich der Glaube an Verschwörungstheorien verteilt.

4.3 Hypothese 3: Der Glaube an eine Verschwörungstheorie korreliert positiv zu dem Glauben an andere Verschwörungstheorien

Goertzel (1994) ging davon aus, dass Personen, die einer VT zustimmen auch anderen VT zustimmen. Hintergrund was seine Annahme, dass es sich bei der Glauben an Verschwörungstheorien Ausruck eines generellen Weltbildes sei, das unabhängig von dem genauen Inhalt einzelner VT ist. Deswegen erwartete er positive Korrelation zwischen den Zustimmungswerten zu den einzelnen VT.

Diesem Ansatz folgte Goertzel (1994, vgl. 3.4), mit dem Ergebnis, dass in seiner Untersuchung 37 der 45 Korrelationen (82,22%) signifikant positiv miteinander korrelierten.

Im Rahmen dieser Untersuchung soll im Rahmen von Hypothese 3 mit einer größeren Anzahl von VT eine Replikation des Befundes von Goertzel (1994) versucht werden.

4.4 Hypothese 4: Im Rahmen einer explorativen Faktorenanalyse wird eine hohe Ladung auf den ersten Faktor erzielt

Faktorenanalysen sind geeignet, empirisch eine Struktur hinter gegebenen Daten aufzuzeigen. Sollen Faktorenanalysen eine theoretisch vermutete Faktorenstruktur überprüfen, so sprechen wir von einer konfirmatorischen, sollen sie die bestmögliche empirische Faktorenstruktur erforschen, von einer explorativen Faktorenanalyse. Dabei gibt das Ausmaß der Faktorladung an, wie viel der Gesamtvarianz durch einen Faktor erklärt werden kann (Backhaus, Erichson, Plinke & Weber, 2006). Genaueres zur Faktorenanalyse ist unter 6.1.5ff zu finden.

Ebenso wie unter Hypothese 4 (vgl. 4.3) wird hier an die Untersuchung von Goertzel (1994, vgl. 3.4) angeknüpft, der ausgehend von der Idee, dass der Glaube an Verschwörungstheorien Ausdruck einer allgemeinen Weltsicht ist, schlussfolgerte, dass eine hohe Ladung auf den ersten Faktor einer Faktorenanalyse der Zustimmungswerte zu verschiedenen Verschwörungstheorien zu erwarten sei; Goertzel (1994, vgl. 3.4) berichtete eine Ladung von 39% für den ersten Faktor seiner Untersuchung.

Im Rahmen von Hypothese 4 soll eine Replikation des Ergebnisses von Goertzel (1994) versucht werden.

4.5 Interpersonelle Unterschiede

Innerhalb einer Population kann es bezüglich eines Merkmals systematische Unterschiede zwischen verschiedenen Untergruppen geben. So ist bspw. hinreichend belegt, dass afroamerikanische US-Bürger schlechtere IQ-Werte erzielen als Weiße (Herrnstein & Murray, 1996). Wie groß bei interindividuellen Unterschieden die relativen Einflüsse genetischer Faktoren einerseits und der Sozialisation andererseits sind, ist immer wieder Gegenstand erbitterter Diskussion, in jüngerer Vergangenheit zum Beispiel im Rahmen der Veröffentlichung des Buches „Deutschland schafft sich ab“ zur Frage der Integration von Ausländern (Sarrazin, 2010) .

Der Autor will diese konkrete Debatte hier nicht führen, jedoch aufzeigen, in welchen Bereichen interpersonelle Unterschiede einen Einfluss auf den Verschwörungsglauben haben. Dabei werden möglichst viele Impulse aus bestehender Forschung aufgegriffen.

4.5.1 Hypothese 5: Hat das Geschlecht einen Einfluss auf Bekanntheit von und Zustimmung zu VT?

Nach Goertzel (1994, vgl. 3.4) hat das Geschlecht keinen Einfluss auf Verschwörungsgläubigkeit. Kein anderer Autor berichtet über einen Geschlechtseffekt oder macht eine diesbezügliche Vorhersage.
Es soll explorativ geprüft werden, ob, und falls ja, wie, das Geschlecht einer Person mit ihrem Wissen um sowie ihrer Zustimmung zu VT zusammenhängt.

4.5.2 Hypothese 6: Hat der Bildungsabschluss einen Einfluss auf Bekanntheit von und Zustimmung zu VT?

Bei Goertzel (1994, vgl. 3.4) zeigte sich kein Einfluss des Bildungsniveaus auf Verschwörungsgläubigkeit. Kein anderer Autor berichtet über einen Bildungseffekt oder macht eine diesbezügliche Vorhersage.

Es soll explorativ geprüft werden, ob, und falls ja, wie, der Bildungsabschluss einer Person mit ihrem Wissen um sowie ihrer Zustimmung zu VT zusammenhängt.

4.5.3 Hypothese 7: Welchen Einfluss hat das Alter auf die Bekanntheit von und Zustimmung zu VT?

Die empirische Lage zum Einfluss des Alters auf den Verschwörungsglauben ist uneindeutig. Zwar berichtet Goertzel (1994, vgl. 3.4) von einer negativen Korrelation zwischen Alter und Verschwörungsglaube (r = -0,21). Ebenso fand Neumann (2008, vgl. 3.8.) eine negative Korrelation zwischen Alter und Verschwörungsglauben (r = -0,191).

Andererseits berichtet Goertzel (1994), dass das Alter im Rahmen einer multivariaten Regression über keine nennenswerte Relevanz verfügte, was für eine Konfundierung des Faktors „Alter" durch andere Faktoren, bspw. Einsamkeit (vgl. 4.5.6), sprechen könne.

Deswegen soll sowohl eine korrelative als auch eine regressionsanalytische Betrachtung des Alterseinflusses im Rahmen der Überprüfung dieser Hypothese statt finden.

4.5.4 Hypothese 8: Politische Extrempositionen haben positiven Einfluss auf Bekanntheit von und Zustimmung zu VT

Insbesondere soziologische Autoren (z.B. Pfahl-Traughber, 2002, vgl. 3.5) gehen davon aus, dass politischer Extremismus einen Einfluss auf Bekanntheit von und Zustimmung zu Verschwörungstheorien hat. Einen solchen Zusammenhang berichtet Inglehart (1987, vgl. 3.3). Eine Replikation dieser Ergebnisse soll versucht werden.

4.5.5 Hypothese 9: Minderheiten haben höhere Werte bei der Bekanntheit von und Zustimmung zu VT

Diese Hypothese ist direkt der Studie von Goertzel (1994, vgl. 3.4) entnommen, der einen solchen Zusammenhang für eine Kodierung mit „weiß“, „hispanisch“ und „schwarz“ zeigen konnte. Funktional könnte argumentiert werden, dass eine kleinere Gemeinschaft in ihrem Binnengefühl stärkere Identitätsstiftung (Pfahl-Traughber, 2002, vgl. 3.5) durch Verschwörungsglauben erlebt.

4.5.6 Hypothese 10: Einsamkeit korreliert positiv mit der Bekanntheit von und Zustimmung zu VT

Das oft verbreitete Stereotyp des Verschwörungsgläubigen ist das eines seltsamen Einzelgängers. Dazu scheinen die Befunde von Goertzel (1994, vgl. 3.4) zu passen, der eine positive Korrelation zwischen „Anomie“, einem Konstrukt, das Vereinsamung beschreibt, und dem Glauben an Verschwörungstheorien berichtet ($r = 0{,}43$). Dem folgend soll auch hier dieser Zusammenhang postuliert und geprüft werden.

4.5.7 Hypothese 11: Ehemalige DDR-Bürger haben höhere Werte bei der Bekanntheit von und Zustimmung zu VT

In seiner Untersuchung vermutet Neumann (2008, vgl. 3.8.) eine höhere Zustimmung von ehemaligen DDR-Bürgern zu Verschwörungstheorien. Begründet sei dies zum einen in einer „häufig streng[en] und autoritär[en] Erziehung“ (Hopf, Silzer & Wernich, 1999 nach Neumann, 2008) und zum anderen in der Erfahrung der Auflösung des bestehenden politischen Rahmens. Dabei benennt der erste Aspekt quasi die Extremismushypothese (vgl. 4.5.4) und der zweite die Vorstellung der sozialen Unsicherheit, die durch Verschwörungsdenken stabilisiert wird, vgl. Pfahl-Traughber (2002). Die höhere Zustimmung findet Neumann nicht bestätigt, verweist aber darauf, dass dies am geringen Durchschnittsalter der Stichprobe („unter 30 Jahre“) liegen könne. Auch diesem postulierten Zusammenhang soll im Rahmen der vorliegenden Arbeit nachgegangen werden.

4.5.8 Hypothese 12: Gläubige Menschen haben höhere Werte bei der Bekanntheit von und Zustimmung zu VT

Für Dawkins (2007) ist die Bildung von Religion der menschlichen Suche nach Strukturen geschuldet. Menschen seien sehr gute Strukturdetektoren und würden auch dort Muster finden, wo real keine existieren (Dawkins, 2007). Im Gegenzug erhielten sie durch diese Strukturen Sicherheit für ihr Leben (und Sterben). Viele Autoren gehen davon aus, dass auch der Verschwörungsglaube letztlich der komplexitätsreduzierenden Strukturierung der Umwelt dient (so bei Groh, 1987, Kruglanski, 1987, Pipes, 1998, von Biberstein, 2002, Pfahl-Traughber, 2002 oder Whitson & Galinsky, 2008). Die Vermutung liegt somit nahe, dass Religiosität/ Gläubigkeit und Verschwörungsglauben miteinander positiv korrelieren, da beides dem Zweck der Komplexitätsreduktion dient.

Dies passt zu den Befunden von Whitson & Galinsky (2008, vgl. 3.9), die einen Anstieg von Musterwahrnehmung (und explizit auch der Zustimmung zu Verschwörungstheorien) für Fälle zeigten, in denen Kontrollverlust induziert wurde.

4.6 Überblick über die Hypothesen

Tab. 6 gibt einen Überblick über alle zu testenden zwölf Hypothesen.

Tabelle 6. Überblick über die Hypothesen der Dissertation

Nr.	Hypothese
1	Die Zustimmung zu und Bekanntheit von VT korrelieren positiv
2	Wie verteilt sich der Glaube an Verschwörungstheorien?
3	Der Glaube an eine Verschwörungstheorie korreliert positiv zu dem Glauben an andere Verschwörungstheorien
4	Im Rahmen einer explorativen Faktorenanalyse wird eine hohe Ladung auf den ersten Faktor erzielt
5	Hat das Geschlecht einen Einfluss auf Bekanntheit von und Zustimmung zu VT?
6	Hat der Bildungsabschluss einen Einfluss auf die Bekanntheit von und Zustimmung zu VT?
7	Welchen Einfluss hat das Alter auf die Bekanntheit von und Zustimmung zu VT?
8	Politische Extrempositionen haben positiven Einfluss auf Bekanntheit von und Zustimmung zu VT
9	Minderheiten haben höhere Werte bei der Bekanntheit von und Zustimmung zu VT
10	Einsamkeit korreliert positiv mit der Bekanntheit von und Zustimmung zu VT
11	Ehemalige DDR-Bürger haben höhere Werte bei der Bekanntheit von und Zustimmung zu VT
12	Gläubige Menschen haben höhere Werte bei der Bekanntheit von und Zustimmung zu VT

5 Methodik

In diesem Kapitel werden zunächst die Items und Skalen der beiden verwendeten Kern-Fragebogen (5.1) beschrieben, gefolgt vom soziodemografischen Fragebogenteil (5.2) und der zur Verbreitung genutzten Wege (5.3).

5.1 Verschwörungstheorie-Items der beiden Fragebogen

Zuerst wird erläutert, wie die Genese der Verschwörungstheorien erfolgt, und welche Kriterien eine berücksichtigte Theorie erfüllen muss (5.1.1), nachfolgend werden die jeweils verwendeten Skalen zur Bekanntheit bzw. Zustimmung dargestellt (5.1.2) und danach ein Überblick über die letztendlich verwendeten Verschwörungstheorieitems gegeben (5.1.3 bzw. genauer unter *Anhang* F). Zum Abschluss werden die verwendeten Kontroll-Items benannt (5.1.4).

5.1.1 Herangehensweise zur Auswahl geeigneter Items/ Verschwörungstheorien

Um für einen Fragebogen passende Items zu generieren, werden generell zwei verschiedene Herangehensweisen unterschieden: die deduktive und die induktive Methode (Amelang & Zielinski, 2002).

1) Induktives Vorgehen: Die Items werden neu generiert. Grundlage hierfür können Ableitungen zur Thematik aus dem allgemeinen Sprachgebrauch oder Expertenbefragungen sein. Dies bildet den ersten Schritt in der vorliegenden Arbeit (vgl. 5.1.1.1).

2) Deduktives Vorgehen: Items werden aus bereits bestehenden Untersuchungen bzw. Fragebogen genutzt. Dabei sind solche Verfahren zu bevorzugen, deren Gütekriterien als gesichert gelten und deren Konstruktoperationalisierung als passend angesehen wird. Die vorliegende Arbeit nutzt dabei Items aus anderen Fragebogen, die in den Ausführungen zur bisherigen Forschung beschrieben wurden (vgl. 5.1.1.2).

Die Kombination von induktivem und deduktivem Vorgehen bietet hier den Vorteil, ein möglichst breites Spektrum von Verschwörungstheorien zu erfassen, bisherige Forschungsarbeiten mit aufzunehmen und zukünftigen Forschungsvorhaben Vergleiche für spezifische VT zu ermöglichen.

5.1.1.1 Induktive Genese von Items durch Sammlung von Verschwörungstheorien

Mit Blick auf die geringe Zahl von VT, die bisher empirisch untersucht wurden (vgl. 3ff), ist ein Ziel dieser Arbeit, eine möglichst erschöpfende Zusammenstellung verschiedener spezifischer Verschwörungstheorien zu erhalten.

Zunächst wurde hierfür eine breite Literatur- und Internetrecherche durchgeführt. Wegen der Vielzahl der Veröffentlichungen im Internet (vgl. 3.1) wurde das Augenmerk zunächst auf solche Internetseiten gelegt, die Sammlungen von Verschwörungstheorien beinhalten; gleiches galt zunächst für Buchpublikationen. Bei der Darstellung der einzelnen Verschwörungstheorien (vgl. *Anhang* F) wurden dann Veröffentlichungen herangezogen, die spezifischen Verschwörungstheorien und -komplexen gewidmet sind.

Zum Überblick wurden folgende Medien besonders stark genutzt:

Bücher:

- Das Lexikon der Verschwörungstheorien. Verschwörungen, Intrigen, Geheimbünde. (Wilson, 2007),
- The Rough Guide to Conspiracy Theories. (McConnachie & Tudge, 2005),
- Agenten des Bösen. Verschwörungstheorien von Luther bis heute. (Wippermann, 2007),
- Wer steckt dahinter. Die 99 wichtigsten Verschwörungstheorien (Roth & Sokolowsky, 1998),
- Verschwörungstheorien von A-Z (Tuckett, 2001).

Internetplattformen:

- die Kategorienübersicht „Verschwörungstheorie" der Internetenzyklopädie Wikipedia (Wikipedia, 2010c),
- die Verschwörungsinternetenzyklopädie „Verschwoerungen.info" (Elies, 2010),
- die Verschwörungstheoriensammlung „V 22" (Mainz, 2010).

Die hier gefundenen Theorien wurden hinsichtlich der Merkmale „Ernsthaftigkeit", „Aktualität" und „Gegensatz zu offizieller Version" geprüft. Nur solche Theorien, bei denen alle drei Merkmale als erfüllt angesehen werden konnten, wurden in den Fragebogen aufgenommen.

5.1.1.1.1 Ernsthaftigkeit einer Verschwörungstheorie

Bei einer Verschwörungstheorie im Sinne dieser Untersuchung soll es sich um ein ernsthaft betriebenes Denkmodell handeln[21]. Dieses Kriterium wurde weit ausgelegt, da die Auffassungen davon, was als Scherz aufzufassen ist, interindividuell sehr differieren können. Es wurden nur Theorien ausgeschlossen, deren Mangel an Ernsthaftigkeit offensichtlich war. Als Beispiel diene hier die Theorie, dass die Stadt Bielefeld in Wirklichkeit nicht existiere, was aber systematisch vertuscht werde. Diese „Theorie" geht letztlich auf den Humor von Usenet-Nutzern zurück und wurde von diesen nie ernsthaft verfolgt (Achim Held, persönliche Kommunikation, 2010)[22].

Weitere Beispiele für ein Ausscheiden aus Mangel an Ernsthaftigkeit:

- die Theorie von der Vertuschung der Wahrheit über einen riesigen „Erdrotationshamster", der im Inneren der Erde wohnt und diese als Hamsterrad zum Rotieren bringt, ist eine Parodie auf ernsthaft betriebene Hohlwelttheorien (Unicyclopedia, 2007),

[21]im Gegensatz zu Schabernack oder Spaßaktionen.

[22]Weiterhin online: http://www.bielefeldverschwoerung.de/

- die Behauptung, die italienische Mafia habe die Kartoffelknappheit im 19. Jahrhundert in Irland verursacht, um die Iren aus dem organisierten Verbrechen zu verdrängen (Tuckett, 2001).

5.1.1.1.2 Aktualität einer Verschwörungstheorie

Verschwörungstheorien erfahren seit Jahrhunderten Verbreitung (vgl. 3.5). Dementsprechend gibt es Theorien, die heute keinerlei Relevanz mehr haben, obwohl sie einstmals sowohl ernsthaft als auch Gegensatz zu offiziellen Theorien waren. Diese Theorien werden in Internetforen kaum bis gar nicht erwähnt und in Publikationen meist als historische Randnotizen behandelt. Dies lag zum Beispiel im Fall der Theorie vor, dass US-Präsident Warren G. Harding, der 1923 während seiner Amtszeit verstarb, von einer Verschwörung um seine Frau umgebracht wurde (Ferrell, 1996).

Weitere Beispiele für ein Ausscheiden aus Mangel an Aktualität:

- die Theorie, die katholische Kirche unterdrücke die Wahrheit über einen irischen Ursprung der Bibel (MacDari, 1923),
- Antijesuitische Verschwörungstheorien im 17. Jahrhundert (Grüter, 2006).

5.1.1.1.3 Verschwörungstheorien als Gegensatz zu einer offiziellen Version

Als Verschwörungstheorien werden nur solche Theorien aufgenommen, bei denen eine offizielle Klärung des Sachverhalts erfolgt ist. Dies ist vor allem wichtig, um Sprachkonfusion zu vermeiden. Die nicht-offizielle Sichtweise wird in vorliegender Arbeit als „Verschwörungstheorie" bezeichnet. Es ist wichtig festzustellen, dass sich damit keine Beurteilung des Wahrheitsgehalts verknüpft.

Warum diese Sprachregelung wichtig ist, sei am Beispiel der Verschwörungstheorien zum Anschlag auf das World Trade Center (WTC) am 11.9.2001 erläutert. Laut offizieller Erklärung der USA hat eine kleine Gruppe von Tätern auf Geheiß des Terrornetzwerks Al-Qaida ohne Wissen der US-Regierung Linienflugzeuge entführt und in das WTC gesteuert. Gegner dieser Erklärung streiten vor allem die alleinige Verantwortung von Al-Qaida ab. Beide Seiten bezeichnen sich dabei gegenseitig als „Verschwörungstheoretiker", da sowohl die offizielle Sichtweise von einer Verschwörung ausgeht (die der Al-Qaida-Attentäter) als auch die Gegensichtweise (hier wird oft von einer Verschwörung der Bush-Administration ausgegangen).

Beispiele für die Nichtberücksichtigung von Verschwörungstheorien aufgrund des Fehlens einer offiziellen Erklärung:

- das sogenannte „Celler Loch": die Explosion einer Bombe in der Justizvollzugsanstalt Celle am 25. Juli 1978. Dieser Zwischenfall wurde zunächst der Roten Armee Fraktion angelastet, danach zeigte sich aber eine Involvierung der Landesbehörde für Verfassungsschutz. Der genaue Hergang ist bis heute nicht offiziell geklärt (Wisnewski, Landgraeber & Sieker, 1992).
- Verschwörungstheorien zur Ermordung des schwedischem Ministerpräsidenten Sven Olof Joachim Palme im Jahr 1986, da dieser Mord offiziell bis heute als ungeklärt gilt.
- Die Versenkung der RMS Lusitania am 7. Mai 1915 durch Torpedos des deutschen Reiches. Bis heute ist unklar, welche Rolle dabei die US-Regierung spielte (Ballard & Dunmore, 2000).

5.1.1.2 Deduktive Ergänzung/ Abgleich mit anderen Fragebogen

Die, wie vorstehend beschrieben generierten, Verschwörungstheorien wurden insbesondere mit den Items von Martin Bruder verglichen (vgl. 3.6). Um zukünftige Vergleiche zu ermöglichen, wurden einige Items an die Formulierungen von Bruder angepasst, andere sogar komplett übernommen.

14 Items sind äquivalent zu denen von Martin Bruder, drei weitere Items stellen Zusammenfassungen von fünf der Items von Bruder da.

Folgende acht Items wurden von Bruder (vgl. *Anhang* A) übernommen:

- Die amerikanische Regierung verschleiert die Landung von Außerirdischen.
- Die Infrastruktur terroristischer Netzwerke kann leicht mit der von Polizei und Sicherheitsdiensten mithalten.
- E-Mails werden häufig von Nachrichtendiensten anderer Länder gelesen.
- Es gibt Nachrichtendienste, die Unterlagen über die meisten täglichen Aktivitäten unserer Bürgerinnen und Bürger haben.
- Es gibt religiöse Sekten, die vollständige Kontrolle über die Psyche ihrer Mitglieder haben.
- Es gibt religiöse Gruppen, die Menschenopfer durchführen.
- Nachrichtendienste öffnen regelmäßig heimlich meine Post.
- Strichcodes auf Supermarkt-Produkten haben geheime Funktionen.
- Unterschwellige Werbung (Werbung, die so schnell gezeigt wird, dass wir sie nicht wahrnehmen können) existiert und hat einen starken Einfluss auf Menschen.

So wurden 88 Verschwörungstheorie-Items gebildet, die in eine Testversion des Fragebogens übernommen wurden.

5.1.1.3 Testversion des Fragebogen & Überarbeitungen

Der Fragebogen wurde durch eine Einleitung, einen Abschnitt zur Soziodemografie und Weltanschauung (vgl. 5.2) sowie einen Abschlusstext komplettiert.
Die gesamte Befragung wurde als Online-Befragung mittels eigener Software des Autors erstellt.

Den Verschwörungstheorie-Items wurde als Frage vorweg gestellt:

> „Ist Ihnen die folgende Verschwörungstheorie bekannt? (Bitte beurteilen Sie NICHT, ob Sie der Theorie zustimmen!)"

Die Beantwortung erfolgte durch Anklicken der Möglichkeiten „Ja" oder „Nein" als Forced-Choice-Items. Dies bezeichnet eine Itemart bei der aus vorgegebenen Antwortmöglichkeiten mindestens eine Antwort gewählt werden muss, ein Auslassen oder eine freie Antwort ist nicht möglich (Bühner, 2006).

Diese Vorversion des endgültigen Fragebogens wurde zur Revision an die Mailingliste der „Rhein-Ruhr-Skeptiker"[23] verschickt, mit der Bitte um Feedback hinsichtlich Ergänzungs- und Verbesserungsvorschlägen (vgl. *Anhang* B).

Die E-Mail mit der Bitte um entsprechende Bearbeitung des Fragebogens wurde am 10. Januar 2008 versandt, wobei die Möglichkeit zur Bearbeitung des Fragebogens bis zum 18. Januar 2008 eingeräumt wurde. Sie ging nach Angaben des Listenbetreibers 82 Personen zu, von denen 21 an der Befragung teilnahmen. Da hier Itemauswahl und -formulierung betrachtet werden sollten, wurde nur ein Fragebogen (der zur Bekanntheit von VT) präsentiert.

Ergebnisse und Veränderungen auf Grundlage der Testversion

Insgesamt nahmen 21 Personen an der Testversion des Fragebogens teil.

---

[23] Regionalgruppe der GWUP (vgl. 3.2) im Ruhrgebiet

Die Eingangsfrage („Haben Sie die oben stehende Testanweisung gelesen und verstanden?") beantworteten 13 Personen davon mit „Ja"; die Daten der anderen acht Personen wurden von der weiteren Analyse ausgeschlossen.[24]

Von den 13 gültigen Personen waren 7 männlich und 5 weiblich, eine Person machte keine Angabe zum Geschlecht. Der Mittelwert des Geburtsjahrgangs betrug 1964,33 (*SD* = 8,18 Jahre), was zu diesem Zeitpunkt einem Durchschnittsalter von 43 bis 44 Jahren entsprach. Zwar sind statistische Angaben aufgrund der kleinen Stichprobe nur eingeschränkt aussagefähig (*N* = 13), sollen aber der Vollständigkeit halber berichtet werden: die durchschnittliche Bearbeitungsdauer lag bei 800 s (13 min 20 s) mit *SD* = 633,21 s (10 min 33 s), wobei die hohe *SD* durch einen Ausreißerwert (2763 s) erklärt wird, ohne den der Mittelwert bei 636 s (10 min 36 s) und die *SD* bei 241 s (4 min 1 s) lag.

Die nachfolgend durchgeführten Änderungen der Testversion berücksichtigen die Anmerkungen der Ausfüllenden. Änderungswünsche wurden nicht nur via Online-Befragung, sondern auch in persönlichen Telefonaten mitgeteilt.

Dabei wurden sowohl Rechtschreibfehler korrigiert, einzelne Formulierungen abgeändert sowie einige Verschwörungstheorien hinzugefügt, deren Fehlen bemängelt worden war. Zudem gab es Änderungen am optischen Layout des Fragebogens. Auch wurden Satzstellungen geändert, sodass eine höhere Verständlichkeit der VT bei Wahrung des Sinns erzielt wurde.

Als formale Veränderungen wurden durchgeführt:

- Veränderung der Skala zur Bekanntheit von „Ja"/ „Nein" zu „Kenne ich."/ „Kenne ich nicht." Dadurch wurde der Anmerkung Rechnung getragen,

[24]Von denen, die diese Frage nicht mit „Ja" beantworteten, hatten 5 Personen diese Frage übersprungen.

dass bei „Ja“/„Nein“ vergessen werden könne, dass nicht nach der Zustimmung zu den VT gefragt sei.

In der Einleitung ergaben sich folgende Veränderungen (vgl. *Anhang* C):

- Die Angabe zur Bearbeitungsdauer wurde von „8 - 14 min“ auf „10 - 16 min“ korrigiert.

- Eine erklärende Passage wurde eingefügt: „Diese Untersuchung ist eine Grundlagenuntersuchung im Rahmen meiner Promotion im Fach Psychologie; diese wird durch Prof. Hell von der Westfälischen Wilhelms-Universität Münster betreut.“

- Die Fragen „Haben Sie bereits an dieser Untersuchung zur Bekanntheit von Verschwörungstheorien teilgenommen?“ und „Haben Sie die oben stehende Testanweisung gelesen und verstanden?“, deren Beantwortung zunächst freiwillig war, wurden als Pflichtfragen festgelegt.

Folgende sieben Verschwörungstheorien wurden ergänzt:

- „Unter den Menschen leben – normalerweise als Menschen getarnt – Angehörige einer Reptilienrasse.“

- „Auf der 1-Dollar-Banknote finden sich versteckte Hinweise auf Verschwörungen.“

- „Das US-Forschungsprogramm HAARP sorgt für Naturkatastrophen bzw. hat Gedankenkontrolle über Menschen zum Ziel.“

- „Sogenannte "freie Energie" könnte als unerschöpfliches Energiereservoir benutzt werden, wenn die Forschungen hierzu nicht unterdrückt würden.“

- „Jesus hat mit Maria Magdalena Kinder gezeugt, was von der Kirche vertuscht wird.“

- „Die Automobilindustrie verzichtet auf den Einsatz von rostfreiem Stahl bei Auspuffanlagen nur deshalb, weil das die Umsätze mit deren regelmäßigem Austausch gefährden würde.“

- „Die "Prieuré de Sion" waren ein Geheimbund dessen Aufgabe der Schutz des heiligen Grals und seines Geheimnisses war.“[25]

Somit ergab sich ein Gesamtpool von 95 VT-Items für die endgültige Fragebogenversion. Schließlich ergaben sich noch Änderungen zum soziodemografischen und weltanschaulichen Fragebogenabschnitt:

- Ergänzung der Passage: „Die folgenden Daten werden benötigt, um untersuchen zu können, ob es systematische Unterschiede bei der Bekanntheit von Verschwörungstheorien gibt.“

- Bei der Bitte um Angabe der E-Mailadresse wurde präzisiert: „Die Adresse wird nicht an Dritte weitergegeben und für keine anderen Zwecke (bspw. Werbung) verwendet.“

- Bei der „Sonntagsfrage“ wurde die „Familienpartei“ gestrichen und durch die Möglichkeit „ich würde nicht wählen gehen“ ersetzt.

---

[25] Die Fehler in Rechtschreibung und Grammatik („Heiliger Gral“ statt „heiliger Gral“ sowie, dass es sich bei „Prieuré des Sion“ eigentlich um einen Singular handelt) fielen dem Autor erst nach Einsatz des Fragebogens auf, weswegen hier und im Weiteren die eingesetzte, inkorrekte Versionen genutzt werden.

5.1.2 Verwendete Skalen

In der vorliegenden Arbeit wird erstmals systematisch zwischen der Bekanntheit von und der Zustimmung zu Verschwörungstheorien unterschieden. Dies findet entsprechend bei der Erstellung der Skalen Berücksichtigung.

5.1.2.1 Skala des Fragebogens zur Bekanntheit von Verschwörungstheorien

Bekanntheit wird in der vorliegenden Arbeit als Maß der Verbreitung einer Verschwörungstheorie verstanden (vgl. 4.1).
Dabei könnten unterschiedliche Grade der Bekanntheit einer Theorie unterschieden werden, je nachdem wie tief jemand in das Gedankengebäude einer Verschwörungstheorie eingedrungen ist oder nicht, ohne dabei das Ausmaß der Zustimmung betrachten zu müssen. Gleichwohl wird es der Person selbst kaum möglich sein, einzuschätzen, wie viel sie selbst über eine Verschwörungstheorie weiß, da sie damit letztendlich eine Aussage darüber treffen müsste, wie viel Wissen sie im Vergleich zum Nichtwissen hat. Dies ist nicht zu bewältigen. Deswegen wurde für die Skalierung des Fragebogens zur Bekanntheit von Verschwörungstheorien einem dichotomen Ansatz gefolgt, der nur zwischen Bekanntheit und Unbekanntheit unterscheidet.

In der Testanweisung wurde

> „Ist Ihnen die folgende Verschwörungstheorie bekannt? (Bitte beurteilen Sie NICHT, ob Sie der Theorie zustimmen!)“

gefragt und auf jeder der fünf Seiten mit den Verschwörungstheorien wiederholt.

Um immer wieder ins Gedächtnis zu rufen, dass die Beantwortung der einzelnen Verschwörungstheorien die Bekanntheit und nicht die Zustimmung zum Gegenstand hat, wurden bei jedem Item die beiden Möglichkeiten „kenne ich“ bzw. „kenne ich nicht“ aufgeführt (Abb. 2; vgl. 5.1.1.3).

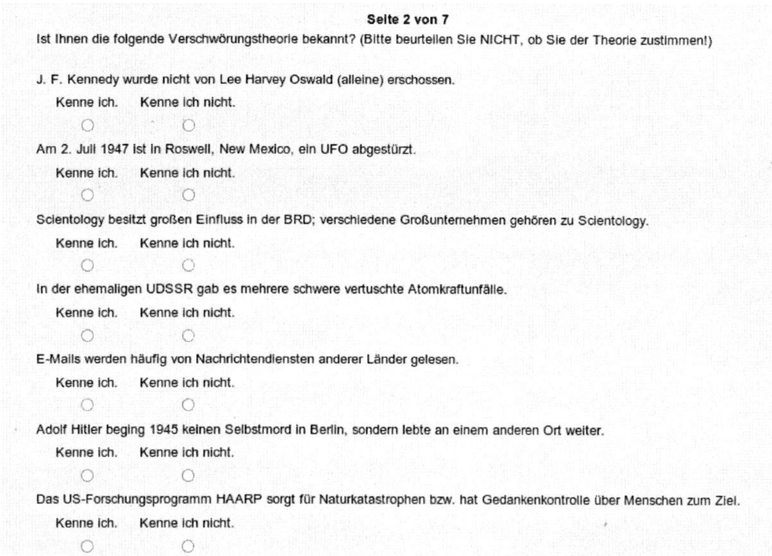

Seite 2 von 7

Ist Ihnen die folgende Verschwörungstheorie bekannt? (Bitte beurteilen Sie NICHT, ob Sie der Theorie zustimmen!)

J. F. Kennedy wurde nicht von Lee Harvey Oswald (alleine) erschossen.
Kenne ich. Kenne ich nicht.

Am 2. Juli 1947 ist in Roswell, New Mexico, ein UFO abgestürzt.
Kenne ich. Kenne ich nicht.

Scientology besitzt großen Einfluss in der BRD; verschiedene Großunternehmen gehören zu Scientology.
Kenne ich. Kenne ich nicht.

In der ehemaligen UDSSR gab es mehrere schwere vertuschte Atomkraftunfälle.
Kenne ich. Kenne ich nicht.

E-Mails werden häufig von Nachrichtendiensten anderer Länder gelesen.
Kenne ich. Kenne ich nicht.

Adolf Hitler beging 1945 keinen Selbstmord in Berlin, sondern lebte an einem anderen Ort weiter.
Kenne ich. Kenne ich nicht.

Das US-Forschungsprogramm HAARP sorgt für Naturkatastrophen bzw. hat Gedankenkontrolle über Menschen zum Ziel.
Kenne ich. Kenne ich nicht.

Abb. 2. Screenshot von Items aus dem Fragebogen zur Bekanntheit von Verschwörungstheorien

5.1.2.2 Skala des Fragebogens zur Zustimmung zu Verschwörungstheorien

In vorliegender Arbeit wird Zustimmung als „mit jemandem der gleichen Meinung sein“ verstanden (Duden, 1983, vgl. 4.1).

Bei der Erstellung der Skala zur Zustimmung zu Verschwörungstheorien wurde die Skala von Bruder (2010, vgl. 3.6) als Basis genommen. Um jedoch keine Verschwörungstheorie beurteilen zu müssen, die nicht bekannt ist, wurde die Idee von Neumann (2008, vgl. 3.8) aufgegriffen und die Antwortmöglichkeit „Theorie unbekannt / keine Einschätzung möglich“ hinzugefügt.

Ebenso wie bei der Skala zur Bekanntheit von Verschwörungstheorien wurde auch hier bei jedem der 95 Items jeweils die gesamte Skala samt Beschriftung präsentiert.

Die Testanweisung wurde auf der ersten Seite präsentiert und enthielt einen Hinweis dazu, dass bei Theorien, die nicht bekannt sind, die Möglichkeit „keine Einschätzung möglich / Theorie unbekannt“ ausgewählt werden solle (vgl. Abb. 3).

Auf jeder der fünf Seiten wurden die Items eingeleitet von der Formulierung „Ich denke...“, um die Aufgabe der Einschätzung der subjektiven Zustimmung zu betonen.

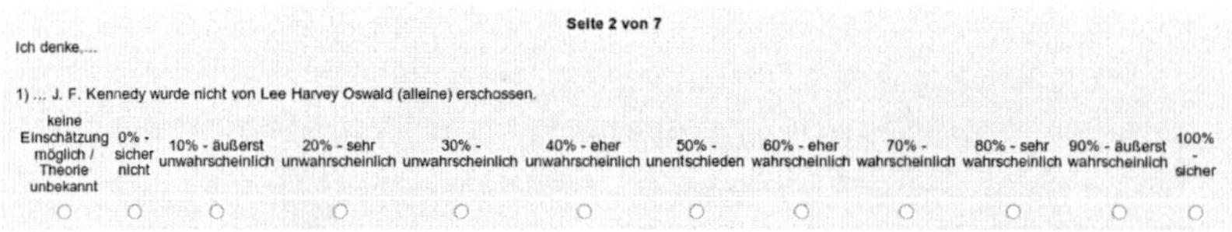
Seite 2 von 7

Ich denke,...

1) ... J. F. Kennedy wurde nicht von Lee Harvey Oswald (alleine) erschossen.

keine Einschätzung möglich / Theorie unbekannt	0% - sicher nicht	10% - äußerst unwahrscheinlich	20% - sehr unwahrscheinlich	30% - unwahrscheinlich	40% - eher unwahrscheinlich	50% - unentschieden	60% - eher wahrscheinlich	70% - wahrscheinlich	80% - sehr wahrscheinlich	90% - äußerst wahrscheinlich	100% - sicher
O	O	O	O	O	O	O	O	O	O	O	O

Abb. 3. Screenshot eines Items samt Skala aus dem Fragebogen zur Zustimmung zu Verschwörungstheorien

5.1.3 Übersicht über die verwendeten Verschwörungstheorien

In der endgültigen Fragebogenfassung waren 95 Items vorhanden. Die Items sind sowohl spezifische Verschwörungstheorien als auch Zusammenfassungen einzelner Verschwörungstheorien zu allgemeineren Aussagen. Dieses Vorgehen wurde gewählt, da es zu vielen Einzel-Ereignissen auf den ersten Blick sehr ähnliche Verschwörungstheorien gibt, die im Detail und in den Ausführungen zu den vermuteten Hintergründen sehr unterschiedlich ausfallen.

Dies ist bspw. bei der JFK-VT erkennbar, bei der die Vermutungen zu den vermeintlich wahren Hintermännern der Ermordung über die CIA, die Mafia bis hin zu Freimaurern oder Außerirdischen reichen.

In Tab. 7 wird ein Überblick über die Theorien sowie ihre Kurznamen gegeben. Eine detailliertere Darstellung der einzelnen Verschwörungstheorien ist in *Anhang* F zu finden.

Tabelle 7. Übersicht über die Kurznamen der Verschwörungstheorien sowie die Items

Nr.	Kurzname	Fragebogen-Item
1	Bermuda-Dreieck	Im Bermuda-Dreieck verschwanden überzufällig oft Flugzeuge und Schiffe auf ungeklärte Art.
2	Irak-Öl	Die USA sind wegen des Öls im Jahr 2003 in den Irak einmarschiert.
3	Unterschwellige Werbung	Unterschwellige Werbung existiert.
4	Lady Di-Mord	Lady Di (Diana von Wales) wurde ermordet.
5	9/11-Lüge	Die wahre Geschichte hinter den Anschlägen vom 11. September entspricht nicht der von der Bush-Regierung verbreiteten Version.
6	Apollo-Hoax	Die Landung von Apollo 11 hat 1969 nicht stattgefunden, sondern war von der NASA nur inszeniert.
7	Illuminaten	Es gibt einen Geheimbund der „Illuminaten“, deren Symbole das Allsehende Auge, die Pyramide und die Zahl „23“ sind.
8	Auschwitz-Lüge	Es gab keine Massenermordung von Juden in Auschwitz (sog. „Auschwitz-Lüge).
9	JFK	J. F. Kennedy wurde nicht von Lee Harvey Oswald (alleine) erschossen.
10	Sekten-Psychokontrolle	Es gibt religiöse Sekten, die die vollständige Kontrolle über die Psyche ihrer Mitglieder haben.
11	Alien-Landung	Die US-Regierung verschleiert die Landung von Außerirdischen
12	Roswell	Am 02. Juli 1947 ist in Roswell, New Mexico ein UFO abgestürzt.
13	Päpstin Johanna	Es gab eine Päpstin Johanna/Johannes XX.
14	Menschenopfer	Es gibt verschiedene religiöse Gruppen, die Menschenopfer durchführen.
15	Freimaurer	Hinter verschiedenen Geschehnissen der Weltgeschichte stehen in Wirklichkeit die Freimaurer.
16	Pharmaindustrie	Die Pharmaindustrie blockiert die Verbreitung gewisser sinnvoller Medikamente.
17	Bibel-Code	Die Bibel enthält verschlüsselte Botschaften (sog. Bibel-Code).
18	Magdalena	Jesus hat mit Maria Magdalena Kinder gezeugt, was von der Kirche vertuscht wird.
19	Jüdische Weltherrschaft	Einflussreiche jüdische Familien kontrollieren große Bereiche des Weltgeschehens.
20	Elvis-lebt	Elvis Presley starb nicht 1977, sondern tauchte unter.
21	Hitler-lebt	Adolf Hitler beging 1945 keinen Selbstmord in Berlin, sondern lebte an einem andern Ort weiter.
22	Barschel-Mord	Uwe Barschel hat 1987 in Genf keinen Selbstmord begangen, sondern wurde ermordet.
23	Scientology	Scientology besitzt großen Einfluss in der BRD; verschiedene Großunternehmen gehören zu Scientology.
24	Dollar-Zeichen	Auf der 1-Dollar-Banknote finden sich versteckte Hinweise auf Verschwörungen.
25	Terror-Infrastruktur	Die Infrastruktur terroristischer Netzwerke kann leicht mit der von Polizei und Sicherheitsdiensten mithalten.
26	Erdkontrolle	Eine kleine Gruppe von Personen lenkt die Geschicke der Erde.
27	9/11-Pentagon	Es gab am 11. September 2001 kein Flugzeug, das ins Pentagon stieß.

Nr.	Kurzname	Fragebogen-Item
28	UFO-Schweigen	Es gibt spezielle staatliche Einrichtungen, die versuchen, Zeugen von UFO-Landungen zum Schweigen zu bringen.
29	Klima-Schwindel	Der Mythos von der vom Menschen verursachten Erderwärmung wurde von der Umwelt-Lobby erfunden.
30	Präastronautik	Die Wissenschaft verschweigt systematisch Beweise für eine urzeitliche Landung von Außerirdischen.
31	Bürgerkontrolle	Es gibt Nachrichtendienste, die Unterlagen über die meisten täglichen Aktivitäten unserer Bürgerinnen und Bürger haben.
32	Prieuré-de-Sion	Die „Prieuré-de-Sion" waren ein Geheimbund, dessen Aufgabe der Schutz des Heiligen Grals und seines Geheimnisses war.
33	Anastasia-lebt	Die Zarentochter Anastasia hat die Ermordung ihrer Familie überlebt.
34	Email-Überwachung	E-Mails werden häufig von Nachrichtendiensten anderer Länder gelesen.
35	Atomunfälle-UDSSR	In der ehemaligen UDSSR gab es mehrere vertuschte schwere Atomkraftunfälle.
36	Hauser-Prinz	Kaspar Hauser war ein beiseite geschaffter Erbprinz.
37	Reichstagsbrand	Marinus van der Lubbe ist nicht verantwortlich für den Reichstagsbrand im Jahre 1933, sondern die Nazis.
38	Stammheim-Mord	Die RAF-Terroristen in Stammheim haben 1977 keinen Selbstmord begangen.
39	Möllemann-Mord	Jürgen W. Möllemann hat keinen Selbstmord begangen.
40	Vatikan-Mafia	Die Vatikan-Bank unterhält enge Verbindungen zur italienischen Mafia.
41	Luther King	Martin Luther King wurde von der CIA oder der Mafia ermordet.
42	9/11-Sprengung	Das World-Trade-Center stürzte vor allem ein, weil es von innen gesprengt wurde.
43	Protokolle-Zion	Es gibt einen jüdischen Plan zur Weltherrschaft, die sogenannten „Protokolle der Weisen von Zion".
44	JPI-Mord	Papst Johannes Paul I. – der 1978 für 33 Tage Papst war – wurde ermordet.
45	Grams-Mord	Das RAF-Mitglied Grams wurde im Jahr 1993 gezielt in Bad Kleinen von GSG-9-Beamten hingerichtet.
46	Freie Energie	Sogenannte „Freie Energie" könnte als unerschöpfliches Energie-Reservoir genutzt werden, wenn die Forschungen hierzu nicht unterdrückt würden.
47	Postkontrolle	Nachrichtendienste öffnen regelmäßig heimlich meine Post.
48	Polen-Überfall	Der Zweite Weltkrieg begann mit dem polnischen Überfall auf Deutschland.
49	Buchkontrolle	Wer Bücher aus einer öffentlichen Bibliothek ausleiht, läuft Gefahr, dass seine Interessen durch Geheimdienste beobachtet werden.
50	AIDS-Waffe	AIDS ist ein entwickelter Killervirus, der Homosexuelle bzw. Schwarzafrikaner dezimieren soll.
51	Phoebus	Die Wirtschaft hält die Brenndauer von Glühbirnen künstlich kürzer als technisch machbar („Phoebus").
52	Strichcodes	Strichcodes auf Supermarkt-Produkten haben geheime Funktionen.
53	Tupac-lebt	Der Rapper Tupac Shakur lebt weiterhin.
54	Monroe-Mord	Marilyn Monroe wurde von der CIA ermordet.
55	Bobby-Kennedy	Robert „Bobby" Kennedy wurde nicht von einem Einzeltäter getötet.
56	Trinkwasser-Drogen	Das Trinkwasser enthält Drogen, um die Bevölkerung gefügig zu machen.
57	9/11-Juden-frei	Jüdische Angestellte waren vor den Anschlägen am 11. September 2001 gewarnt worden und hatten daher frei.

Nr.	Kurzname	Fragebogen-Item
58	Auspuff-Rost	Die Automobilindustrie verzichtet auf den Einsatz von rostfreiem Stahl bei Auspuffanlagen nur deshalb, weil das die Umsätze mit deren regelmäßigen Austausch gefährden würde.
59	Cobain-Mord	Kurt Cobain hat im Jahr 1994 keinen Selbstmord begangen.
60	Alien-Kontakt	Seit längerer Zeit haben verschiedene Regierungen Kontakt zu Außerirdischen.
61	Nazi-UFOs	Die Nazis haben im Zweiten Weltkrieg funktionierende Flugscheiben in UFO-Optik entwickelt.
62	Lennon-CIA	Hinter John Lennons Ermordung im Jahr 1980 standen amerikanische Geheimdienste.
63	Washington-Weiß-haupt[26]	George Washington wurde durch den Gründer der Illuminaten Adam Weißhaupt ersetzt.
64	Deutsches Reich	Das Deutsche Reich ist (juristisch) nicht untergegangen, sondern besteht fort.
65	Jesus-Politik	Jesus verfolgte vor allem politische Ziele.
66	Morrison-lebt	Jim Morrison starb im Jahr 1971 nicht in seiner Badewanne an Herzversagen.
67	Islam-Geburten	Es gibt einen islamistischen Plan zur Übernahme Europas (v. a. durch eine gezielte Geburtenvermehrung).
68	USA-Atomkraftunfälle	In der USA gab es mehrere schwere vertuschte Atomkraftunfälle.
69	Hohle Erde	Die Erde ist von innen hohl und dort existiert eine Zivilisation.
70	Koran-Code	Der Koran enthält verschlüsselte Botschaften (sog. Koran-Code).
71	Al-Qaida-Erfindung	„Al-Qaida“ ist eine Erfindung von Regierung und Nachrichtendiensten, um Panik zu schüren.
72	Mozart-Mord	Wolfgang A. Mozart wurde ermordet.
73	Heß-Mord	Rudolf Heß hat 1987 in Berlin keinen Selbstmord begangen.
74	Estonia-Komplott	Geheimdienste waren schuld am Sinken der Fähre Estonia im Jahr 1994.
75	Ripper-Prinz	Jack The Ripper war Prinz Albert Victor.
76	Gates-Antichrist	Bill Gates ist der Anti-Christ.
77	Mond-Basen	Auf dem Mond gibt es außerirdische Basen.
78	Keine-BRD	Es gibt keine rechtliche Grundlage für die Existenz der BRD.
79	Neuschwabenland	Nach 1945 gab es noch eine Nazi-Enklave in der Antarktis (Neuschwabenland).
80	Rabin-Mord	Jitzhak Rabin wurde vom eigenen Sicherheitsdienst ermordet.
81	Kondomlüge	Kondome verhindern nicht die Übertragung von HIV bzw. AIDS beim Geschlechtsverkehr.
82	Karl der Große-Hoax	Karl der Große hat nie gelebt; Geschichtswissenschaftler vertuschen dies jedoch.
83	Paul-is-dead	Paul McCartney ist seit Ende der 60er Jahre tot.
84	Chemtrails	Flugzeug-Kondensstreifen sind ab und an in Wirklichkeit Geheimversuche, sogenannte „Chemtrails“, die die Umwelt schädigen.
85	Kampusch	Natascha Kampusch wurde nicht entführt, sondern von ihrer Mutter verkauft oder verliehen.
86	Reptilien-Aliens	Unter den Menschen leben – normalerweise als Menschen getarnt – Angehörige einer Reptilienrasse.

[26] Der Autor muss eingestehen, dass sich der Schreibfehler von Adam Weishaupt mit „ß“ in seine Fragebogen einschlich. Dies wurde ihm erst sehr spät gewahr. Deswegen wurde die Schreibweise mit „ß“ überall dort beibehalten, wo es um das (falschgeschriebene) VT-Item geht. Im Fließtext wird die korrekte Schreibweise (Weishaupt) genutzt.

Nr.	Kurzname	Fragebogen-Item
87	Alternative 3	Alternative 3 bezeichnet einen Plan zu einer Flucht einer Elite von der Erde.
88	HAARP	Das US-Forschungsprogramm HAARP sorgt für Naturkatastrophen bzw. hat Gedankenkontrolle über Menschen zum Ziel.
89	Satanisten-Kirche	Die katholische Kirche wird von Satanisten gelenkt.
90	Dillinger lebt	John Dillinger wurde 1934 nicht vom FBI erschossen.
91	Graf-St.-Germain	Der Graf von Saint Germain war ein Zeitreisender.
92	Monroe-LaVey	Marilyn Monroe hatte eine Affäre mit dem Gründer der Church of Satan, Anton LaVey.
93	Kohl-Jude	Helmut Kohl ist in Wirklichkeit jüdischer Herkunft und trug den Namen Henoch Kohn.
94	Kalte Sonne	Die Sonne ist nicht heiß, sondern kalt – was aber von Wissenschaftlern vertuscht wird.
95	Gates-ist-tot	Bill Gates wurde erschossen.

5.1.4 Kontroll-Items

Um die gezielte Verfälschung bei der Beantwortung zu verringern, empfiehlt Bühner (2006) die Verwendung derselben Items mit unterschiedlicher Polung. Allerdings würde dies bei den vorliegenden Fragebogen zu komplizierten und unverständlichen Formulierungen führen. Auch die Einfügung selbst erfundener Verschwörungstheorien als Kontrollitems wurde verworfen, da der Autor keine neuen VT verbreiten wollte. Letztendlich wurde daher die Einfügung von Kontrollitems nachrangig behandelt, dafür wurde beim Ausschluss von Datensätzen konservativ vorgegangen (vgl. 6.1 bzw. 6.2), was zur Löschung von 360 Datensätzen (23,95% aller Datensätze) beim Fragebogen zur Bekanntheit und von 742 Datensätzen beim Fragebogen zur Zustimmung (51,49% aller Datensätze) führte.

5.1.4.1 Fragebogen zur Bekanntheit von Verschwörungstheorien

Der Fragebogen zur Bekanntheit von Verschwörungstheorien kann nur einmal sinnvoll bearbeitet werden, da danach alle benannten VT im Sinne des Hörensagens bekannt sind. Deswegen lautete das erste Item:

> „Haben Sie bereits an dieser Untersuchung zur Bekanntheit von Verschwörungstheorien teilgenommen?“

Außerdem sollten nur solche Personen den Fragebogen bearbeiten, die die Testanweisung gelesen und verstanden hatten. Demzufolge wurde das Item

„Haben Sie die oben stehende Testanweisung gelesen und verstanden?"

als zweites Item präsentiert.
Die Beantwortung dieser beiden Kontrollfragen war obligatorisch.

5.1.4.2 Fragebogen zur Zustimmung zu Verschwörungstheorien

Den Fragebogen zur Zustimmung zu VT sollten nur Personen bearbeiten, die die Testanweisung gelesen und verstanden hatten. Entsprechend war das erste Item

„Haben Sie die oben stehende Testanweisung gelesen und verstanden?".

5.2 Soziodemografischer Teil der benutzten Fragebogen

Viele der aufgestellten Hypothesen stehen in Verbindung zu einem oder mehreren soziodemografischen Merkmalen der Probanden (vgl. 4ff). Zudem stellt die vorliegende Arbeit die bisher breiteste empirische Untersuchung zu unterschiedlichen Verschwörungstheorien im deutschsprachigen Raum, wenn nicht weltweit, dar. Deswegen war es wichtig, möglichst erschöpfend soziodemografische Merkmale zu erheben.
Als Grundlage diente dabei ein Fragebogen, der von einer großen Versicherungsgesellschaft zur Stammdatenerfassung genutzt wird. Zwei Items wurden aus diesem nicht übernommen („Wie alt sind Ihre Kinder?", „Haben Sie einen akademischen Grad?"). Bei einigen anderen Items erfolgte eine Neukategorisierung der Multiple-Choice-Antworten; insbesondere die Frage zum beruflichen Hintergrund war deutlich zu differenziert und auf den Bedarf einer Versicherung zugeschnitten[27].

Die endgültige Version des demografischen Teils enthält Angaben zu Geschlecht, Alter, familiären Umständen, Wohnsituation und beruflicher Situation.

[27] 22 Antwortmöglichkeiten in sechs Kategorien

Hinzugefügt wurden Fragen zur Religiosität, Religionsrichtung und Parteipräferenz (vgl. *Anhang* D & E).

Die Bearbeitung des soziodemografischen Teils der Fragebogen war freiwillig, im Gegensatz zum Forced-Choice-Format des VT-Teils der beiden Fragebogen.

Der soziodemografische Teil wurde auf einer neuen Seite im Browserfenster eingeleitet mit:

> „Zunächst einmal vielen Dank für die Beantwortung dieses Teil des Fragebogens.
>
> Nun hier noch die Bitte um einige Angaben zu Ihrer Person – alle Angaben sind freiwillig; das Auslassen von Antworten ist hier problemlos möglich!
>
> Die folgenden Daten werden verwendet, um untersuchen zu können, ob es systematische Unterschiede bei der Bekanntheit von Verschwörungstheorien gibt."

Abgeschlossen wurde der Fragebogen von zwei Items, welche die Möglichkeit gaben, Anmerkungen und Fragen sowie eine E-Mail-Adresse für weitere Befragungen bzw. Ergebnisrückmeldungen zu hinterlassen.
Danach erfolgte eine kurze Verabschiedung des Probanden unter Angabe der E-Mail-Adresse des Autors für weitere Rückmeldungen. Zudem wurde beim Fragebogen zur Bekanntheit von Verschwörungstheorien per Internetlink auf den Fragebogen zur Zustimmung zu Verschwörungstheorien hingewiesen.

5.3 Benutzte Wege zur Verbreitung der beiden Fragebogen

Beide Fragebogen wurden als Online-Befragungen konzipiert, eine Papierversion liegt nicht vor. Daher erfolgte die Verbreitung jeweils in Mailinglisten und Sozialnetzwerken, davon ausgehend, dass eine einmal ins Netz gesetzte Information sich selbst verbreiten würde.

Ziel war, eine möglichst große Breitenwirkung zu erzielen.

5.3.1 Fragebogen zur Bekanntheit von Verschwörungstheorien

Der Fragebogen zur Bekanntheit von Verschwörungstheorien wurde im Internet in Sozialnetzwerken und Mailinglisten verbreitet.
Als Mailinglisten wurden dabei am 27. Januar 2008 sowohl die Mailingliste der Sektion Wirtschaftspsychologie des Berufsverbandes der deutschen Psychologinnen und Psychologen (BDP) e.V. als auch die Mailingliste der Deutschen Gesellschaft für Evaluation (degeval) genutzt. Bewusst nicht genutzt wurde hingegen die Mailingliste der GWUP, da diese bereits für die Testversion genutzt wurde (vgl. 5.1.1.3).

Zudem setzte der Autor den Aufruf zum Ausfüllen und Verbreiten des Fragebogens am 24.1.2008 in die Untergruppe „Marktplatz & Verschiedenes“ der Gruppe „Psychologen-Netzwerk“ in der Kategorie „Wissenschaft“ des Sozialnetzwerkes „XING“, das vor allem dem Knüpfen fachlicher und beruflicher Kontakte dient. Zu diesem Zeitpunkt waren in der Gruppe 1673 Mitglieder registriert.

Um eine möglichst große Breitenwirkung zu erzielen, machte der Autor am 20. Januar 2008 einen Eintrag in denjenigen Gruppen des Sozialnetzwerkes „studiVZ“ mit den höchsten Mitgliederzahlen. Die genutzten Gruppen sind in Tab. 8 aufgeführt.

Tabelle 8. Gruppen mit den höchsten Mitgliederzahlen im Sozialnetzwerk studiVZ am 20.1.2008

Gruppenname	Mitglieder-zahl
Vegetarier essen meinem Essen das Essen weg!	193506
Wir lästern nicht, wir stellen nur fest!!	190482
Wann sterbe ich endlich, weil ich Kettenbriefe nie beantworte?	169510
Psst...Ich bin gar kein Student	163114
Leute, die Sätze gerne mit drei Punkten beenden...	150276
FAAAHR DOCH DA VORNE DU SPAST!! - Wir fluchen im Auto	148054
Warum ist am Ende des Geldes noch so viel Monat übrig???	147071

Gruppenname	Mitglieder-zahl
Ich bin nicht kompliziert, sondern eine Herausforderung	146032
Vergessen,Umkippen,Runterwerfen,Umrennen,Stolpern, Gegenlaufen	133336
Riskiere lieber alles fallen zu lassen, statt 2x zu gehen!!!	127318

Als letztes wurde der Fragebogen am 1. April 2008 im Bereich „Aktuelle Online-Untersuchungen“ des Leibniz-Zentrums für Psychologische Information und Dokumentation (ZPID) veröffentlicht.

5.3.2 Fragebogen zur Zustimmung zu Verschwörungstheorien

Der Fragebogen zur Zustimmung zu VT sollte, so wie der Fragebogen zur Bekanntheit von VT, möglichst breit gestreut werden, ebenso wie zudem möglichst viele Personen angesprochen werden sollten, die an der ersten Befragung zur Bekanntheit bereits teilgenommen hatten.
Aus diesem Grund folgte am 19.3.2008 eine E-Mail an die 173 Personen, die bis zu diesem Zeitpunkt den Fragebogen zur Bekanntheit ausgefüllt sowie ihre Mailadresse hinterlassen hatten, mit der Bitte, den neuen Fragebogen auszufüllen und den zugehörigen Link zu verbreiten.
Ebenfalls am 19.3.2008 erfolgte eine Versendung an den E-Mail-Verteiler der „Rhein-Ruhr-Skeptiker“ (vgl. 5.1.1.3), anders als beim Fragebogen zur Bekanntheit, da keine Gefahr einer Konfundierung durch das Ausfüllen der Testversion des ersten Fragebogens gesehen wurde.
Außerdem wurde der Fragebogen in denselben „studiVZ“-Gruppen und an derselben Stelle bei „XING“ (beides am 24. März 2008) eingestellt wie der Fragebogen zur Bekanntheit von VT (vgl. 5.3.1).

Auch wurde der Fragebogen an die Mailingliste „Wirtschaftspsychologie“ des BDP und die degeval (beides am 24. März 2008) geschickt.

Als letztes wurde der Fragebogen am 1.4.2008 im Bereich „Aktuelle Online-Untersuchungen“ des Leibniz-Zentrums für Psychologische Information und Dokumentation (ZPID) veröffentlicht.

6 Ergebnisse

Alle Auswertungen wurden mit Hilfe von SPSS 17.0 durchgeführt. Einfache Rechenoperationen wurden mit handelsüblichen Taschenrechnern vollzogen.

6.1 Fragebogen zur Bekanntheit von Verschwörungstheorien

Bis zum 2. Juli 2011 nahmen 1503 Personen an der Befragung zur Bekanntheit von Verschwörungstheorien teil. Hinsichtlich der oben beschriebenen Kontrollfragen (vgl. 5.1.4.1) ergab sich die in Tab. 9 dargestellte Verteilung.

Tabelle 9. Verteilung der Antworten auf die Kontrollfragen des Fragebogens zur Bekanntheit von VT

Item	Keine Angabe	Ja	Nein
Haben Sie bereits an dieser Untersuchung zur Bekanntheit von Verschwörungstheorien teilgenommen?	17	57	1429
Haben Sie die oben stehende Testanweisung gelesen und verstanden?	24	1427	52

Dabei ist zu berücksichtigen, dass eine fehlende Angabe in einem der beiden Items nur dadurch zu erklären ist, dass der Fragebogen zwar aufgerufen, aber ab hier nicht weiter bearbeitet wurde[28].

Die Angaben derjenigen Personen, die keine Angabe bei einem der beiden Items gemacht, den Test bereits einmal ausgefüllt oder die Frage zum Verständnis der Anweisung verneint hatten, wurden gelöscht. Hiernach verblieben 1377 Datensätze.

Danach wurden 98 weitere Datensätze gelöscht, deren Bearbeiter nach der gültigen Beantwortung der einleitenden beiden Items keine weiteren Angaben zu den VT machten. Dies scheinen Personen zu sein, die nur einen Blick auf den Fragebogen geworfen und dann wieder woandershin „gesurft“ sind.

[28]Allerdings scheint ein zeitweiser Serverfehler dazu geführt zu haben, dass eben doch ein Fortschreiten im Fragebogen kurzzeitig möglich war. Diese Fälle wurden jedoch gelöscht.

Im nächsten Schritt wurde nach Inkonsistenzen bzw. offenkundigen Bearbeitungsfehlern beim Ausfüllen des Fragebogens gesucht.

Eine Person gab ihr Geburtsjahr als „986“ und eine andere als „19591“ an, weswegen beide Datensätze komplett gelöscht wurden. Ebenso wurden die Datensätze von 18 Personen entfernt, welche die Frage „Wie viele Personen (Sie selbst eingeschlossen) leben in Ihrem Haushalt?“ mit „0“ beantworteten.

Danach wurden alle Datensätze der Personen gelöscht, die den Fragebogen nicht bis zum Ende des Verschwörungstheorieteils ausfüllten: insgesamt 114 Personen.
Zuletzt wurden zwei Datensätze gelöscht, die der Autor selbst komplett mit „0“ bzw. „1“ zu Testzwecken ausgefüllt hatte.

Es ergaben sich keine doppelten Ausfüllungen auf der Grundlage derselben E-Mail-Adressen.

Es verblieben 1143 Datensätze zur weiteren Auswertung.

6.1.1 Vorgenommene Korrekturen und Bearbeitungen der soziodemografischen Daten

Zur weiteren Nutzung der Datensätze waren einige Überarbeitungen der Rohdaten sinnvoll.

6.1.1.1 Schulabschluss

Bei der Frage nach dem höchsten Schulabschluss waren freie Antworten möglich. Verschiedene Rechtschreibfehler wurden korrigiert.

Obwohl nach dem höchsten Schulabschluss gefragt wurde, wurden verschiedene akademische Grade, Universitäts-, Fachhochschul-, Magister-,

Bachelorabschlüsse, Diplome und ähnliches benannt. All diese Abschlüsse wurden zu „Hochschulabschluss“ umkodiert.

„Allgemeine Hochschulreife“, „Matura“ und ähnliches wurden zu „Abitur“ zusammengefasst. „Fachhochschulreife“, „Fachmatura“ und ähnliche Begriffe wurden zu „Fachabitur“ zusammengefasst. „Mittlere Reife“, „Realschulabschluss“ und ähnliches wurden zu „FOR“ (Fachoberschulreife) zusammengefasst. „Volksschule“ und vergleichbare Begriffe wurden zu „HSA“ für Hauptschulabschluss zusammengefasst.

So ergab sich die in Tab. 10 dargestellte Häufigkeitsverteilung.

Tabelle 10. Rohwerte der benannten Schulabschlüsse im Fragebogen zur Bekanntheit von VT

Antworten auf das Item „Schulabschluss“	Häufigkeit	Prozent
Abitur	501	43,8
Hochschulabschluss	223	19,5
Keine Angabe	216	18,9
FOR	90	7,9
Fachabitur	74	6,5
HSA	16	1,4
1975	1	0,1
4,3	1	0,1
AHS Matura	1	0,1
Akademie	1	0,1
angehendes Abitur	1	0,1
Ausbildung + berufsbezogene Weiterbildungen	1	0,1
Berufsschule	1	0,1
Fachschule	1	0,1
FOS	1	0,1
Grundschule	1	0,1
Gymnasium 10. Klasse	1	0,1
Handelsschule	1	0,1
Höhere Berufsfachschulreife	1	0,1
Höhere Fachschule	1	0,1
in drei monaten abitur ;)	1	0,1
Kaufmännische Wirtschaftsschule	1	0,1

Antworten auf das Item „Schulabschluss"	Häufigkeit	Prozent
noch keiner aber bald Abi	1	0,1
Oberschule	1	0,1
Pflichtschulabschluß	1	0,1
POS	1	0,1
Sekunda II	1	0,1
Uni kommt noch :)	1	0,1
Wirtschaftsrealabschluss	1	0,1
Gesamt	1143	100,3[29]

Anmerkung: Alle Rechtschreibfehler sind direkte Übernahmen aus den Antworten der Probanden.

Um eine bessere Auswertung zu ermöglichen, wurden die Schulabschlussangaben entfernt, deren *N* = 1 war[30].

6.1.1.2 Wohnort

Der Wohnort wurde über freie Antwort auf das Item „Postleitzahl des Wohnortes (außerhalb der BRD bitte das Land/Staat angeben)" erhoben. Dabei ergab sich das Problem, dass einige Personen Postleitzahlen angaben, die kürzer waren als die in Deutschlands üblichen fünf Ziffern, bspw. in der Form „0**", aber auch in zwei-, drei- und vierstelliger Form. Da es in Österreich nur vierstellige Postleitzahlen (PLZ) gibt und einige Österreicher entgegen der Anweisung ihre PLZ zusätzlich zum Staat angaben, ist nicht auszuschließen, dass es Österreicher teilgenommen haben, die nur ihre PLZ hinterließen. Dementsprechend wurden alle PLZ, die weniger als 5 Stellen und keine Ortsangabe enthielten, nicht kodiert.

Anschließend wurden die drei deutschsprachigen Staaten Deutschland („0"), Österreich („1") und Schweiz („2") kodiert[31]. Für Deutschland wiederum wurde dann als neue Variable anhand der ersten Ziffer der PLZ der „PLZ-Bereich" ge-

[29]Der Wert erklärt sich durch Akkumulation von Rundungsfehlern auf der ersten Dezimalstelle.

[30]Aus der Vielzahl der freien Antwortvarianten bei dieser Frage wurde für den Fragebogen zur Zustimmung zu VT gelernt und dort stattdessen eine Multiple-Choice-Frageform gewählt, die der hier erfolgten Neukodierung entspricht (vgl. 6.2.2.1.6).

bildet, um Vergleiche zwischen den alten und neuen Bundesländern vornehmen zu können.

6.1.1.3 Alter

Das Alter wurde als Differenz von Ausfülljahr und Geburtsjahrgang gebildet. Es wird davon ausgegangen, dass etwaige Abweichungen sich im Mittel ausgleichen.

6.1.1.4 Arbeitszeit

Die wöchentliche Arbeitszeit wurde über das Item „Wie viele Stunden arbeiten Sie zurzeit (letzte 3 Monate) in der Woche in Ihrem Beruf?" erfasst. Hier wurden zunächst schriftliche Angaben wie „ca.", „h" oder „Std" entfernt. Bei Angaben wie „40-45" wurde das arithmetische Mittel gebildet, hier z.B. „42,5". Des Weiteren erfolgte eine durchgängige Umwandlung der Zeitangaben in Dezimalbrüche.

6.1.1.5 Zweisprachigkeit

Kürzel bei der Angabe der Zweitsprache, die nicht zugeordnet werden konnten, wie „sdfs", wurden gelöscht. Ebenso die Fälle, in denen mehr als eine Zweitsprache angeben wurde sowie ein Fall, in dem „bayrisch" angegeben wurde.

6.1.2 Zentrale Merkmale der Stichprobe

In der Zeit vom 19. Januar 2008 bis zum 2. Juli 2011 füllten insgesamt 1503 Personen den Fragebogen zur Bekanntheit von Verschwörungstheorien online aus, von denen 1143 Datensätze (76,05%) zur weiteren Analyse verblieben (vgl. 6.1).

---

[31]Aus der Vielzahl der freien Antwortvarianten bei dieser Frage wurde für den Fragebogen zur Zustimmung zu VT gelernt und dort stattdessen eine Multiple-Choice-Frageform gewählt, die der hier erfolgten Neukodierung entspricht (vgl. 6.2.2.1.2).

Die meisten Personen füllten den Fragebogen im ersten Jahr aus, wie die nachfolgende Abb. 4 veranschaulicht:

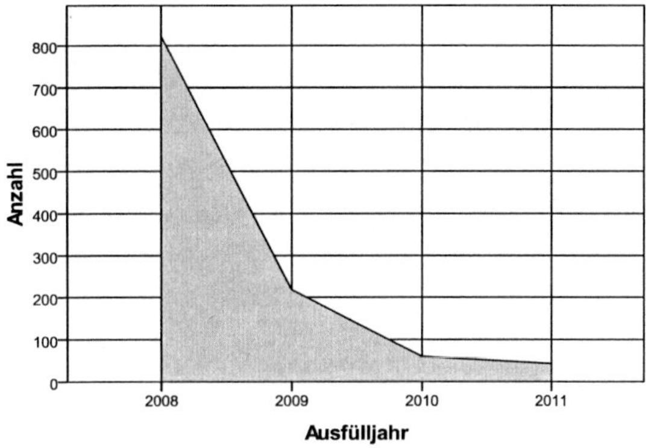

Abb. 4. Anzahl der Ausfüllenden des Fragebogens zur Bekanntheit von VT pro Jahr

Die durchschnittliche Bearbeitungsdauer des Fragebogens betrug 743s (12 min 23 s) mit *SD* = 543 s (9 min 2 s). Die große Bandbreite mit einem Minimalwert von 245 s und einem Maximum von 7746 s ist vermutlich darauf zurückzuführen, dass einige Personen mit einer Bearbeitung begannen, diese dann unterbrachen, während der Internetbrowser geöffnet blieb, um dann deutlich später mit der Bearbeitung fortzufahren. Hierfür spricht auch der deutlich geringere Median von 624 s (10 min 4 s).

1050 Personen machten Angaben zu ihrem Geschlecht: 454 Personen sind weiblich (43,2%) und 596 Personen männlich (56,8%).

1013 Personen machten eine Angabe zu ihrem Alter bzw. Geburtsjahrgang (vgl. 6.1.1.3). Die Altersspanne reichte dabei von 12 Jahren bis 73 Jahren, mit einem Mittelwert von 32,9 Jahren (*SD* = 10,9 Jahre) und einem Median von 30 Jahren (s. Abb. 5).

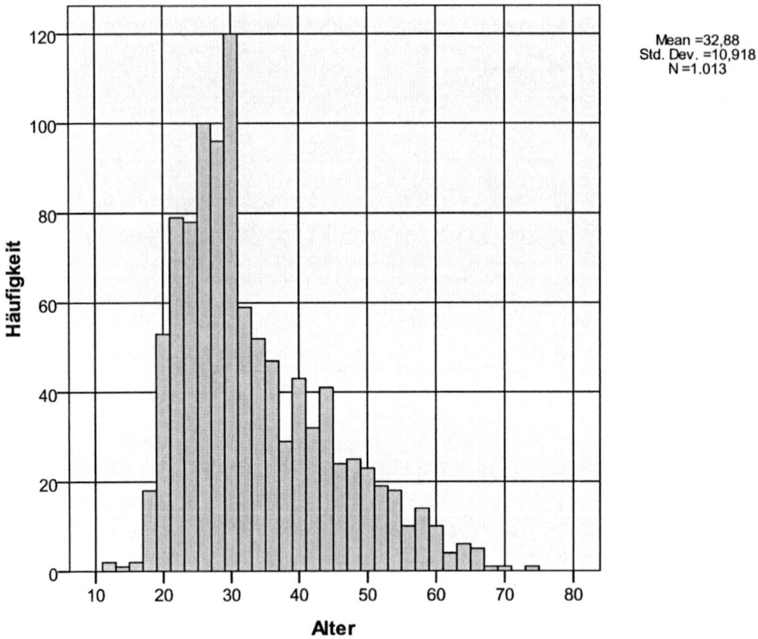

Abb. 5. Verteilung des Alters beim Fragebogen zur Bekanntheit von VT

6.1.2.1 Übersichttabellen zu weiteren demografischen Merkmalen

Neben den oben ausgeführten Merkmalen werden im Folgenden Tabellen zu den anderen soziodemografischen Variablen präsentiert. Dabei gilt für alle Tabellen, dass „Prozent" unter Berücksichtigung aller Fragebogen und „Gültige Prozent" auf Basis der Fragebogen gebildet wird, die eine Angabe zum gegenständlichen Merkmal enthielten.

6.1.2.1.1 Familienstand

Die häufigste Angabe zum aktuellen Familienstand war „ledig" (39,8%), gefolgt von „Partner (aber nicht verheiratet)" (34,1%). Die genaue Übersicht über die Verteilung des Familienstandes ist in Tab. 11 dargestellt.

Tabelle 11. Familienstandverteilung beim Fragebogen zur Bekanntheit von VT

	Ausprägung	Häufigkeit	Prozent	Gültige Prozent
	ledig	411	36,0	39,8
	Partner (aber nicht verheiratet)	352	30,8	34,1
	verheiratet	232	20,3	22,5
	geschieden	23	2,0	2,2
	verwitwet	4	0,3	0,4
	dauerhaft getrennt lebend	10	0,9	1,0
Gesamt		1032	90,3	100

6.1.2.1.2 Wohnort

Während in Tab. 12 eine Übersicht der Herkunftsländer der Ausfüllenden zu finden ist, werden in Tab. 13 diejenigen Personen genauer betrachtet, die aus Deutschland kommen und zudem eine Postleitzahl angegeben haben, was bei 748 von 754 Personen aus Deutschland der Fall war (99,20%).

Tabelle 12. Herkunftslandhäufigkeit beim Fragebogen zur Bekanntheit von VT

	Ausprägung	Häufigkeit	Prozent	Gültige Prozent
	Deutschland	754	66,0	92,1
	Österreich	35	3,1	4,3
	Schweiz	11	1,0	1,3
	nichtdeutschsprachiger Staat	19	1,7	2,3
Gesamt		819	71,7	100,0

Tabelle 13. Häufigkeiten der PLZ-Bereiche beim Fragebogen zur Bekanntheit von VT

Postleitzahlen-Bereich	Häufigkeit	Prozent	Gültige Prozent
0	31	2,7	4,1
1	64	5,6	8,6
2	39	3,4	5,2
3	69	6,0	9,2

Postleitzahlen-Bereich	Häufigkeit	Prozent	Gültige Prozent
4	312	27,3	41,7
5	86	7,5	11,5
6	44	3,8	5,9
7	40	3,5	5,3
8	34	3,0	4,5
9	29	2,5	3,9
Gesamt	748	65,4	99,9[32]

6.1.2.1.3 Kinder

1026 Personen beantworteten die Frage „Haben Sie Kinder?", davon 213 mit „Ja" (18,6%) und 813 mit „Nein" (81,4%).

Die Verteilung der Anzahl der Kinder kann Tab. 14 entnommen werden, wobei sich ein Mittelwert von 0,5 Kindern mit einer *SD* = 0,951 ergibt. Anzumerken ist, dass 3 Personen zwar angaben Kinder zu haben, aber die Frage nach der Anzahl mit Null beantworten. Ebenso gaben 5 der Personen, die die Frage nach Kindern verneint hatten, einen von Null verschiedenen Wert bei der Anzahl der Kinder an.

Tabelle 14. Übersicht zur Kinderzahl beim Fragebogen zur Bekanntheit von VT

Anzahl der Kinder	Häufigkeit	Prozent	Gültige Prozent
0	529	46,3	71,1
1	100	8,7	13,4
2	89	7,8	12,0
3	20	1,7	2,7
4	2	0,2	0,3
5	1	0,1	0,1
6	1	0,1	0,1
7	1	0,1	0,1
9	1	0,1	0,1
Gesamt	744	65,1	99,9[33]

[32]Die Abweichung von „100%" ist rundungsbedingt.

[33]Die Abweichung von „100%" ist rundungsbedingt.

6.1.2.1.4 Haushaltsgröße

Das zugehörige Item lautete „Wie viele Personen (Sie selbst eingeschlossen) leben in Ihrem Haushalt?“. Der Mittelwert ist hier 2,38 Personen mit *SD* = 1,34, die Häufigkeitsverteilung kann Tab. 15 entnommen werden.

Tabelle 15. Haushaltsgrößen beim Fragebogen zur Bekanntheit von VT

Haushaltsgröße	Häufigkeit	Prozent	Gültige Prozent
1	261	22,8	29,5
2	303	26,5	34,2
3	152	13,3	17,2
4	101	8,8	11,4
5	44	3,8	5,0
6	16	1,4	1,8
7	5	0,4	0,6
8	2	0,2	0,2
9	1	0,1	0,1
Gesamt	885	77,4	100,0

6.1.2.1.5 Religion

1017 Personen machten Angaben dazu, ob sie sich selbst als religiösen/ gläubigen Menschen bezeichnen, wobei 328 (32,3%) mit „Ja“ und 689 (67,7%) mit „Nein“ antworteten. Zwei Personen gaben zwar an, religiös/gläubig zu sein, wählten aber unter „Welcher Religion gehören Sie an?“ die Option „Atheist“. Andererseits wählten 368 Personen aus, nicht religiös zu sein und gaben zudem eine von „Atheist“ verschiedene Antwort zur Religionsrichtung an (Tab. 16).

Dies spricht dafür, dass Religionszugehörigkeit nicht automatisch Religiosität mit sich bringen muss.

Tabelle 16. Angaben zur Religionszugehörigkeit beim Fragebogen zur Bekanntheit von VT

Religionsrichtung	Häufigkeit	Prozent	Gültige Prozent	„Nein“ als Angabe zur Religiosität	
				%	*N*
römisch-katholisch	317	27,7	34,4	48,9	155
evangelisch	267	23,4	29,0	60,3	161
jüdisch	6	0,5	0,7	50,0	3
muslimisch	4	0,3	0,4	25,0	1
hinduistisch	1	0,1	0,1	0,0	0
buddhistisch	10	0,9	1,1	30,0	3
Zeugen Jehova	2	0,2	0,2	0,0	0
andere christliche Gemeinschaft	15	1,3	1,6	33,3	5
atheistisch	221	19,3	24,0	99,1	219
sonstige	78	6,8	8,5	51,3	40
Gesamt	921	80,6	100,0		

6.1.2.1.6 Schulabschluss

Tab. 17 zeigt die Verteilung der Schulabschlüsse nach der Neukodierung wie unter 6.1.1.1 beschrieben.

Tabelle 17. Neukodierte Schulabschlüsse beim Fragebogen zur Bekanntheit von VT

Schulabschluss	Häufigkeit	Prozent
Hochschulabschluss	223	19,5
Abitur	501	43,8
Fachabitur	74	6,5
FOR	90	7,9
HSA	16	1,4
Keine Angabe	239	20,9
Gesamt	1143	100,0

Zudem wurde abgefragt, in welchem Staat der Schulabschluss erworben wurde (Tab. 18).

Tabelle 18. Staat des Schulabschlusses beim Fragebogen zur Bekanntheit von VT

Staat	Häufigkeit	Prozent
BRD	923	80,8
DDR	21	1,8
anderes Land	62	5,4
Keine Angabe	137	12,0
Gesamt	1143	100,0

6.1.2.1.7 Arbeitszeit

812 Personen machten Angaben zu ihrer wöchentlichen Arbeitszeit, wobei sich ein Mittelwert von 36,95 h mit *SD* = 16,59 h ergab.

6.1.2.1.8 Gehalt

Die häufigste Angabe zum Gehalt war „25.000€ bis 40.000€" (14,1%), gefolgt von „unter 10.000€" (13,8%). Einen genauen Überblick gibt Tab. 19.

Tabelle 19. Verdienstübersicht beim Fragebogen zur Bekanntheit von VT

Brutto-Jahresgehalt	Häufigkeit	Prozent
Bezug von Bafög/ ALG/ Sozialgeld	127	11,1
unter 10.000 €	158	13,8
10.000 € - 25.000 €	154	13,5
25.000 € - 40.000 €	161	14,1
40.000 € - 55.000 €	104	9,1
55.000 € - 70.000 €	47	4,1
70.000 € - 85.000 €	23	2,0
85.000 € - 100.000 €	9	0,8
über 100.000 €	7	0,6
Keine Angabe	353	30,9
Gesamt	1143	100,0

6.1.2.1.9 Zweisprachigkeit

986 Personen machten Angaben dazu, ob sie zweisprachig aufgewachsen sind, wobei 895 Personen mit „Nein" (90,8%) und 91 Personen mit „Ja" (9,2%) antworteten.

Dabei war Englisch die häufigste Zweitsprache (27mal), gefolgt von Polnisch (7mal) und Russisch (6mal) (vgl. Tab. 20).

Tabelle 20. Angaben zur Zweisprachigkeit beim Fragebogen zur Bekanntheit von VT

Zweitsprache	Anzahl	Prozent
arabisch	1	0,1
bulgarisch	1	0,1
dari	1	0,1
deutsch	1	0,1
englisch	27	2,4
flämisch	1	0,1
französisch	5	0,4
griechisch	1	0,1
hebräisch	1	0,1
italienisch	1	0,1
kaschubisch	1	0,1
kroatisch	3	0,3
persisch	1	0,1
polnisch	7	0,6
rumänisch	2	0,2
russisch	6	0,5
schwedisch	1	0,1
serbisch	3	0,3
serbo-kroatisch	1	0,1
spanisch	4	0,3
tschechisch	2	0,2
türkisch	1	0,1
ungarisch	2	0,2
Keine Angabe	1069	93,5
Gesamt	1143	100,2[34]

6.1.2.1.10 Parteipräferenz

Die politische Präferenz wurde über die sog. „Sonntagsfrage“ erhoben („Welche Partei würden Sie wählen, wenn am nächsten Sonntag Bundestagswahlen wären?“), deren Ergebnis in Tab. 21 wiedergegeben ist.

[34]Die Abweichung von „100%“ ist rundungsbedingt.

Tabelle 21. Parteipräferenz bei der „Sonntagsfrage" beim Fragebogen zur Bekanntheit von VT

Parteipräferenz	Anzahl	Prozent	Gültige Prozent
CDU / CSU	84	7,3	10,2
SPD	162	14,2	19,7
FDP	66	5,8	8,0
Die Linke	88	7,7	10,7
Bündnis 90 / Die Grünen	226	19,8	27,4
NPD / DVU	4	0,3	0,5
Graue Panther	2	0,2	0,2
MLPD	4	0,3	0,5
Sonstige	66	5,8	8,0
Ich würde nicht wählen gehen	122	10,7	14,8
Gültige gesamt	824	72,1	100,0
Keine Angabe	319	27,9	
Gesamt	1143	100,0	

6.1.3 Übersicht über die Bekanntheit der Verschwörungstheorien

Die Mittelwerte der Bekanntheit der einzelnen VT wurden gebildet, wobei „kenne ich nicht" mit „0" und „Kenne ich" mit „1" kodiert wurden. Somit bedeutet ein Mittelwert von bspw. „96%", dass 96% der Personen die Möglichkeit „Kenne ich" ausgewählt haben.

Tab. 22 ist nach absteigenden Mittelwerten geordnet, wobei die Kurzbegriffe der VT, wie unter 5.1.3 angegeben, verwendet werden.
Ränge wurden bei gleichem Mittelwert (und gleicher *SD*) mehrfach vergeben.

Tabelle 22. Rangfolge der Bekanntheit der Verschwörungstheorien

Rang	Kurzname der Verschwörungstheorie	Mittelwert Bekanntheit [%]	*SD* [%]	*N*
1	Bermuda-Dreieck	98,2	13,4	1142
2	Irak-Öl	95,9	19,9	1142
3	Lady Di-Mord	93,3	24,9	1142
4	Unterschwellige Werbung	93,1	25,4	1142
5	Apollo-Hoax	92,7	26,0	1142
6	9/11-Lüge	91,3	28,1	1143
7	Illuminaten	86,4	34,3	1142
8	Auschwitz-Lüge	85,5	35,3	1142

Rang	Kurzname der Verschwörungstheorie	Mittelwert Bekanntheit [%]	*SD* [%]	*N*
9	JFK	83,4	37,2	1143
10	Alien-Landung	83,3	37,3	1143
11	Roswell	80,5	39,6	1143
12	Sekten-Psychokontrolle	79,8	40,2	1143
13	Freimaurer	76,9	42,2	1143
14	Päpstin Johanna	76,7	42,3	1143
15	Pharmaindustrie	76,6	42,4	1143
16	Bibel-Code	76,4	42,5	1142
17	Magdalena	76,3	42,6	1142
18	Jüdische Weltherrschaft	74,3	43,7	1142
19	Elvis-lebt	72,0	44,9	1143
20	Dollar-Zeichen	71,0	45,4	1143
20	Menschenopfer	71,0	45,4	1143
22	Hitler-lebt	69,7	46,0	1143
23	Scientology	68,9	46,3	1143
24	Barschel-Mord	68,6	46,4	1143
25	Erdkontrolle	62,6	48,4	1143
26	9/11-Pentagon	57,7	49,4	1143
27	Email-Überwachung	56,9	49,5	1142
28	UFO-Schweigen	56,4	49,6	1143
29	Präastronautik	56,0	49,7	1143
30	Klima-Schwindel	55,7	49,7	1143
31	Terror-Infrastruktur	54,2	49,8	1142
32	Anastasia-lebt	53,5	49,9	1143
33	9/11-Sprengung	53,1	49,9	1142
34	Hauser-Prinz	51,6	50,0	1143
35	Bürgerkontrolle	50,9	50,0	1143
36	Prieuré-de-Sion	50,5	50,0	1143
37	Reichstagsbrand	48,5	50,0	1143
38	Vatikan-Mafia	48,2	50,0	1142
39	Protokolle-Zion	47,9	50,0	1143
39	AIDS-Waffe	47,9	50,0	1143
41	Atomunfälle-UDSSR	46,8	49,9	1143
42	Stammheim-Mord	46,5	49,9	1143
43	JPI-Mord	46,0	49,9	1143
43	LutherKing	46,0	49,9	1143
45	Freie Energie	44,9	49,8	1142

Rang	Kurzname der Verschwörungstheorie	Mittelwert Bekanntheit [%]	*SD* [%]	*N*
46	Möllemann-Mord	44,4	49,7	1143
47	Postkontrolle	40,5	49,1	1143
48	Polen-Überfall	40,4	49,1	1143
49	Grams-Mord	39,3	48,9	1142
50	Strichcodes	38,8	48,7	1143
51	Trinkwasser-Drogen	39,0	48,7	1143
52	9/11-Juden-frei	38,6	48,7	1142
53	Alien-Kontakt	37,6	48,5	1143
54	Buchkontrolle	36,7	48,2	1143
55	Monroe-Mord	35,8	48,0	1142
56	Nazi-UFOs	35,5	47,9	1143
57	Bobby-Kennedy	35,3	47,8	1142
58	Phoebus	34,3	47,5	1143
59	Hohle Erde	33,7	47,3	1143
60	Deutsches Reich	31,2	46,4	1143
61	Auspuff-Rost	30,7	46,1	1143
62	Tupac-lebt	29,8	45,7	1142
63	Washington-Weißhaupt	28,3	45,1	1143
64	Al-Qaida-Erfindung	28,0	44,9	1142
65	Lennon-CIA	27,3	44,6	1143
66	Cobain-Mord	26,7	44,3	1143
67	Islam-Geburten	25,8	43,8	1142
68	Chemtrails	24,2	42,9	1143
69	Keine-BRD	24,1	42,8	1143
70	Neuschwabenland	23,6	42,5	1143
71	Jesus-Politik	22,6	41,8	1143
72	USA-Atomkraftunfälle	22,4	41,7	1143
73	Estonia-Komplott	22,2	41,6	1143
74	Heß-Mord	21,5	41,1	1142
74	Mozart-Mord	21,5	41,1	1143
74	Koran-Code	21,5	41,1	1143
77	Mond-Basen	21,2	40,9	1143
78	Morrison-lebt	20,1	40,1	1143
79	Gates-Antichrist	19,7	39,8	1143
80	HAARP	19,5	39,7	1142
81	Ripper-Prinz	19,0	39,2	1143
82	Karl der Große-Hoax	18,3	38,7	1143

Rang	Kurzname der Verschwörungstheorie	Mittelwert Bekanntheit [%]	*SD* [%]	*N*
83	Paul-is-dead	18,2	38,6	1143
83	Reptilien-Aliens	18,2	38,6	1143
85	Kondomlüge	17,3	37,9	1143
86	Rabin-Mord	17,0	37,6	1143
87	Kampusch	14,0	34,7	1142
88	Alternative 3	11,1	31,4	1143
89	Graf-St.-Germain	10,7	30,9	1143
90	Satanisten-Kirche	10,3	30,4	1143
91	Dillinger lebt	6,4	24,5	1143
92	Kohl-Jude	6,2	24,1	1143
93	Kalte Sonne	4,0	20,1	1143
94	Monroe-LaVey	4,1	19,9	1143
95	Gates-ist-tot	2,6	16,0	1143

Insgesamt ergab sich ein Mittelwert von 44,46% Bekanntheit bei einer *SD* von 15,24% (*N* = 1143), wobei die Relevanz dieser Statistik unter 7.5 diskutiert wird.

6.1.4 Gütekriterien

Die eingesetzten Fragebogen sollen den Anforderungen an ein wissenschaftliches Instrument genügen, d.h. sie müssen so konstruiert sein, dass verschiedene Testgütekriterien erfüllt werden.
Zentrale Gütekriterien sind dabei nach Lienert & Raatz (1998):

1. Objektivität (vgl. 6.1.4.1),
2. Validität (vgl. 6.1.4.2),
3. Reliabilität (vgl. 6.1.4.3).

6.1.4.1 Objektivität

Die Objektivität lässt sich in die zentralen Konstrukte der Durchführungs-, der Auswertungs- und der Interpretationsobjektivität aufteilen (Lienert & Raatz, 1998).

Die Durchführungsobjektivität beschäftigt sich dabei mit der Frage, ob das Verhalten des Untersuchers die erzielten Ergebnisse der Probanden beeinflusst (vgl. 6.1.4.1.1).

Die Auswertungsobjektivität betrifft die Frage nach der Auswertung der erhobenen Daten sowie der damit verbundenen Regelfähigkeit (vgl. 6.1.4.1.2).

Die Interpretationsobjektivität betrifft die Frage, ob verschiedene Untersucher bei denselben Ergebnissen zu denselben Schlussfolgerungen kommen (vgl. 6.1.4.1.3).

Bortz und Döring (1995) fassen zusammen:

> „Die Objektivität eines Tests gibt an, in welchem Ausmaß die Testergebnisse vom Testanwender unabhängig sind."

6.1.4.1.1 Durchführungsobjektivität

Durchführungsobjektivität ist gewährleistet, wenn es gelingt „die soziale Interaktion zwischen Untersucher und Pb auf ein unumgängliches Minimum zu reduzieren [...]" (Lienert & Raatz, 1998).

Bei beiden in dieser Arbeit gegenständlichen Fragebogen wurde nicht direkt mit den Ausfüllenden interagiert, sodass Verfälschungen durch soziale Interaktionen ausgeschlossen erscheinen. Alle Probanden erhielten dieselben Anweisungen zum Ausfüllen der Fragebogen (vgl. *Anhang* D), die detailliert erklärten, wie bei der Bearbeitung vorzugehen ist. Des Weiteren wurde bei jedem Item die verwandte Skala vollständig präsentiert, was wiederum das Ausmaß an Klarheit erhöhte.

Nicht ausgeschlossen werden kann hingegen eine Konfundierung der Durchführungsobjektivität durch die Kommunikation der Probanden untereinander, da die Untersuchungssituation selbst aufgrund der freien Verbreitung des Fragebogens im Internet nicht kontrolliert werden kann.

Trotz dieser Einschränkung wird von hoher Durchführungsobjektivität ausgegangen.

6.1.4.1.2 Auswertungsobjektivität

Die Auswertungsobjektivität ist am höchsten, wenn Antwortmöglichkeiten und deren numerische Auswertung vorgegeben sind. Weniger hoch ist sie bei freien Antwortmöglichkeiten und am geringsten bei projektiven Testverfahren (vgl. Lienert & Raatz, 1998).

In beiden hier verwendeten Fragebogen waren die Antwortmöglichkeiten im eigentlichen Verschwörungstheorie-Teil vorgegeben und kodiert. Beim Fragebogen zur Bekanntheit von Verschwörungstheorien lauteten die Antwortmöglichkeiten stets „Kenne ich“ bzw. „Kenne ich nicht“ und wurden bei der Auswertung mit „1“ bzw. „0“ kodiert.

Freie Antwortmöglichkeiten ergaben sich im soziodemografischen Teil bei der Frage nach dem Schulabschluss, der ggf. gelernten Zweitsprache, dem Geburtsjahrgang (wobei hier die Antwortform durch ein Beispiel nahegelegt wurde), der durchschnittlichen Arbeitszeit pro Woche sowie dem Beruf. Unter 6.1.1ff findet sich das Vorgehen beim Kodieren dieser Items. Dabei wurden uneindeutige Datensätze eher verworfen als sie zu interpretieren, um nicht der Gefahr der Verfälschung zu erliegen.

Projektive Verfahren wurden im Rahmen dieser Arbeit nicht angewandt.

Eine mittlere Auswertungsobjektivität bei den soziodemografischen Merkmalen und eine hohe Auswertungsobjektivität bei den VT sind somit gegeben.

6.1.4.1.3 Interpretationsobjektivität

Die Interpretationsobjektivität

> „betrifft den Grad der Unabhängigkeit der Interpretation des Testergebnisses von der Person des interpretierenden Psychologen [...]“ (Lienert & Raatz, 1998).

Dieser Grad der Objektivität ist bei vorliegender Arbeit schwierig einzuschätzen. Zwar bemüht sich der Autor sein Vorgehen transparent und nachvollziehbar zu halten, allerdings wäre eine echte Aussage zur Interpretationsobjektivität nur möglich, wenn auf dem Niveau der einzelnen ausfüllenden Person Aussagen gemacht würden (was hier nicht der Fall ist) und diese dann sowohl zur Interpretation des Ergebnisses einer anderen Person verglichen würde, als auch von einem anderem Auswerter vergleichend hergeleitet würde.

Letztendlich ist hier das Maß der Interpretationsobjektivität nicht klar zu beurteilen.

6.1.4.2 Validität

> „Die Validität oder Gültigkeit eines Tests gibt den Grad der Genauigkeit an, mit dem dieser Test dasjenige Persönlichkeitsmal oder diejenige Verhaltensweise, das (die) er messen oder vorhersagen soll, tatsächlich misst oder vorhersagt.“
> (Lienert & Raatz, 1998)

Nach Lienert & Raatz (1998) sind im Wesentlichen drei Validitätsarten zu unterscheiden: die inhaltliche Validität, die Konstruktvalidität sowie die kriterienbezogene Validität.
Hingegen unterscheiden Bortz & Döring (1995) zwischen der internen und externen Validität,und im Weiteren zwischen der Inhaltsvalidität (auch Face Validity, Augenscheinvalidität, Logische Validität), der Kriteriumsvalidität (auch kriterienbezogene Validität) sowie der Konstruktvalidität. Inhalts- und kriterienbezogene Validität können dabei als Aspekt der Konstruktvalidität angesehen werden (Messick, 1987). Weitere Ausdifferenzierungen oder

Validitätskonstrukte finden sich bei Lienert & Raatz (1998), Bortz (1999) oder Bortz & Döring (1995).

Im Rahmen der vorliegenden Arbeit wird auf die Inhaltsvalidität (vgl. 6.1.4.2.1) und die Konstruktvalidität (vgl. 6.1.4.2.2) fokussiert, wobei erstere eng mit der internen Validität und letztere mit der externen Validität verknüpft ist.

6.1.4.2.1 Inhaltsvalidität

Eine prägnante Definition dieses Konstrukts ist bei Bortz & Döring (1995) zu finden:

> „Inhaltsvalidität [...] ist gegeben, wenn der Inhalt der Test-Items das zu messende Konstrukt in seinen wichtigsten Aspekten erschöpfend erfaßt."

Wie hoch das Ausmaß an Inhaltsvalidität ist, kann nicht zahlenmäßig erfasst werden, weswegen diese Validitätsart auch eher Zielvorgabe als statistische Kenngröße ist (Bortz & Döring, 1995). Die inhaltliche Validität wurde zum einen durch eine ausführliche Herleitung und Definition dessen, welche Kriterien erfüllt sein müssen, damit es sich um eine VT handelt, gewährleistet (vgl. 2.3f u. 5.1.1f). Zum anderen wurde der Fragebogen vorab Experten vorgelegt, mit der Bitte, Rückmeldung zu den verwendeten Items zu geben und ggf. zu ergänzen, was dann auch erfolgte (vgl. 5.1.1.3).

Deswegen geht der Autor von hoher Inhaltsvalidität aus.

6.1.4.2.2 Konstruktvalidität

Nach Bortz & Döring (1995) gilt ein Test als konstruktvalide, wenn

> „aus dem zu messenden Zielkonstrukt Hypothesen ableitbar sind, die anhand der Testwerte bestätigt werden können."

Diesem Ansatz folgend erscheint die Diskussion der Validität erst nach erfolgter Hypothesenprüfung (vgl. 6.4ff.) sinnvoll und wird dementsprechend an späterer Stelle vollzogen (vgl. 7.4.1).

Konstruktvalidität soll des Weiteren durch korrelative Ansätze geprüft werden, deren sieben wichtigste bei Lienert & Raatz (1998), in Anlehnung an Cronbach & Meehl (1955), zu finden sind. Neben systematischen Gruppenunterschieden, die Teil der Hypothesenprüfung sind, finden sich hier Korrelationen zu Außenkriterien oder Tests mit ähnlichen Validitätsansprüchen.
Wie aus dem Theorieteil erkennbar (vgl. 3ff.), fehlt es jedoch bisher an großflächiger empirischer Forschung im Bereich der VT, ebenso wie an einem sinnvollen Außenkriterium.

Zur Prüfung der Konstruktvalidität soll deswegen der Fragebogen von Bruder (2010, vgl. 3.6) herangezogen werden. Sein Fragebogen umfasste 38 Items, von denen für die beiden hier eingesetzten Fragebogen 14 Items in kaum veränderter und weitere fünf Items in zusammengefasster und abgewandelter Form zu drei Items verdichtet wurden. Zur Überprüfung der Konstruktvalidität wird ein Mittelwert der 14 sowie aller 17 Items gebildet und dieser mit dem Mittelwert der verbliebenen 78 Items korreliert, die neu für diesen Fragebogen erstellt wurden. Je höher dabei die positive Korrelation, desto höher die Konstruktvalidität.

Die sich ergebenden Korrelationen waren beide signifikant und lagen für die Korrelation mit den 14 Items bei $r = 0{,}620$, $p < 0{,}001$, $N = 1143$ und mit den 17 Items bei $r = 0{,}691$, $p < 0{,}001$, $N = 1143$. Laut Brosius (2004, nach Bühner (2006)) sind Korrelationen über 0,6 bis 0,8 als „starke Korrelationen" einzuschätzen. Dies trifft hier auf beide Korrelationen zu. Demzufolge kann von einer guten Konstruktvalidität ausgegangen werden, die sich am Fragebogen von Bruder (2010) orientiert.

6.1.4.3 Reliabilität

> Die Reliabilität betrachtet mit welcher Messgenauigkeit ein Test „ein bestimmtes Persönlichkeits- oder Verhaltensmerkmal mißt, gleich gültig, ob er dieses Merkmal auch zu messen beansprucht (welche Frage ein Problem der Validität ist).“ (Lienert & Raatz, 1998)

Im Allgemeinen werden vier verschiedene Arten der Reliabilitätsbestimmung vorgeschlagen: die Paralleltest- und die Retest-Reliabilität sowie die innere Konsistenzerfassung durch Testhalbierung und die Konsistenzanalyse (Lienert & Raatz, 1998). Die beiden letzteren Verfahren sind zusammenfassbar, da die Konsistenzanalyse als Spezialfall der Testhalbierung aufgefasst werden kann (Bühner, 2006).

Bei der Paralleltest-Reliabilität werden einer Stichprobe zwei verschiedene Tests vorgelegt, die streng vergleichbar sein und dasselbe erfassen sollen. Die Ergebnisse zwischen den beiden Tests werden korreliert. Hohe Paralleltest-Reliabilität liegt dann bei hoher Korrelation zwischen den beiden Tests vor. Da der Fragebogen zur Bekanntheit von Verschwörungstheorien eine völlige Neukonstruktion ist, liegt folglich kein anderer Fragebogen vor, der für eine solche Betrachtung genutzt werden kann, sodass diese Art der Reliabilitätserfassung ausscheidet.

Bei der Retest-Reliabilität wird derselbe Test einer Stichprobe zu verschiedenen Zeitpunkten vorgelegt und die Ergebnisse an diesen Zeitpunkten miteinander korreliert. Hohe Retest-Reliabilität liegt bei hoher Korrelation zwischen den Ergebnisse zu den Zeitpunkten vor. Der Fragebogen zur Bekanntheit von Verschwörungstheorien ist nicht sinnvoll zweimal von derselben Stichprobe ausfüllbar, da sich die Bekanntheit der einzelnen VT durch die Bearbeitung des Fragebogens verändert (vermutlich erhöht). Zudem kann durch die hier genutzte Verbreitungsform der Fragebogen nicht zweimal dieselbe Stichprobe generiert werden (vgl. 5.3f). Diese Form der Reliabilitätserfassung scheint hier ebensowenig angezeigt wie die Paralleltest-Reliabilität.

Somit verbleiben als Verfahren zur Betrachtung der Reliabilität die Konsistenzerfassung durch Testhalbierung und die Konsistenzanalyse. Bei der Testhalbierung wird der Test in gleiche Hälften geteilt, die Ergebnisse der Hälften werden korreliert, die Testlänge als Korrekturfaktor einbezogen (Bühner, 2006). Dies wird auch als Split-Half-Verfahren bezeichnet. Die Konsistenzanalyse ist demgegenüber die Summe aller möglichen Split-Half-Kombinationen und ermöglicht so die Betrachtung auf Ebene der einzelnen Items. Die Messgenauigkeit stellt dabei „den mittleren Zusammenhang unter Berücksichtigung der Testlänge dar" (Bühner, 2006), die sog. „Inter-Itemkorrelation" (Bortz & Döring, 1995).

Gängigstes Maß zur Konsistenzbetrachtung ist „Cronbach´s Alpha", kurz „α" (Cronbach, 1951), wobei ein guter Test Werte von $\alpha > 0{,}8$, idealerweise Werte größer 0,9 aufweisen sollte (Bortz & Döring, 1995). Cronbach´s Alpha ist dabei auch auf dichotome Merkmale, wie beim Fragebogen zur Bekanntheit von VT, anwendbar.

Ergebnisse der Reliabilitätsanalyse

Durchgeführt wurde eine Konsistenzanalyse aller 95 Verschwörungstheorien im Fragebogen zur Bekanntheit von VT unter Einsatz der Generierung von Cronbach´s Alpha. Die vollständigen Daten der Berechnungen finden sich auf beiliegender CD (vgl. *Anhang* G).

Von den 1143 Datensätzen gingen 1138 in die Analyse ein, 5 wurden ausgeschlossen[35].

Die mittlere Inter-Itemkorrelation betrug dabei 0,117 mit einem weiten Bereich von 0,738, wobei das Minimum bei -0,191 und das Maximum bei 0,547 lag.
Die Varianz lag bei 0,006. Nach Bühner (2006) ist ein Hinweis auf eine nicht eindimensionale Skala gegeben, wenn die Wurzel aus der Varianz > 0,01 ist.

[35]Aufgrund listenweisen Fallausschlusses.

Dies ist hier der Fall, da die Quadratwurzel aus 0,006 ungefähr gleich 0,0775 ist (der genaueren Klärung dient die explorative Faktorenanalyse, vgl. 6.1.5). Cronbach´s Alpha nimmt einen Wert von 0,927 an, unabhängig davon, ob die ursprünglichen Items oder die standardisierten Items zugrunde gelegt werden (N = 95). Dies ist ein hohes Maß an Reliabilität. Bei Entfernung einzelner Items ergeben sich α-Werte von 0,925 bis 0,927, jedoch nie bessere Werte.

Der Vollständigkeit halber sei noch erwähnt, dass die korrigierte Item-Skala-Korrelation, die als Trennschärfe des Items interpretiert wird (Bühner, 2006), Werte von 0,101 bis 0,538 annimmt, wobei Werte < 0,3 für eine niedrige Trennschärfe des Items sprechen, was bei 31 Verschwörungstheorie-Items zutrifft und Werte > 0,5 für hohe Trennschärfe, was bei den Items „Protokolle-Zion" (r = 0,520) und „Trinkwasser-Drogen" (r = 0,538) der Fall ist.

6.1.5 Explorative Faktorenanalyse

Faktorenanalysen dienen dem Aufzeigen von Zusammenhängen, die sich hinter Daten verbergen. Sie ordnen Items sog. „latenten Variablen" zu, die sich auf einer höheren Abstraktionsebene befinden und nach empirischem Aufzeigen inhaltlich sinnvoll beschrieben werden müssen (Bortz & Döring, 1995; Bühner, 2006). Explorative oder exploratorische Faktorenanalysen dienen dabei dem Aufdecken der Variablenstruktur, konfirmatorische Faktorenanalysen der Prüfung einer vermuteten Variablenstruktur (Backhaus et al., 2006). Beide Methoden sind datenreduzierende Verfahren.

Zudem kann die Faktorenanalyse genutzt werden, um die Homogenität einer Skala zu überprüfen, die ideal gegeben ist, wenn alle Items einer Skala dasselbe Konstrukt erfassen (Fischer, 1974 nach Bühner, 2006).

Somit betrachtet eine Faktorenanalyse die Korrelationen der Items untereinander und ordnet diejenigen Items auf einem Faktor an, die hoch miteinander korrelieren (Bühner, 2006). Die mathematischen Hintergründe einer Faktorenanalyse führen Backhaus et al. (2006) und vor allem Bortz (1999) aus.

Bisher gab es keine Studie, die einen solchen Umfang verschiedener VT empirisch betrachtet hat. Deswegen erscheint es sinnvoll – sowohl hinsichtlich der Bekanntheit als auch der Zustimmung zu Verschwörungstheorien – explorative Faktorenanalysen durchzuführen, die Erkenntnisse zur Struktur hinter Bekanntheit von bzw. Zustimmung zu Verschwörungstheorien eröffnen. Davon unabhängig sei auf Hypothese 4 hingewiesen, die eine hohe Ladung auf den ersten Faktor einer Faktorenanalyse postuliert (vgl. 4.4).

6.1.5.1 Voraussetzungen für eine Faktorenanalyse

Verschiedene Voraussetzungen sollten erfüllt sein, um eine Faktorenanalyse sinnvoll durchführen zu können (Bühner, 2006).

Bortz (1999) benennt nach Guadagnoli & Velicer (1988) mehrere Forderungen an den Stichprobeumfang zur sinnvollen Durchführung einer Faktorenanalyse. Die weitestgehende Forderung ist dabei, dass, wenn es Faktoren gibt, auf denen nur wenige Variablen gering laden, die Stichprobe mehr als 300 Personen umfassen sollte. Backhaus et al. (2006) fordert, dass der Stichprobenumfang mindestens dreimal so groß wie die Anzahl der Items sein sollte, hier folglich 3 x 95 = 285 Datensätze. Bühner (2006) spricht ab einem Umfang von 1000 Personen von einer „exzellenten Eignung“ zur Durchführung einer Faktorenanalyse, als beste von sieben Stufen. Da 1143 Datensätze vorliegen, ist die Eignung für die Faktorenanalyse gegeben und es sind alle Voraussetzungen erfüllt.

Zudem müssen die Daten für eine Faktorenanalyse mindestens Intervallskalenniveau haben (Backhaus et al., 2006). Wie unter 6.1.3 beschrieben wurde eine „0“/“1“-Kodierung durchgeführt, wodurch sich Mittelwerte berechnen ließen, die die durchschnittliche Bekanntheit der Verschwörungstheorie ergaben. Naturgemäß sind dabei diese arithmetischen Mittelwerte intervallskaliert und waren Grundlage der durchgeführten Faktorenanalyse.

Eine Faktorenanalyse ist darüber hinaus nur sinnvoll, wenn die Items untereinander ausreichend stark korrelieren und diese Korrelationen von Null abweichen. Ersteres prüft der Kaiser-Meyer-Olkin-Koeffizient, zweites der Bartlett-Test (Bühner, 2006). Während beim Bartlett-Test ein signifikantes Ausfallen ($p < 0{,}05$) zu erzielen ist, sollte der KMO-Koeffizient nach Backhaus et al. (2006) einen Wert größer als 0,6 („mittelmäßig") annehmen.

Die Ergebnisse der beiden Tests sind in Tab. 23 festgehalten.

Tabelle 23. Ergebnisse der statistischen Vortests zur explorativen Faktorenanalyse beim Fragebogen zur Bekanntheit von VT

KMO-Wert und Bartlett-Test		
Maß der Stichprobeneignung nach Kaiser-Meyer-Olkin		0,914
Bartlett-Test auf Sphärizität	Ungefähres Chi-Quadrat	25759,242
	df	4465
	Sig.	0,000

Der Bartlett-Test ist somit ebenso signifikant ($p < 0{,}001$) wie der KMO-Koeffizient hinreichend hoch ist (0,914 > 0,6); Backhaus et al. (2006) nennen einen KMO-Wert > 0,9 „erstaunlich".

6.1.5.2 Parameter der Faktorenanalyse

Leider führt Goertzel (1994, vgl. 3.4) nicht aus, welche Parameter er bei seiner Faktorenanalyse wählte.

Als Extraktionsmethode wird die Hauptachsenanalyse gewählt, da diese in besonderer Weise geeignet ist, Zusammenhänge zwischen Items und latenten Variablen aufzuzeigen (Backhaus et al., 2006; Bühner, 2006). Russel (2002 nach Bühner, 2006) empfiehlt sie deswegen als Standardverfahren, das in diesem Zusammenhang der Hauptkomponentenanalyse vorzuziehen sei.

Durch die Wahl der Hauptachsenanalyse als Extraktionsmethode kann das Kaiser-Kriterium[36] nicht gewählt werden (Backhaus et al., 2006; Bühner, 2006). Deswegen wird zum einen der Scree-Test nach Cattell ausgewählt, der eine (subjektive) grafische Analyse der Faktorenstruktur notwendig macht (Bühner, 2006). Dabei werden diejenigen Faktoren berücksichtigt, deren Eigenwert im zugehörigen Diagramm vor dem „Knick" oder „Elbow" liegen (Backhaus et al., 2006).

Außerdem wird in Anlehnung an Backhaus et al. (2006) eine Extraktion von Faktoren durchgeführt bis 95% der Varianz erklärt sind. Dies kann ex post stattfinden.

Als dritte Methode wird schließlich die Parallelanalyse nach Horn gewählt. Dabei werden nur solche Faktoren extrahiert, deren

> „empirisch beobachtete Eigenwerte über einem 'zufälligen' Eigenwertverlauf liegen" (Bühner, 2006).

Die Syntax zur Generierung einer solchen Parallelanalyse wird nach Bühner (2006) auf der Homepage von Professor Brian O´Conner zur Verfügung gestellt, der hierüber auch publizierte (O´Conner, 2000).

Durch die notwendigen Vorgaben im Programmfenster muss entweder das Kaiser-Kriterium oder eine feste Anzahl von Faktoren ausgewählt werden. Hier wurde eine 94faktorielle Lösung gewählt, um die Vergleichsmöglichkeit für die Parallelanalyse zu eröffnen (vgl. 6.1.5.3).

Als Rotationsmethode wurde die Varimax-Rotation gewählt. Dadurch werden voneinander unabhängige Faktoren generiert und wird sichergestellt, dass die

---

[36]Eigenwerte > 1

Varianzaufklärung durch den ersten Faktor maximal ist. Zudem empfehlen Backhaus et al. (2006) dieses Verfahren generell.

6.1.5.3 Ergebnisse der Faktorenanalyse

Fehlende Werte wurden listenweise ausgeschlossen. Die Anzeige erfolgt sortiert nach Größe der Faktorladungen, Absolutwerte kleiner als 0,3 werden unterdrückt, womit dem Ansatz von Kline (2005 nach Bühner, 2006) gefolgt wird.

O´Conner (2000) schlägt zur Feststellung der geeigneten Anzahl der Faktoren nach der Parallelanalyse vor, eine Faktorenanalyse unter Extraktion einer Anzahl von Faktoren durchzuführen, die gleich der Anzahl der Items ist. Dies ist mit der verwendeten Software jedoch nicht möglich; es kann maximal eine Anzahl von Faktoren extrahiert werden deren Anzahl gleich der Anzahl der Items minus 1 ist, hier 94.

Die vollständigen Ergebnisse der Faktorenanalyse finden sich auf beiliegender CD (vgl. *Anhang* G).

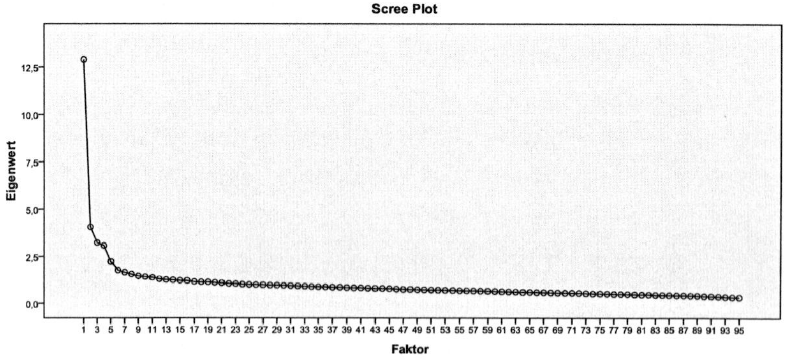

Abb. 6. Scree-Plot der Faktorenanalyse beim Fragebogen zur Bekanntheit von VT

Abb. 6 veranschaulicht das Ergebnis des Scree-Plots. Da der „Elbow“ unter den ersten neun Faktoren zu finden ist, wurde dieser Bereich in Abb. 7 noch einmal vergrößert abgebildet.

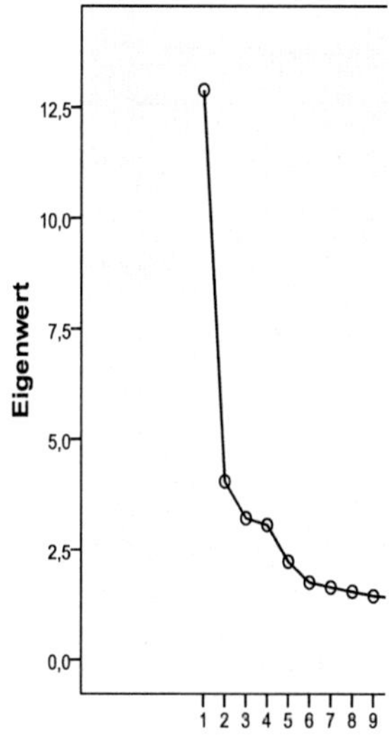

Abb. 7. Vergrößerter Ausschnitt des Elbow beim Scree-Plot der Faktorenanalyse beim Fragebogen zur Bekanntheit von VT

Wie zu erkennen ist, ist der Knick beim vierten oder sechsten Faktor (Abb. 7). Da nach Bortz (1999) nur Faktoren bis zum Knick berücksichtigt werden, ergeben sich so drei oder fünf Faktoren.

Zur Betrachtung der ex post-Extraktion sowie des notwendigen folgenden Vergleichs mittels Parallelanalyse wird nachfolgende Tab. 24 eingefügt. Dabei wurde die Stelle farblich hervorgehoben, ab der nach der Parallelanalyse ein Cutoff zu ziehen ist, da hier ein zufällig generierter Eigenwert höher als der empirische Befund ist. Ebenso wurde die Stelle markiert, bei der nach der Heuristik von Backhaus et al. (2006) der Schnitt zu machen ist, da bis hierhin 95% der Varianz erklärt werden.

Verschwörungstheorien S. 106

Tabelle 24. Übersicht über die Faktoren und ihre Kennwerte im Rahmen der explorativen Faktorenanalyse beim Fragebogen zur Bekanntheit von VT

Faktor	Anfängliche Eigenwerte			Summe von quadrierten Faktorladungen für Extraktion			95%-Perzentil d. Parallelanalyse
	Gesamt	% der Varianz	Kumulierte %	Gesamt	% der Varianz	Kumulierte %	
1	12,891	13,569	13,569	12,224	12,867	12,867	0,753378
2	4,046	4,259	17,828	3,388	3,566	16,434	0,702374
3	3,219	3,389	21,216	2,520	2,652	19,086	0,669006
4	3,065	3,226	24,442	2,397	2,523	21,609	0,641219
5	2,226	2,343	26,785	1,521	1,601	23,211	0,616406
6	1,753	1,845	28,630	1,063	1,119	24,330	0,594841
7	1,642	1,728	30,358	0,940	0,989	25,319	0,574625
8	1,545	1,626	31,984	0,860	0,905	26,224	0,554477
9	1,445	1,521	33,506	0,748	0,788	27,012	0,535946
10	1,404	1,478	34,984	0,695	0,731	27,743	0,518689
11	1,368	1,440	36,424	0,642	0,675	28,419	0,502150
12	1,285	1,353	37,777	0,578	0,608	29,027	0,485695
13	1,245	1,311	39,088	0,545	0,574	29,601	0,468528
14	1,231	1,296	40,384	0,508	0,534	30,135	0,453957
15	1,206	1,269	41,653	0,483	0,508	30,643	0,438860
16	1,194	1,257	42,909	0,472	0,497	31,140	0,424634
17	1,139	1,199	44,109	0,441	0,465	31,605	0,410365
18	1,126	1,186	45,294	0,424	0,447	32,051	0,396423
19	1,121	1,179	46,474	0,406	0,427	32,478	0,382760
20	**1,095**	**1,152**	**47,626**	**0,380**	**0,400**	**32,879**	**0,368913**
21	1,075	1,131	48,757	0,350	0,369	33,247	0,356459
22	1,037	1,092	49,849	0,331	0,348	33,596	0,342035
23	1,029	1,083	50,932	0,287	0,302	33,897	0,330686
24	1,002	1,055	51,986	0,285	0,300	34,198	0,318833
25	0,99	1,038	53,024	0,277	0,292	34,490	0,306648
26	,979	1,030	54,054	0,256	0,269	34,759	0,294505
27	,969	1,020	55,074	0,243	0,256	35,015	0,282898
28	,952	1,003	56,077	0,239	0,252	35,266	0,271703
29	,950	1,000	57,077	0,228	0,240	35,506	0,259885
30	,938	,988	58,065	0,224	0,236	35,742	0,249959
31	,927	,976	59,040	0,205	0,216	35,958	0,237759
32	,908	,956	59,996	0,192	0,202	36,160	0,226939
33	,897	,944	60,940	0,176	0,186	36,346	0,216588

Faktor	Anfängliche Eigenwerte			Summe von quadrierten Faktorladungen für Extraktion			95%-Perzentil d. Parallelanalyse
	Gesamt	% der Varianz	Kumulierte %	Gesamt	% der Varianz	Kumulierte %	
34	,878	,924	61,864	0,167	0,175	36,521	0,205454
35	,867	,913	62,778	0,146	0,154	36,675	0,194500
36	,859	,904	63,682	0,139	0,146	36,821	0,183827
37	,845	,889	64,571	0,136	0,143	36,964	0,173901
38	,842	,886	65,458	0,127	0,134	37,098	0,163294
39	,823	,866	66,324	0,108	0,114	37,211	0,152782
40	,812	,855	67,179	0,094	0,099	37,310	0,142584
41	,808	,851	68,030	0,083	0,088	37,398	0,132241
42	,793	,834	68,864	0,073	0,077	37,475	0,122188
43	,784	,825	69,689	0,067	0,070	37,545	0,112885
44	,778	,819	70,507	0,049	0,052	37,597	0,102545
45	,769	,809	71,317	0,040	0,042	37,639	0,092714
46	,752	,792	72,108	0,037	0,039	37,678	0,083629
47	,737	,776	72,885	0,032	0,034	37,712	0,073514
48	,736	,775	73,659	0,022	0,023	37,735	0,063989
49	,720	,758	74,417	0,016	0,017	37,752	0,054703
50	,713	,750	75,168	0,007	0,007	37,759	0,044313
51	,705	,743	75,910	0,001	0,001	37,760	0,035816
52	,699	,735	76,645	0,009	0,010	37,770	0,026290
53	,690	,727	77,372	0,022	0,023	37,794	0,017085
54	,681	,717	78,089	0,024	0,026	37,819	0,008746
55	,669	,704	78,794	0,033	0,035	37,854	-0,001102
56	,666	,701	79,494	0,045	0,048	37,902	-0,010260
57	,659	,693	80,188	0,050	0,052	37,954	-0,019621
58	,649	,684	80,871	0,055	0,058	38,012	-0,028492
59	,642	,676	81,547	0,061	0,064	38,076	-0,037415
60	,633	,666	82,214	0,064	0,068	38,144	-0,046105
61	,620	,653	82,866	0,070	0,074	38,218	-0,055131
62	,611	,643	83,509	0,072	0,076	38,293	-0,063564
63	,603	,634	84,144	0,081	0,085	38,378	-0,072583
64	,591	,622	84,766	0,097	0,102	38,481	-0,080444
65	,587	,618	85,384	0,101	0,106	38,587	-0,089481
66	,579	,610	85,994	0,114	0,120	38,707	-0,098540
67	,576	,606	86,600	0,117	0,124	38,830	-0,107978
68	,566	,596	87,196	0,128	0,135	38,965	-0,115917

Faktor	Anfängliche Eigenwerte			Summe von quadrierten Faktorladungen für Extraktion			95%-Perzentil d. Parallelanalyse
	Gesamt	% der Varianz	Kumulierte %	Gesamt	% der Varianz	Kumulierte %	
69	,554	,583	87,779	0,136	0,144	39,109	-0,124752
70	,547	,575	88,354	0,143	0,150	39,259	-0,133810
71	,545	,574	88,928	0,152	0,160	39,419	-0,142791
72	,539	,567	89,495	0,162	0,170	39,590	-0,150888
73	,525	,553	90,048	0,164	0,173	39,762	-0,159159
74	,508	,535	90,583	0,170	0,179	39,942	-0,168139
75	,507	,533	91,116	0,178	0,188	40,129	-0,176422
76	,504	,531	91,647	0,185	0,195	40,324	-0,185873
77	,491	,517	92,164	0,194	0,204	40,528	-0,194126
78	,487	,513	92,677	0,198	0,208	40,736	-0,203209
79	,484	,509	93,187	0,203	0,214	40,950	-0,212304
80	,470	,494	93,681	0,212	0,223	41,173	-0,220737
81	,461	,485	94,166	0,213	0,224	41,397	-0,229520
82	**,457**	**,481**	**94,647**	**0,217**	**0,228**	**41,625**	**-0,238599**
83	,443	,467	95,113	0,222	0,234	41,859	-0,247889
84	,439	,462	95,576	0,240	0,253	42,111	-0,256560
85	,431	,454	96,029	0,245	0,258	42,369	-0,265965
86	,424	,447	96,476	0,252	0,265	42,634	-0,276241
87	,419	,441	96,917	0,258	0,271	42,906	-0,284589
88	,408	,429	97,346	0,268	0,282	43,188	-0,294342
89	,403	,424	97,771	0,275	0,290	43,478	-0,304252
90	,381	,401	98,172	0,291	0,307	43,784	-0,314126
91	,374	,394	98,566	0,297	0,312	44,097	-0,325368
92	,361	,381	98,946	0,304	0,320	44,417	-0,336607
93	,344	,363	99,309	0,317	0,334	44,751	-0,347714
94	,334	,352	99,660	0,328	0,346	45,096	-0,361165
95	,323	,340	100,000				-0,376698

Extraktionsmethode: Hauptachsenanalyse

Je nach verwendeter Extraktionsmethode ergibt sich eine unterschiedliche Anzahl von Faktoren (Tab. 25).

Tabelle 25. Faktorenanzahl nach unterschiedlicher Extraktionsmethode beim Fragebogen zur Bekanntheit von VT

Extraktionsmethode	Anzahl der Faktoren	Kumulierte % der Varianz-erklärung
Scree-Plot	3 bzw. 5	19,01 bzw. 23,21
Parallelanalyse nach Horn	20	32,88
95%-Heuristik nach Backhaus et al. (2006)	82	41,63

Bei der Betrachtung der Faktorladungen der rotierten Matrix reichen somit maximal 82 Faktoren. Da jedoch die Faktoren 21 bis 82 insgesamt nur knapp 8,75% der Varianz erklären, wird hier das Ergebnis der Parallelanalyse für den Bericht zugrunde gelegt und die rotierten Faktorladungen auf die ersten 20 Faktoren (30 Items) wiedergegeben (Tab. 26).

Tabelle 26. Extrahierte Faktoren und ladende Items beim Fragebogen zur Bekanntheit von VT

Item	Faktor	Ladung
Neuschwabenland	1	0,6565
HAARP	1	0,6479
Nazi-UFOs	1	0,5889
Chemtrails	1	0,5647
Hohle Erde	1	0,5503
Reptilien-Aliens	1	0,5134
Alien-Kontakt	1	0,4386
Mond-Basen	1	0,4120
9/11-Sprengung	1	0,3538
Alien-Landung	2	0,6680
Präastronautik	3	0,5632
UFO-Schweigen	3	< 0,3[37]
Reichstagsbrand	4	0,5584
9/11-Pentagon	5	0,5630
Postkontrolle	6	0,5813

[37]Diese Faktorladung ist kleiner 0,3 und wird deswegen nicht vollständig angezeigt.

Item	Faktor	Ladung
Illuminaten	7	0,5840
Bürgerkontrolle	8	0,5843
Tupac-lebt	9	0,5526
Barschel-Mord	10	0,5805
Möllemann-Mord	11	0,5295
Cobain-Mord	12	0,5864
Hauser-Prinz	13	0,5517
Paul-is-dead	14	0,5659
Prieuré-de-Sion	15	0,5419
Deutsches Reich	16	0,5859
Klima-Schwindel	17	0,5382
Gates-Antichrist	18	0,5342
Dollar-Zeichen	19	0,5401
9/11-Lüge	20	0,5245

6.1.5.4 Interpretation der Faktoren

Als letzter Schritt im Rahmen einer Faktorenanalyse soll eine inhaltliche Interpretation der extrahierten Faktoren erfolgen, wobei nur solche Faktorladungen genutzt werden, die größer als 0,5 sind (Backhaus et al., 2006). Betrachtet man die in Tab. 24 angegebene 20faktorielle Variante der extrahierten Faktoren, so fällt auf, dass lediglich der erste und dritte Faktor mehr als ein ladendes Item aufweisen. Dabei lädt das Item „UFO-Schweigen" mit weniger als 0,3 auf den 3. Faktor, weswegen es üblicherweise nicht in die Betrachtung einfließen sollte (Bühner, 2006). Andererseits ist auf inhaltlicher Ebene offensichtlich, dass das Item „UFO-Schweigen" mit dem Item „Präastronautik" eine gemeinsame Schnittmenge hat, nämlich eine Konspiration zur Vertuschung einer aktuellen („UFO-Schweigen") oder historischen („Präastronautik") Landung von Außerirdischen auf der Erde.

Wird nun der erste Faktor betrachtet, fällt ins Auge, dass zwar die Theorie „9/11-Sprengung" auf diesem lädt, nicht jedoch die anderen drei Items, die sich mit den Geschehnissen am 11. September 2001 beschäftigen („9/11-Pentagon",

„9/11-Lüge" und „9/11-Juden-frei"). Trotz inhaltlicher Nähe dieser Verschwörungstheorien bilden sie jeweils eigene Einzelfaktoren bei der Bekanntheit von VT.

Die Theorien „Neuschwabenland", „Nazi-UFOs" und „Hohle Erde" verbindet inhaltlich eine Nähe zu dem, was das Bundesamt für Verfassungsschutz (2005) „rechtsextremistische Esoterik" nennt. Ein besonders bekannter Autor ist hier Jan Udo Holey (alias Jan van Helsing).
Verbindendes Element der Theorien zu „HAARP", den „Chemtrails", den „Reptilien-Aliens" sowie dem „Alien-Kontakt" könnte die generelle Skepsis gegenüber staatlichen Einrichtungen sein. Allerdings ist dann nicht ohne weiteres die Verbindung zu den „Mond-Basen" zu ziehen, obschon auch hier tlw. von einer staatlichen Vertuschung ausgegangen wird. Überraschend ist jedoch, dass andere Items, die von einem Misstrauen gegenüber staatlichen Einrichtungen zeugen auf diesem Faktor nicht laden, z.B. „Keine-BRD" oder „Bürgerkontrolle" .

Auffällig ist, dass auf den ersten Faktor hauptsächlich Theorien laden, die im Bekanntheitsgrad eher weiter hinten liegen; lediglich die „9/11-Sprengung" liegt auf Rang 33, während die Bekanntheit der anderen Theorien Rangplätze zwischen 53 und 83 einnimmt. Auch kommen hier keine VT vor, die sich mit dem Schicksal einzelner Personen oder mit Geheimbünden beschäftigen. VT, die sich mit Glaubensinhalten beschäftigen, wie „Satanisten-Kirche" oder „Menschenopfer", sind ebenso wenig zu finden. Auch werden in allen VT des ersten Faktors Wahrheiten vertuscht, die das Leben aller Bürger zu ändern geeignet wären, anders als bspw. bei „Auschwitz-Lüge" oder „Pharmaindustrie".

Positiv formuliert laden auf dem ersten Faktor solche Items, deren VT säkular und personenunabhängig sind und eine Skepsis gegenüber, aber keine direkte Ablehnung, staatlicher Stelle erkennen lassen. Zudem stehen sie in der Nähe rechtsextremer Esoterik.

Eine weitere Diskussion findet unter 7.3.1 statt.

6.2 Fragebogen zur Zustimmung zu Verschwörungstheorien

Das Vorgehen zur Aufbereitung der erhobenen Daten zur Zustimmung zu VT erfolgt analog zu dem der Daten zur Bekanntheit von VT (vgl. 6.1ff.).

Bis zum 2. Juli 2011 nahmen 1441 Personen an der Befragung zur Zustimmung zu Verschwörungstheorien teil. Mit Blick auf die oben beschriebene Kontrollfrage (vgl. 5.1.4.2) ergab sich die in Tab. 27 dargestellte Verteilung.

Tabelle 27. Verteilung der Antworten auf die Kontrollfrage im Fragebogen zur Zustimmung von VT

Item	Keine Angabe	Ja	Nein
Haben Sie die oben stehende Testanweisung gelesen und verstanden?	12	1385	44

Dabei ist zu berücksichtigen, dass eine fehlende Angabe in diesem Item nur dadurch zu erklären ist, dass der Fragebogen zwar aufgerufen, aber nicht bearbeitet wurde.

Die Angaben derjenigen Personen, die keine Angabe gemacht oder die Frage zum Verständnis der Anweisung verneint hatten, wurden gelöscht. Hiernach verblieben 1385 Datensätze.

Danach wurden 304 weitere Datensätze gelöscht, deren Bearbeiter nach der bejahenden Beantwortung des einleitenden Items keine weiteren Angaben zu den VT machten. Dies scheinen Personen zu sein, die nur einen Blick auf den Fragebogen geworfen und dann weiter „gesurft“ sind.

Im nächsten Schritt wurde nach Inkonsistenzen bzw. offenkundigen Bearbeitungsfehlern beim Ausfüllen der Fragebogen gesucht.

15 Person machten ungültige/unverständliche Angaben zu ihrem Geburtsjahr, z.B. „^956“, „170“ oder „1862“. Diese Datensätze wurden vollständig entfernt.

Ebenso wurden die Datensätze von 242 Personen entfernt, welche die Frage „Wie viele Personen (Sie selbst eingeschlossen) leben in Ihrem Haushalt?“ mit „0“ beantworteten[38].

Danach wurden all die Datensätze der Personen gelöscht, die den Fragebogen nicht bis zum Ende des Verschwörungstheorieteils ausfüllten, insgesamt 125 Personen.

Es ergaben sich keine doppelten Ausfüllungen auf der Grundlage derselben E-Mailadresse.

Es verblieben 699 Datensätze zur weiteren Auswertung.

6.2.1 Vorgenommene Korrekturen und Bearbeitungen der sozio-demografischen Daten

Auch beim Fragebogen zur Zustimmung zu Verschwörungstheorien erschienen Überarbeitungen sinnvoll. Da die Problematik der freien Antwortmöglichkeit beim Schulabschluss erkannt wurde (vgl. 6.1.1.1), wurde Multiple-Choice-Wahl eingeführt, ebenso beim aktuellen Wohnort. Für Deutschland wurde zudem eine Kodierung anhand der ersten Postleitzahlenziffern vorgenommen, sodass sich auch hier der „Postleitzahlenbereich in der BRD“ ergab (vgl. 6.1.1.2). Dabei wurden nur Angaben berücksichtigt, bei denen als Wohnort „Deutschland“ und als Postleitzahl eine maximal fünfstellige Ziffer angegeben war.

6.2.1.1 Alter

Wie schon beim Fragebogen zur Bekanntheit von Verschwörungstheorien wurde das Alter als Differenz zwischen Ausfülljahr und Geburtsjahr gebildet (vgl. 6.1.1.3).

[38]Wieso die Anzahl der Personen hier so viel höher als beim Fragebogen zur Bekanntheit von Verschwörungstheorien ist, kann nicht beantwortet werden.

6.2.1.2 Arbeitszeit

Hier wurde analog zu 6.1.1.4 vorgegangen.

6.2.1.3 Zweisprachigkeit

Es erfolgte eine Anpassung analog zu 6.1.1.5. Gelöscht wurden dabei die Angaben „schwerer dial" und „F".

6.2.2 Zentrale Merkmale der Stichprobe

In der Zeit vom 18. März 2008 bis zum 2. Juli 2011 füllten insgesamt 1499 Personen den Fragebogen zur Zustimmung zu Verschwörungstheorien online aus, von denen 699 Datensätze (46,63%) zur weiteren Analyse verblieben (vgl. 6.2).

Wie beim Fragebogen zur Bekanntheit zu Verschwörungstheorien füllten diesen Fragebogen die meisten Personen im ersten Jahr aus, wobei seit 2009 ein Rückgang der Ausfüllenden zu verzeichnen ist (vgl. Abb. 8).

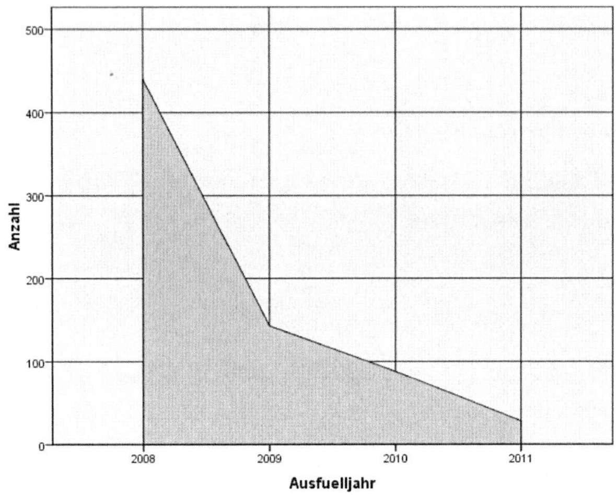

Abb. 8. Anzahl der Ausfüllenden des Fragebogens zur Zustimmung zu VT pro Jahr

Zum Ausfüllen des Fragebogens zur Zustimmung von VT wurden im arithmetischen Mittel 1118,35 s (18 min 38 s) benötigt mit *SD* = 1303,62 s (21 min 44 s). Die Tatsache, dass die *SD* größer als der Mittelwert ist, der Median mit 903 s (15 min 3 s) deutlich geringer als der Mittelwert und die Bandbreite mit einem Minimalwert von 164 s und einem Maximum von 27880 s (mehr als 7 h) sehr groß ist, spricht noch stärker als beim Fragebogen zur Bekanntheit (vgl. 6.1.2) dafür, dass einige wenige Personen die Fragebogenbearbeitung unterbrachen und deutlich später fortsetzten, während das Browserfenster geöffnet blieb.

632 Personen machten Angaben zu ihrem Geschlecht: 243 Personen waren weiblich (38,4%) und 389 Personen männlich (61,6%).

Bei einem Minimalwert von 9 Jahren und einem Maximalwert von 79 Jahren waren die Ausfüllenden im Mittel 34,5 Jahre alt mit einer *SD* von 12,5 Jahren und einem Median von 31 Jahren (vgl. Abb. 9).

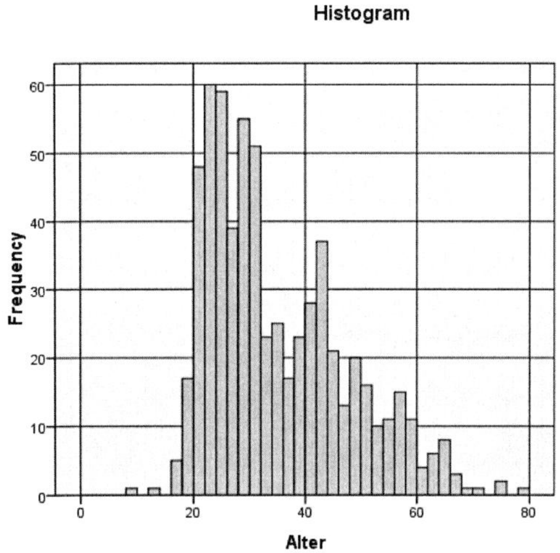

Abb. 9. Verteilung des Alters beim Fragebogen zur Zustimmung zu VT

6.2.2.1 Übersichttabellen zu weiteren demografischen Merkmalen

Wie bereits unter 6.1.2.1 beim Fragebogen zur Bekanntheit von VT werden im Folgenden Tabellen zu den demografischen Größen präsentiert, die weiter oben keine Berücksichtigung fanden.

6.2.2.1.1 Familienstand

Die drei häufigsten Angabe zum aktuellen Familienstand waren „Partner (aber nicht verheiratet)“ (34,5%), gefolgt von „ledig“ und „verheiratet“ (je 31,6%). Die genaue Übersicht über die Verteilung des Familienstandes findet sich in Tab. 28.

Tabelle 28. Familienstandverteilung beim Fragebogen zur Zustimmung von VT

	Ausprägung	Häufigkeit	Prozent	Gültige Prozent
	ledig	195	27,9	31,6
	Partner (aber nicht verheiratet)	213	30,5	34,5
	verheiratet	195	27,9	31,6
	geschieden	6	0,9	1,0
	verwitwet	1	0,1	0,2
	dauerhaft getrennt lebend	7	1,0	1,1
Gesamt		617	88,3	100,0

6.2.2.1.2 Wohnort

Wie oben ausgeführt, gab es im Fragebogen zur Zustimmung zu Verschwörungstheorien keine offene Antwortmöglichkeit zum „Staat", sondern statt dessen die Multiple-Choice-Wahlmöglichkeit, wie in Tab. 29 ersichtlich. Tab. 30 betrachtet diejenigen Personen genauer, die aus Deutschland kommen und eine Postleitzahl angegeben haben, was 422 von 578 Personen taten (73,01%).

Tabelle 29. Herkunftslandhäufigkeit beim Fragebogen zur Zustimmung zu VT

	Ausprägung	Häufigkeit	Prozent	Gültige Prozent
	Deutschland	578	82,7	93,1
	Österreich	28	4,0	4,5
	Schweiz	7	1,0	1,1
	anderes Land	8	1,1	1,3
Gesamt		621	88,8	100

Tabelle 30. Häufigkeiten der PLZ-Bereiche beim Fragebogen zur Zustimmung zu VT

Postleitzahlen-Bereich	Häufigkeit	Prozent	Gültige Prozent
0	23	3,3	5,5
1	34	4,9	8,1
2	19	2,7	4,5
3	40	5,7	9,5
4	130	18,6	30,8

Postleitzahlen-Bereich	Häufigkeit	Prozent	Gültige Prozent
5	50	7,2	11,8
6	26	3,7	6,2
7	51	7,3	12,1
8	31	4,4	7,3
9	18	2,6	4,3
Gesamt	422	60,4	100,1[39]

6.2.2.1.3 Kinder

592 Personen beantworteten die Frage „Haben Sie Kinder?“, davon 179 mit „Ja“ (30,2%) und 413 mit „Nein“ (69,8%).
Die Verteilung der Anzahl der Kinder kann der nachfolgenden Tabelle 31 entnommen werden, wobei sich ein Mittelwert von 0,4 Kindern mit *SD* = 0,882 ergibt. Es ist anzumerken, dass 73 Personen zwar angaben, Kinder zu haben, aber die Frage nach der Anzahl mit „0“ beantworten.

Tabelle 31. Übersicht der Kinderzahl beim Fragebogen zur Zustimmung zu VT

Anzahl der Kinder	Häufigkeit	Prozent	Gültige Prozent
0	317	45,4	74,1
1	75	10,7	17,5
2	25	3,6	5,8
3	7	1,0	1,6
4	2	0,3	0,5
7	1	0,1	0,2
9	1	0,1	0,2
Gesamt	428	61,2	99,9[40]

6.2.2.1.4 Haushaltsgröße

Der Mittelwert beträgt 1,94 Personen mit *SD* = 1,29, wobei dazu aufgefordert wurde, sich selbst mitzuzählen (genauer vgl. Tab. 32).

[39]Abweichung zur „100%“ ist rundungsbedingt.

[40]Abweichung zur „100%“ ist rundungsbedingt.

Tabelle 32. Haushaltsgrößen beim Fragebogen zur Zustimmung zu VT

Haushaltsgröße	Häufigkeit	Prozent	Gültige Prozent
1	252	36,1	50,8
2	106	15,2	21,4
3	95	13,6	19,2
4	28	4,0	5,6
6	9	1,3	1,8
7	2	0,3	0,4
8	2	0,3	0,4
9	2	0,3	0,4
Gesamt	496	71,0	100

6.2.2.1.5 Religion

597 Personen machten Angaben dazu, ob sie sich selbst als religiösen/gläubigen Menschen bezeichnen würden, wobei 192 mit „Ja" (32,2%) und 405 mit „Nein" (67,8%) antworteten. 4 Personen gaben zwar an, religiös/gläubig zu sein, wählten aber unter „Welcher Religion gehören Sie an?" die Option „Atheist" aus (vgl. Tab. 33). Andererseits wählten 177 Personen aus, nicht religiös zu sein, und gaben zudem eine von „Atheist" verschiedene Religionsrichtung an. Dies spricht wiederum dafür, dass Religionszugehörigkeit nicht automatisch Religiosität mit sich bringen muss (vgl. 6.1.2.1.5).

Tabelle 33. Angaben zur Religionszugehörigkeit beim Fragebogen zur Zustimmung zu VT

Religionsrichtung	Häufigkeit	Prozent	Gültige Prozent	„Nein" als Angabe zur Religiosität	
				%	*N*
römisch-katholisch	140	20,0	26,4	50,7	71
evangelisch	166	23,7	31,3	50,6	84
jüdisch	2	0,3	0,4	0	0
muslimisch	3	0,4	0,6	66,7	2
buddhistisch	7	1,0	1,3	42,9	3
Zeugen Jehova	2	0,3	0,4	0	0
andere christliche Gemeinschaft	8	1,1	1,5	12,5	1
atheistisch	159	22,7	29,9	95,6	152

Religionsrichtung	Häufigkeit	Prozent	Gültige Prozent	„Nein“ als Angabe zur Religiosität	
sonstige	44	6,3	8,3	36,4	16
Gesamt	531	76,0	100,1[41]		

6.2.2.1.6 Schulabschluss

Anders als beim Fragebogen zur Bekanntheit von VT war im Fragebogen zur Zustimmung zu VT der Schulabschluss als Multiple-Choice-Frage gestellt, sodass sich ein wenig abweichende Antwortmöglichkeiten finden (vgl. Tab. 34).

Tabelle 34. Schulabschlüsse beim Fragebogen zur Zustimmung zu VT

Schulabschluss	Häufigkeit	Prozent
Abitur/ Allg. Hochschulreife/ Matura	436	70,8
Fachabitur/ Fachhochschulreife	71	11,5
Fachoberschulreife/ Mittlere Reife	56	9,1
Hauptschulabschluss/ Volksschulabschluss	18	2,9
Sonstiger Abschluss	31	5
Kein Schulabschluss	4	0,6
Gesamt	616	99,9[42]

6.2.2.1.7 Arbeitszeit

473 Personen machten Angaben zu ihrer wöchentlichen Arbeitszeit, wobei sich ein Mittelwert von 36,28 h mit *SD* = 6,50 h ergab.

6.2.2.1.8 Gehalt

Die häufigste Angabe zum Gehalt war „unter 10.000€“ (14,3%), gefolgt von „25.000€ bis 40.000€“ (13,6%). Einen genauen Überblick gibt Tab. 35.

Tabelle 35. Verdienstübersicht beim Fragebogen zur Zustimmung zu VT

[41]Die Abweichung zu „100%“ ist rundungsbedingt.

[42]Die Abweichung zu „100%“ ist rundungsbedingt.

Brutto-Jahresgehalt	Häufigkeit	Prozent
Bezug von Bafög / ALG / Sozialgeld	69	9,9
unter 10.000 €	100	14,3
10.000 € - 25.000 €	82	11,7
25.000 € - 40.000 €	95	13,6
40.000 € - 55.000 €	54	7,7
55.000 € - 70.000 €	28	4,0
70.000 € - 85.000 €	15	2,1
85.000 € - 100.000 €	9	1,3
über 100.000 €	17	2,4
Keine Angabe	230	32,9
Gesamt	699	100

6.2.2.1.9 Zweisprachigkeit

575 Personen machten Angaben dazu, ob sie zweisprachig aufgewachsen sind, wobei 531 Personen mit „Nein" (92,3%) und 7,7 Personen mit „Ja" (7,7%) antworteten. Tab. 36 zeigt die Angaben zu den Zweitsprachen. Häufigste Zweitsprache war dabei Englisch (14mal), gefolgt von Russisch (5mal) und Deutsch (4mal).

Tabelle 36. Angaben zur Zweisprachigkeit beim Fragebogen zur Zustimmung zu VT

Zweitsprache	Anzahl	Prozent
chinesisch	1	0,1
dänisch	1	0,1
deutsch	4	0,6
englisch	14	2,0
farsi/ persisch	2	0,2
französisch	1	0,1
niederländisch	1	0,1
polnisch	1	0,1
portugiesisch	1	0,1
russisch	5	0,7
spanisch	1	0,1
türkisch	1	0,1
ungarisch	1	0,1

Zweitsprache	Anzahl	Prozent
Keine Angabe	664	95
Gesamt	699	100

6.2.2.1.10 Parteipräferenz

Die politische Präferenz wurde über die sog. „Sonntagsfrage“ erhoben („Welche Partei würden Sie wählen, wenn am nächsten Sonntag Bundestagswahlen wären?“), deren Ergebnisse in Tab. 37 dargestellt sind.

Tabelle 37. Parteipräferenz bei der "Sonntagsfrage" beim Fragebogen zur Zustimmung zu VT

Parteipräferenz	Anzahl	Prozent	Gültige Prozent
CDU / CSU	52	7,4	10,1
SPD	104	14,9	20,3
FDP	52	7,4	10,1
Die Linke	53	7,6	10,3
Bündnis 90 / Die Grünen	120	17,2	23,4
NPD / DVU	2	0,3	0,4
Graue Panther	1	0,1	0,2
MLPD	1	0,1	0,2
Sonstige	54	7,7	10,5
Ich würde nicht wählen gehen	74	10,6	14,4
Gültige gesamt	513	73,4	100
Keine Angabe	186	26,6	
Gesamt	699	100	

6.2.3 Übersicht über die Zustimmung zu Verschwörungstheorien

Der Mittelwert der Zustimmungen zu den einzelnen VT wurde über die ausgewählten Prozentsätze der Zustimmung zu den einzelnen VT gebildet. Dabei wurden diejenigen Personen nicht berücksichtigt, welche die Möglichkeit „Theorie unbekannt/keine Einschätzung“ auswählten (zur Skala vgl. 5.1.2.2). Der Prozentsatz der Personen, welche die VT bewerteten, kann als Maß für die Bekanntheit gesehen werden. Dadurch schwankt bei jeder VT die Anzahl der Personen, die berücksichtigt wurden (*N*). Tab. 38 ist nach absteigenden Mittelwerten geordnet – zu den Inhalten der VT vgl. 5.1.3 bzw. genauer unter *Anhang* F. Ränge wurden bei gleichem Mittelwert mehrfach vergeben.

Tabelle 38. Rangfolge der Zustimmung zu Verschwörungstheorien

Rang	Kurzname der Verschwörungstheorie	Mittelwert Zustimmung [%]	*SD* [%]	*N*	Prozentsatz der Ausfüllenden [%]
1	Irak-Öl	70,01	26,97	673	96,28
2	Sekten-Psychokontrolle	63,11	32,55	665	95,14
3	Unterschwellige Werbung	61,29	34,95	669	95,71
4	Reichstagsbrand	56,67	32,40	429	61,37
5	JFK	52,31	30,85	598	85,55
6	9/11-Lüge	51,74	34,79	683	97,71
7	Pharmaindustrie	50,84	32,52	655	93,71
8	Menschenopfer	50,39	31,29	620	88,70
9	Email-Überwachung	50,12	30,24	657	93,99
10	Atomunfälle-UDSSR	49,51	27,36	634	90,70
11	Terror-Infrastruktur	48,39	32,30	638	91,27
12	Vatikan-Mafia	46,85	27,85	569	81,40
13	Barschel-Mord	45,77	28,36	480	68,67
14	Magdalena	45,61	28,62	576	82,40
15	Päpstin Johanna	45,53	30,37	536	77,11
16	Auspuff-Rost	45,25	31,87	569	81,40
17	Bermuda-Dreieck	44,62	33,61	660	94,42
18	Hauser-Prinz	44,09	26,94	469	67,10
19	Scientology	42,99	28,44	658	94,13
20	JPI-Mord	40,97	30,10	413	59,08
21	Bobby-Kennedy	40,67	28,80	358	51,22
22	Illuminaten	40,23	33,40	604	86,42
23	Phoebus	40,07	32,67	571	81,69
24	LutherKing	37,65	27,70	511	73,10
25	Jesus-Politik	35,52	29,92	522	74,68
26	Grams-Mord	33,77	30,10	406	58,08
27	USA-Atomkraftunfälle	32,43	27,10	597	85,41
28	Anastasia-lebt	31,20	27,89	424	60,66
28	Prieuré-de-Sion	31,20	30,93	393	56,22
30	Lady Di-Mord	31,17	29,59	665	95,14
31	Freie Energie	30,36	34,82	532	76,11
32	Erdkontrolle	29,52	33,75	650	92,99
33	Jüdische Weltherrschaft	27,32	29,29	616	88,13
34	Rabin-Mord	26,97	25,99	340	48,64

Rang	Kurzname der Verschwörungstheorie	Mittelwert Zustimmung [%]	*SD* [%]	*N*	Prozentsatz der Ausfüllenden [%]
35	Apollo-Hoax	26,70	29,55	681	97,42
36	9/11-Sprengung	26,48	33,40	636	90,99
37	Freimaurer	26,06	27,89	604	86,41
38	Bürgerkontrolle	26,03	29,21	653	93,42
39	Stammheim-Mord	24,25	26,81	487	69,67
40	Buchkontrolle	24,18	28,09	644	92,13
41	9/11-Pentagon	23,95	32,12	646	92,42
42	Estonia-Komplott	23,76	24,90	434	62,09
43	Bibel-Code	23,34	28,84	632	90,41
44	Mozart-Mord	22,79	24,97	373	53,36
45	Islam-Geburten	22,50	27,31	600	85,84
46	Monroe-Mord	22,06	25,57	480	68,67
47	Ripper-Prinz	21,92	23,66	281	40,20
48	Nazi-UFOs	21,42	28,82	555	79,40
48	Heß-Mord	21,42	27,59	373	23,36
50	Dollar-Zeichen	21,34	28,19	628	89,84
51	UFO-Schweigen	20,66	27,12	632	90,41
52	Deutsches Reich	20,52	31,00	462	66,09
53	Alien-Landung	20,38	28,50	661	94,56
54	Klima-Schwindel	20,31	27,42	647	92,56
55	Roswell	20,26	26,05	663	94,85
56	Möllemann-Mord	20,00	25,65	524	74,96
57	Alternative 3	19,75	27,71	319	45,64
58	Koran-Code	19,24	26,32	511	73,10
59	Morrison-lebt	19,20	24,70	286	40,92
60	Dillinger-lebt	19,11	25,94	112	16,02
61	Monroe-LaVey	18,67	24,44	196	28,04
62	Lennon-CIA	18,32	22,76	554	79,26
63	Al-Qaida-Erfindung	17,96	26,38	657	93,99
64	HAARP	17,28	26,65	460	65,81
65	Präastronautik	16,24	25,51	638	91,27
66	9/11-Juden-frei	15,17	25,17	578	82,69
67	Postkontrolle	14,99	23,05	651	93,13
68	Kampusch	14,87	22,15	474	67,81
69	Neuschwabenland	14,72	23,81	479	68,53
70	Washington-Weißhaupt	14,65	23,74	417	59,66

Rang	Kurzname der Verschwörungstheorie	Mittelwert Zustimmung [%]	*SD* [%]	*N*	Prozentsatz der Ausfüllenden [%]
71	AIDS-Waffe	14,62	24,58	660	94,42
72	Cobain-Mord	13,54	21,37	469	67,10
73	Keine-BRD	13,52	25,10	520	74,39
74	Protokolle-Zion	13,09	23,18	563	80,54
74	Tupac-lebt	13,09	21,85	369	52,79
76	Polen-Überfall	12,97	28,44	596	85,26
77	Alien-Kontakt	12,89	22,78	646	92,42
78	Chemtrails	12,61	23,13	598	85,55
79	Strichcodes	12,28	21,23	666	95,28
80	Hitler-lebt	11,42	19,11	674	96,42
81	Karl der Große-Hoax	10,16	17,65	498	71,20
82	Mond-Basen	9,79	19,30	629	89,99
83	Elvis-lebt	9,45	17,89	631	90,27
84	Satanisten-Kirche	8,51	19,86	596	85,26
85	Graf-St.-Germain	7,81	19,61	343	49,07
86	Kondomlüge	7,57	17,14	666	95,28
87	Kohl-Jude	7,43	17,75	475	67,95
88	Trinkwasser-Drogen	7,29	17,19	653	93,42
89	Gates-Antichrist	6,60	19,20	576	82,40
90	Paul-is-dead	6,51	18,47	481	68,81
91	Reptilien-Aliens	4,25	14,53	636	90,99
92	Hohle Erde	3,94	12,94	645	92,27
93	Auschwitz-Lüge	3,28	13,66	686	98,14
94	Gates-ist-tot	2,87	10,89	533	76,25
95	Kalte Sonne	2,32	9,46	607	86,84

Insgesamt ergab sich dabei ein Mittelwert von 26,86% Zustimmung mit einer *SD* von 16,38% (*N* = 696), wobei die Relevanz dieser Statistik unter 7.5 diskutiert wird.

6.2.4 Gütekriterien

Zur Bedeutung und inhaltlichen Ausgestaltung der Testgütekriterien nach der klassischen Testtheorie vgl. 6.1.4ff.

6.2.4.1 Objektivität

Zur Objektivität im Allgemeinen und zur Durchführungsobjektivität im Speziellen wird auf die Ausführungen unter 6.1.4 bzw. 6.1.4.1 verwiesen, weswegen auch bei dem Fragebogen zur Zustimmung zu VT von hoher Durchführungsobjektivität ausgegangen wird.

Analog gelten ebenso die unter 6.1.4.1.2 gemachten Ausführungen zur Auswertungsobjektivität, wobei im Fragebogen zur Zustimmung zu Verschwörungstheorien insgesamt elf Antwortoptionen gegeben waren, die sowohl mit Prozentwerten als auch mit einem semantischen Differential arbeiteten, das bei jedem Item präsentiert wurde (vgl. 5.1.2.2). Das Online-Tool ordnete den Antwortmöglichkeiten die Werte „1" bis „11" zu, wobei der Wert „1" der Ausprägung „keine Einschätzung möglich/ Theorie unbekannt" zugeordnet war. Die anderen zehn Werte wurden im Rahmen der Datenanalyse in die, von den Pbn ausgewählten, Prozentangaben kodiert.

Eine mittlere Auswertungsobjektivität für die soziodemografischen Daten und eine hohe Auswertungsobjektivität für die VT-Items sind somit gegeben.

Ebenso wie beim Fragebogen zur Bekanntheit ist eine Einschätzung der Interpretationsobjektivität letztlich nicht vollständig möglich (vgl. 6.1.4.1.2).

6.2.4.2 Validität

Zu den allgemeinen Überlegungen zur Validität wird auf 6.1.4.2 verwiesen.

6.2.4.2.1 Inhaltsvalidität

Für die Inhaltsvalidität des Fragebogens wird auf die Ausführungen unter 6.1.4.2.1 verwiesen. Aufgrund der dort dargestellten Überlegungen geht der Autor auch hier von einer hohen Inhaltsvalidität des Fragebogens zur Zustimmung zu Verschwörungstheorien aus.

6.2.4.2.2 Konstruktvalidität

Im Wesentlichen wird hier an die Ausführungen unter 6.1.4.2.2 angeknüpft. Dementsprechend wird die Korrelation der 78 neuen VT-Items mit den 14 bzw. 17 Items nach Bruder (2010, vgl. 3.6) betrachtet.

Die sich ergebenden Korrelationen waren beide signifikant und lagen für die Korrelation mit den 14 Items bei $r = 0{,}878$, $p < 0{,}001$, $N = 696$ und mit den 17 Items bei $r = 0{,}902$, $p < 0{,}001$, $N = 696$. Nach Brosius (2004, nach Bühner (2006)) sind Korrelationen über 0,8 bis 1,0 als „sehr starke Korrelationen" einzuschätzen. Dies trifft auf beide Korrelationen zu.

Demzufolge kann von einer sehr guten Konstruktvalidität ausgegangen werden, die sich am Fragebogen von Bruder (2010) orientiert und für den Fragebogen zur Zustimmung noch höher ausfällt als für den Fragebogen zur Bekanntheit (14 Items: $r = 0{,}620$, $p < 0{,}001$, $N = 1143$ und 17 Items: bei $r = 0{,}691$, $p < 0{,}001$, $N = 1143$).

6.2.4.3 Reliabilität

Es wird auf die Ausführungen unter 6.1.4.3 verwiesen und im Folgenden eine Reliabilitätsanalyse unter Zuhilfenahme von Cronbach´s Alpha durchgeführt.

Ergebnisse der Reliabilitätsanalyse
Die vollständigen Daten der Berechnungen finden sich im Anhang beiliegender CD (vgl. *Anhang* G).

Von den vorhandenen 699 Datensätzen konnten nur 26 einbezogen werden, da bei den anderen Datensätzen zumindest einmal „keine Einschätzung möglich/ Theorie unbekannt" ausgewählt und somit mindestens ein fehlender Wert vorhanden war. Die Anzahl der berücksichtigten Datensätze ist somit sehr gering, Bühner (2006) spricht bei weniger als 150 Personen von einer niedrigen Stichprobengröße.

Die mittlere Inter-Itemkorrelation betrug dabei 0,528 mit einem großen Bereich von 1,081, wobei das Minimum bei -0,089 und das Maximum bei 0,992 lag. Die Varianz lag bei 0,031. Nach Bühner (2006) ist ein Hinweis auf eine nicht eindimensionale Skala gegeben, wenn die Wurzel aus der Varianz > 0,01 ist. Dies ist hier der Fall, da die Quadratwurzel aus 0,031 ungefähr gleich 0,1761 ist (der genaueren Klärung dient die explorative Faktorenanalyse, vgl. 6.2.5).

Cronbach´s Alpha nimmt einen Wert von 0,990 an, wobei der Wert für standardisierte Items leicht höher, bei 0,991, liegt ($N = 95$). Dies ist ein sehr hohes Maß an Reliabilität. Bei Entfernung einzelner Items ergeben sich dann erzielte α-Werte von 0,989 bzw. 0,990, jedoch nie bessere Werte als unter Einbeziehung aller Items.

Der Vollständigkeit halber sei erwähnt, dass die korrigierte Item-Skala-Korrelation, die als Trennschärfe des Items interpretiert wird (Bühner, 2006), Werte von 0,362 bis 0,892 annimmt, wobei Werte < 0,3 für eine niedrige Trennschärfe des Items sprechen, was bei keinem der Verschwörungstheorie-Items zutrifft und Werte > 0,5 für hohe Trennschärfe, was bei 88 Items der Fall ist.

6.2.5 Explorative Faktorenanalyse

Zum theoretischen Hintergrund der Faktorenanalyse allgemein sei auf die Ausführungen unter 6.1.5 verwiesen.

6.2.5.1 Voraussetzungen für eine Faktorenanalyse

Unter 6.1.5.1 wurde bereits ausgeführt, welche Voraussetzungen gegeben sein müssen, um eine Faktorenanalyse ausführen zu dürfen, weswegen diese Vorbedingungen hier nur kurz wiederholt und geprüft werden sollen.

1. Hinreichender Stichprobenumfang (Backhaus et al., 2006, Bühner, 2006)

Der Stichprobenumfang sollte mindestens größer 285 bzw. größer 300 sein. Die vorliegende Stichprobe umfasst 699 Personen (vgl. 6.2.2). Bühner (2006) spricht ab einem Umfang von 500 Personen von einer „sehr guten“ Eignung zur Durchführung einer Faktorenanalyse (zweitbeste von sieben Stufen). Allerdings würden bei einem listenweisen Fallausschluss aufgrund der herausgefilterten Möglichkeit „Theorie unbekannt/ keine Einschätzung möglich“ nur 26 Fälle verbleiben (vgl. 6.2.4.3). Somit wäre die Stichprobe ungeeignet für eine Faktorenanalyse. Dieses Problem wurde dadurch gelöst, dass die Option „fehlende Werte durch den Mittelwert ersetzen“ ausgewählt wurde.

2. Mindestens Intervallskalenniveau der Variablen (Backhaus et al., 2006)

Die verwendete Skala war über Prozentwerte definiert, die den Grad der Zustimmung ausdrücken (neben semantischer Kodierung, vgl. 5.1.2.2). Die übliche Gesetzmäßigkeit im alltäglichen Umgang mit Zahlen wurde folglich auf die Prozentwerte der Skala übertragen. Dieses Alltagsverständnis beinhaltet die Vorstellung von gleichen Abständen zwischen den Prozentwerten, sprich einer Intervallskalierung. Wie unter 6.2.3 beschrieben, wurden dann arithmetische Mittelwerte berechnet, die folglich ebenso intervallskaliert sind.

3. Hinreichende Korrelation der Items untereinander mit einem Betrag ungleich Null (Bühner, 2006)

Um dies zu prüfen soll der Bartlett-Test signifikant ausfallen und der KMO-Koeffizient größer als 0,6 sein (Bühner, 2006). Die Ergebnisse der beiden Tests sind in Tab. 39 festgehalten.

Tabelle 39. Ergebnisse der statistischen Vortests zur explorativen Faktorenanalyse beim Fragebogen zur Zustimmung zu VT

KMO-Wert und Bartlett-Test		
Maß der Stichprobeneignung nach Kaiser-Meyer-Olkin		0,966
Bartlett-Test auf Sphärizität	Ungefähres Chi-Quadrat	2203,78
	df	4465
	Sig.	1,000

Zwar ist der KMO-Wert mit einem Wert > 0,9 nach der Klassifizierung nach Backhaus et al. (2006) „erstaunlich“ zu nennen, doch ist der Bartlett-Test größtmöglich davon entfernt, signifikant zu sein (Sig. = 1,0). Es sei nochmals darauf hingewiesen, dass die Berechnung dieses Testwertes erfolgte, nachdem „fehlende Werte durch den Mittelwert ersetzen“ ausgewählt wurde, sodass die mangelnde Signifikanz nicht auf eine zu kleine Stichprobe zurückgeführt werden kann.

Die Items der Korrelationsmatrix korrelieren somit nicht in hinreichendem Maße miteinander. Eine detailliertere Betrachtung der einzelnen Inter-Itemkorrelationen findet an anderer Stelle statt (vgl. 6.4.3).

Nach Backhaus et al. (2006) lässt sich auch die Anti-Image-Kovarianzmatrix (AIC) zur Prüfung der hinreichenden Korrelationen hinzuziehen. Dabei sei die Korrelation unter den Items hinreichend, wenn weniger als 25% der Nicht-Diagonalen-Kovarianzen (also der Kovarianzen, die das Item nicht mit sich selbst bildet) einen Wert größer 0,09 haben.

Im vorliegenden Fall gibt es somit, unter Zuhilfenahme der Gaußschen Summenformel (Meyberg, 2001), 0,5 x 94 x 95 = 4465 unterschiedliche Kovarianzen, 25% davon sind 1116,25. Die Sichtung der Kovarianzen in der AIC per Hand ergab allerdings nur 18 solcher Kovarianzen, die nachfolgend, geordnet nach der Größe des Betrages, in Tab. 40 dargestellt sind.

Tabelle 40. Item-Paare mit Anti-Image-Kovarianzbetrag größer 0,09

Item 1	Item 2	Anti-Image-Kovarianz
Atomunfälle-UDSSR	USA-Atomkraftunfälle	-0,198
Stammheim-Mord	Grams-Mord	-0,170
Magdalena	Jesus-Politik	-0,170
Bibel-Code	Koran-Code	-0,167
9/11-Sprengung	9/11-Pentagon	-0,141
Bürgerkontrolle	Buchkontrolle	-0,127
Auspuff-Rost	Phoebus	-0,127
Magdalena	Päpstin Johanna	-0,109
Hohle Erde	Reptilien-Aliens	-0,108

Item 1	Item 2	Anti-Image-Kovarianz
Scientology	Terror-Infrastruktur	-0,102
Hauser-Prinz	Ripper-Prinz	-0,101
Email-Überwachung	Buchkontrolle	-0,101
Paul-is-dead	Dillinger lebt	-0,100
Cobain-Mord	Morrison-lebt	-0,097
Kennedy-Mord	Jesus-Politik	-0,093
Kennedy-Mord	Barschel-Mord	-0,093
Polen-Überfall	Auschwitz-Lüge	-0,092
9/11-Lüge	Irak-Öl	-0,092

Die Kovarianzen mit einem Wert größer 0,09 entfielen also auf 18 Paare, wobei vier Variablen „doppelt“ waren („Kennedy-Mord“, „Magdalena“, „Jesus-Politik“, „Buchkontrolle“), sodass 32 unterschiedliche Variablen/ Items beteiligt waren. Diese wurden entfernt und der KMO-Wert und der Bartlett-Test erneut berechnet (Tab. 41).

Tabelle 41. Ergebnisse der statistischen Vortests zur explorativen Faktorenanalyse nach Entfernung von 32 Items beim Fragebogen zur Zustimmung zu VT

KMO-Wert und Bartlett-Test		
Maß der Stichprobeneignung nach Kaiser-Meyer-Olkin		0,967
Bartlett-Test auf Sphärizität	Ungefähres Chi-Quadrat	3723,84
	df	1953
	Sig.	0,000

Neben einer geringfügigen Veränderung beim KMO-Wert, wurde nun auch Signifikanz beim Bartlett-Test erzielt, sodass unter Ausschluss der benannten Items eine explorative Faktorenanalyse über die verbliebenen 63 Items sinnvoll erschien.

6.2.5.2 Parameter der Faktorenanalyse

Die nun durchgeführte Faktorenanalyse soll denselben Parametern wie diejenige zum Fragebogen zur Bekanntheit von Verschwörungstheorien folgen (vgl. 6.1.5.2).

Dementsprechend gelten die Vorgaben:

1. Extraktionsmethode ist die Hauptachsenanalyse,
2. Extraktionskriterien sind der Scree-Test, die 95%-Heuristik nach Backhaus et al. (2006) sowie die Parallelanalyse nach Horn,
3. Rotationsmethode ist die Varimax-Rotation.

6.2.5.3 Ergebnisse der Faktorenanalyse

Wie unter 6.2.5.1 erläutert, wurden fehlende Werte durch Mittelwerte ersetzt. Die Anzeige erfolgte sortiert nach der Größe der Faktorladungen und Absolutwerte kleiner als 0,3 wurden unterdrückt.

Die vollständigen Ergebnisse der Faktorenanalyse finden sich auf beiliegender CD (vgl. *Anhang* G).

Abb. 10 veranschaulicht das Ergebnis des Scree-Plot.

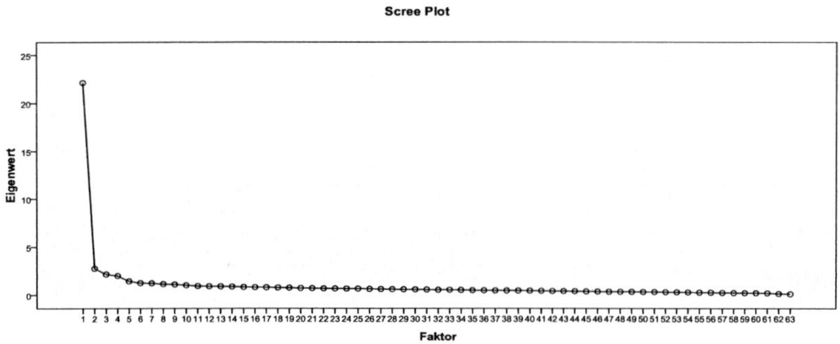

Abb. 10. Scree-Plot der Faktorenanalyse beim Fragebogen zur Zustimmung zu VT

Der „Elbow" ist deutlich bereits nach dem ersten Faktor zu sehen. Ein zweiter, ungleich „leichterer" Knick, kann vor dem 4. Faktor ausgemacht werden. Da nach Bortz (1999) nur Faktoren bis zum Knick berücksichtigt werden, ergibt sich eine einfaktorielle oder, mit starken Einschränkungen, eine dreifaktorielle Lösung.

Aufgrund des starken ersten Faktors, der über 35% der Varianz erklärt, wird von der Parallelanalyse Abstand genommen (Bühner, 2006). Auch die Ex-Post-Extraktion nach der 95%-Heuristik (Backhaus et al., 2006) erscheint wenig sinnvoll, da sich dadurch eine 50faktorige Lösung ergäbe, die kaum datenreduzierenden Charakter hätte. Inhaltlich bedeutsamer ist zudem, dass nur die ersten 5 Faktoren mehr als ein maximal ladendes Item besitzen. Zudem laden auf dem ersten Faktor auch solche Items mit einer Ladung > 0,3, die auf anderen Faktoren laden.

Diese Ausführungen berücksichtigend wird eine 3-Faktoren-Lösung präferiert, die, wie aus Tab. 42 ersichtlich, knapp 42% der Varianz der Eigenwerte erklärt.

Tabelle 42. Erklärte Varianz durch die drei extrahierten Faktoren (Fragebogen zur Zustimmung)

Faktor	Anfängliche Eigenwerte			Summe von quadrierten Faktorladungen für Extraktion		
	Gesamt	% der Varianz	Kumulierte %	Gesamt	% der Varianz	Kumulierte %
1	22,126	35,121	35,121	21,892	34,749	34,749
2	2,756	4,375	39,496	2,469	3,920	38,669
3	2,155	3,420	42,916	1,964	3,118	41,79

Maßgeblich bei dieser Lösung ist der erste Faktor. Bei der Betrachtung der Faktorladungen der rotierten Matrix werden auf diesen auch solche Items benannt, die ihre maximale Ladung auf einem anderen Faktor haben, was separat vermerkt ist (Tab. 43).

Tabelle 43. Items samt Faktorladungen auf den extrahierten Faktoren beim Fragebogen zur Zustimmung zu VT

Item	Faktor	Ladung	lädt zudem	
			auf Faktor	mit Ladung
Alien-Landung	1	0,885	---	---
Roswell	1	0,793	---	---
Präastronautik	1	0,790	---	---
UFO-Schweigen	1	0,720	---	---
Alien-Kontakt	1	0,719	---	---
Freie Energie	1	0,373	56	0,314
Freimaurer[43]	1	0,331	9	0,316
Dollar-Zeichen	1	0,373	9	0,636

[43]Lädt zudem auf Faktor 57 mit Ladung 0,319

Item	Faktor	Ladung	lädt zudem	
			auf Faktor	mit Ladung
Alternative 3	1	0,315	22	0,604
Graf-St.-Germain	1	0,346	28	0,634
Nazi-UFOs	1	0,339	39	0,564
AIDS-Waffe	1	0,314	42	0,592
Hitler-lebt	1	0,332	43	0,574
HAARP	1	0,319	45	0,563
Chemtrails	1	0,352	48	0,529
Mond-Basen	1	0,384	50	0,539
Trinkwasser-Drogen	1	0,325	51	0,470
Lady Di-Mord	1	0,306	52	0,451
Washington-Weißhaupt	1	0,301	53	0,455
Illuminaten[44]	1	0,365	54	0,419
Keine-BRD	2	0,683	- - -	- - -
Deutsches Reich	2	0,680	- - -	- - -
Möllemann-Mord	2	0,301	49	0,522
Gates-ist-tot	3	0,760	- - -	- - -
Kalte Sonne	3	0,563	- - -	- - -

6.2.5.4 Interpretation der Faktoren

Ebenso wie bei der explorativen Faktorenanalyse des Fragebogen zur Bekanntheit von VT (vgl. 6.1.5.4), soll nun eine inhaltliche Interpretation der extrahierten Faktoren erfolgen, wobei nur solche Faktorladungen genutzt werden, die größer als 0,5 sind (Backhaus et al., 2006). Dabei sei noch einmal darauf hingewiesen, dass von den ursprünglich 95 Items nur 63 Eingang in die Faktorenanalyse gefunden haben (vgl. 6.2.5.1).

Auf dem ersten Faktor, der mit Abstand am meisten Varianz erklärt (vgl. Tab. 42), laden solche Items am stärksten, die mit Außerirdischen zu tun haben, nämlich „Alien-Landung“, „Roswell“, „Präastronautik“, „UFO-Schweigen“, „Alien-Kontakt“ (vgl. Tab. 43). Das Item „Freie Energie“ passt insofern dazu, als dass diese VT oft mit der Möglichkeit interplanetarer Reisen verknüpft wird.
Bei den weniger stark auf den ersten Faktor ladenden Items, für die sich in der Faktorenanalyse als bessere Lösung das Bilden eines Ein-Item-Faktors ergeben hatte, ist nur das „Mond-Basen“-Item klar mit Außerirdischen verbunden. Es finden sich jedoch einige Items mit der Möglichkeit zu außerordentlicher/ -irdischer Technologie („Alternative 3“, „Graf-St.-Germain“, „Nazi-UFOs“, „HAARP“, „Chemtrails“, „Illuminaten“).

[44]Lädt zudem auf Faktor 6 mit 0,302

Die beiden Items „Keine-BRD“ & „Deutsches Reich“, die hauptsächlich den zweiten Faktor bilden, sind Aussagen, die letztlich beide auf dem Glauben fußen, dass die Geschichte des Untergangs des 3. Reichs und der Gründung der BRD nie so geschehen seien, wie dies in der offiziellen Geschichtsschreibung behauptet wird. Die VT zum „Möllemann-Mord“ passt insofern hierzu, als dass diese VT ebenso wie die Vorgenannten in einem nationalliberalen bis -konservativen Bereich ihre Verbreitung erfahren. Es sei aber darauf hingewiesen, dass die „Möllemann-Mord“-VT besser durch einen eigenen Faktor für diese VT abgebildet wird (vgl. Tab. 43).

Der dritte sich ergebende Faktor umfasst die beiden Items mit den niedrigsten Zustimmungsraten, die noch deutlicher von den anderen Theorien getrennt sind, da hier im Gegensatz zum Fragebogen zur Bekanntheit von VT die Items „Paul-is-dead“, „Reptilien-Aliens“, „Hohle Erde“ und „Auschwitz-Lüge“ keinen Eingang in die Faktorenanalyse gefunden haben (vgl. Tab. 40).

Eine weitere Diskussion samt des Vorschlags von Namen für die extrahierten Faktoren findet unter 7.3.2 statt.

6.3 Vergleich der Stichproben in beiden Erhebungen

Im Rahmen der Hypothesenprüfung (vgl. 6.4ff) werden die Ergebnisse der beiden Fragebogen zur Bekanntheit von bzw. Zustimmung zu Verschwörungstheorien u.a. miteinander korreliert. Dabei wurden die Messdaten nicht im Rahmen eines Messwiederholungsdesigns erhoben, sondern in getrennten Befragungen. Daher ist wichtig zu betrachten, inwiefern die beiden Stichproben einander ähneln, um möglichst eine Parallelisierung derselben zu gewährleisten. Tab. 44 gibt hierzu einen Überblick.

Tabelle 44. Merkmale der Stichproben in den beiden Erhebungen

Merkmal	Ausprägung im Fragebogen zur	
	Bekanntheit	Zustimmung
Anzahl der gültigen Fragebogen (*N*)	1143	699

Merkmal	Ausprägung im Fragebogen zur	
	Bekanntheit	Zustimmung
Bearbeitungsdauer (*M* [*SD*])	743 s [543 s]	1118 s [1303 s]
Geschlecht	43,2% weiblich	38,4% weiblich
Alter (*M* [*SD*])	32,9 Jahre [10,9 Jahre]	34,5 Jahre [12,5 Jahre]
Familienstand[45]	39,8% ledig	34,5% Partner (aber nicht verheiratet)
Staat/ Wohnort[46]	92,1% Deutschland	93,1% Deutschland
PLZ in der BRD	41,7% PLZ-Bereich „4“	30,8% PLZ-Bereich „4“
Kinder: „Haben Sie Kinder?“; Anzahl der Kinder (*M* [*SD*])	18,6% „Ja“ 0,5 [0,951]	30,2% „Ja“ 0,4 [0,882]
Haushaltsgröße (*M* [*SD*])	2,38 [1,34]	1,94 [1,29]
Religiosität + häufigste Religions-richtung[47]	32,2% „Ja“ 31,3% evangelisch	32,3% „Ja“ 34,4% römisch-katholisch
Schulabschluss	63,3% Abitur[48]	70,8% Abitur[49]
Arbeitszeit (*M* [*SD*])	36,95 h [16,59 h]	36,28 h [16,50 h]
Gehalt[50]	14,1% „25000 € - 40000 €“	14,3% „unter 10 000 €“
Zweisprachigkeit + häufigste Zweitsprache	9,2% „Ja“ + 2,4% Englisch	7,7% „Ja“ + 2,0% Englisch
Sonntagsfrage: drei häufigste Antworten	27,4% „Die Grünen“ 19,7% „SPD“ 14,8% „Ich würde nicht wählen gehen“	23,4% „Die Grünen“ 20,3% „SPD“ 14,4% „Ich würde nicht wählen gehen“
Mittelwert des Erhebungs-merkmals (*SD*)	**44,66% (15,24%)**	**26,86% (16,38%)**

Auf Gemeinsamkeiten und Unterschiede der beiden Stichproben wird unter 7.1.2 genauer eingegangen.

[45]Zweithäufigste Nennung bei Bekanntheit: Partner (aber nicht verheiratet) 30,8%, bei Zustimmung: ledig bzw. verheiratet mit je 31,6%

[46]Zu den inhaltlichen Unterschieden vgl. 6.2.1

[47]Zweithäufigste Nennung bei Bekanntheit: evangelisch 29%, bei Zustimmung atheistisch 29,9%

[48]Zu den inhaltlichen Unterschieden vgl. 6.2.2.1.6 – hier wurden beim Fragebogen zur Bekanntheit „Abitur“ und „Hochschulabschluss“ zusammengefasst

[49]Zur genauen Benennung vgl. 6.2.2.1.6

[50]Zweithäufigste Nennung bei Bekanntheit „unter 10000 €“ 13,8%, bei Zustimmung „25000 € bis 40000 €“ 13,6%

Auch wurden die E-Mailadressen ausgewertet. 312 der gültigen Ausfüller des Fragebogens zur Bekanntheit von VT und 253 Personen beim Fragebogen zur Zustimmung zu Verschwörung gaben ihre E-Mailadresse an. Beim Vergleichen der E-Mailadressen ergaben sich 84 Übereinstimmungen, was bezogen auf die vorhandenen E-Mailadressen beim Fragebogen zur Bekanntheit 26,92% und beim Fragebogen zur Zustimmung 33,20% sind.

6.4 Hypothesenprüfung

Die unter 4 beschriebenen Hypothesen werden nun anhand statistischer Auswertungen und Testverfahren überprüft. Eine Kurzübersicht über die Ergebnisse ist unter 6.4.14 zu finden.

6.4.1 Hypothese 1: Die Zustimmung zu und Bekanntheit von VT korrelieren positiv

Um diese Hypothese zu betrachten, wurde eine Matrix angelegt, in der den Verschwörungstheorien jeweils ihre Durchschnittswerte in Bekanntheit und Zustimmung zugeordnet wurden (vgl. 6.1.3 bzw. 6.2.3). Anschließend wurde die Korrelation der beiden Durchschnittswerte zueinander betrachtet; das Signifikanzniveau wurde einseitig ausgewählt, da die gerichtete Hypothese eines positiven Zusammenhangs vorliegt. Es sei darauf hingewiesen, dass Korrelationen nur das Ausmaß von Zusammenhängen, jedoch keine Kausalbeziehung zu betrachten in der Lage sind (Bühner, 2006).

Wie bei den Voraussetzungen zur Faktorenanalyse ausgeführt, wird vom Autor die Meinung vertreten, dass beide hier betrachteten Variablen intervallskaliert sind und somit eine Pearson-Korrelation berechnet werden kann (vgl. 6.1.5.1 bzw. 6.2.5.1). Allerdings werden, der Vollständigkeit halber, auch zwei nicht-parametrische Korrelationen berechnet.

Tabelle 45. Korrelation von Bekanntheit und Zustimmung

	Korrelation (*r*)	Signifikanz	*N*

Pearson-Korrelation	0,578**	0,000	95
Kendall´s Tau	0,415**	0,000	95
Spearman´s Rho	0,579**	0,000	95

Je nach Berechnungsart schwankt der errechnete Korrelationskoeffizient (*r*) zwischen 0,415 und 0,579, in allen Fällen mit einseitiger Signifikanz auf dem 1%-Niveau und *N* = 95 (Tab. 45).

Brosius (2004 nach Bühner, 2006) hilft Korrelationskoeffizienten einzuschätzen. Seiner Kategorisierung folgend sind alle berechneten Korrelationen als „mittlere Korrelationen“ (über 0,4 bis 0,6) einzustufen.

Abb. 11 veranschaulicht den korrelativen Zusammenhang, wobei zusätzlich eine Korrelationsgerade eingefügt ist. Auch optisch zeigt sich dabei, dass eine lineare Korrelation den Zusammenhang zwischen den beiden Variablen gut darstellt.

Hypothese 1 muss somit nicht verworfen werden und wird beibehalten.

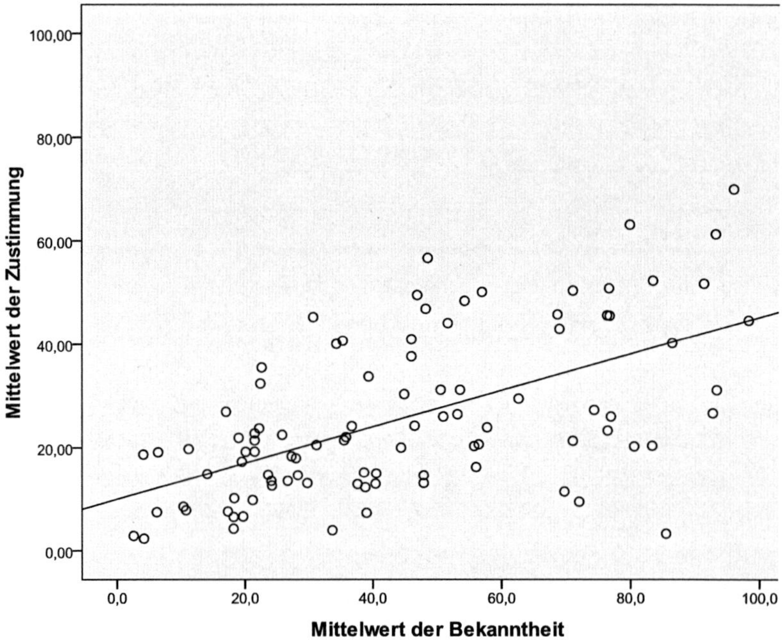

Abb. 11. Grafische Darstellung des korrelativen Zusammenhangs zwischen der Bekanntheit von und der Zustimmung zu VT (r=0,579)

6.4.2 Hypothese 2: Wie verteilt sich der Glaube an Verschwörungstheorien?

Zur Testung der Normalverteilung einer Stichprobe wird üblicherweise der Kolmogorow-Smirnow-Test herangezogen (Bortz & Döring, 1995). Dabei soll die Annahme einer Normalverteilung verworfen werden, sofern asymptotische Signifikanz gegeben ist ($p < 0,05$). Dieser Test fällt für die hier vorliegenden Daten negativ aus (Tab. 46).

Tabelle 46. Test auf Normalverteilung beim Fragebogen zur Zustimmung zu VT

Kolmogorow-Smirnow Anpassungstest

		Mittelwert der Zustimmung zu VT
N		696
Parameter der Normalverteilung[a,b]	Mittelwert	26,858
	Standardabweichung	16,381
Extremste Differenzen	Absolut	0,081
	Positiv	0,081
	Negativ	-0,062
Kolmogorow-Smirnow *Z*		2,130
Asymptotische Signifikanz (2-seitig)		0,000

a. Die zu testende Verteilung ist eine Normalverteilung

b. Aus den Daten berechnet

Zudem sollte stets auch eine optische Prüfung stattfinden (Bortz & Döring, 1995). Grafisch ist eine Annäherung an eine Normalverteilungskurve zu erwarten, was sich am besten in einem Histogramm mit überlagerter Normalverteilungskurve darstellen lässt.

Sowohl auf Grundlage des Kolmogorow-Smirnow-Anpassungstest als auch durch Prüfung des Histogramms per Augenschein (vgl. Abb. 12) ergibt sich, dass keine Normalverteilung vorliegt. Es sei bereits hier auf die Diskussion der Zweigipfligkeit unter 7.2.1 verwiesen.

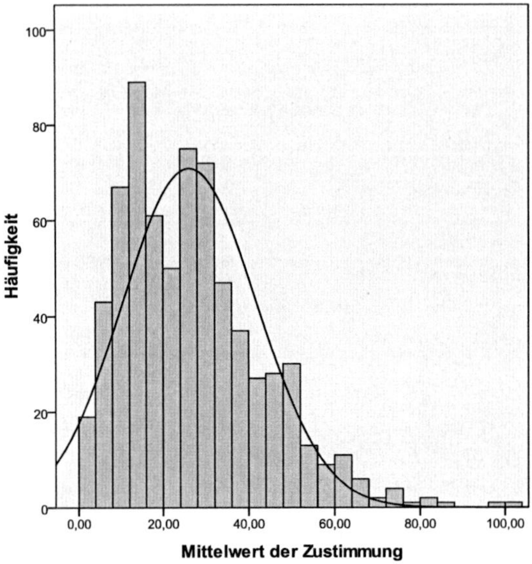

Abb. 12. Histogramm der Verteilung der durchschnittlichen Zustimmungswerte zu VT samt eingefügter Normalverteilungskurve

6.4.3 Hypothese 3: Der Glaube an eine Verschwörungstheorie korreliert positiv zu dem an andere Verschwörungstheorien.

Zur Berechnung der Anzahl der möglichen Korrelationen gilt die Gauß-sche Summenformel (Meyberg, 2001), nach der sich 4465 mögliche Korrelationen ergeben, dabei wird ausgehend von 95 VT wie folgt gerechnet: 0,5 x 94 x 95.

Zur Berechnung der Korrelation wurde die Berechnung nach Pearson benutzt (vgl. 6.4.1). Die Prüfung der Signifikanz erfolgte einseitig, da Hypothese 3 nicht allgemein von einer Korrelation spricht, sondern einen explizit positiv korrelativen Zusammenhang postuliert.

Die Auswertung der Korrelationen erfolgte per Hand. Die zugehörigen Ergebnisse aller Korrelationen befinden sich auf beiliegender CD (vgl. *Anhang* G).

Das *N* der jeweiligen Korrelationen reichte von 87 („Dillinger lebt“ vs. „Graf-St.-Germain“) bis 666 („Auschwitzlüge“ vs. „Hitler-lebt“), da es von der Anzahl der Zustimmungsurteile zu den einzelnen VT abhängig war (vgl. 6.2.3).
Keine der sich ergebenden Korrelationen war negativ und 99,71% der Korrelationen signifikant positiv (Tab. 47).

Tabelle 47. Korrelationen der Zustimmungswerte der 95 VT untereinander

	Art der Korrelation		
	Positiv/ nicht signifikant	Positiv/ signifikant (5%-Level)	Positiv/ hoch signifikant (1%-Level)
Anzahl	13	30	4422
Prozentsatz	0,29%	0,67%	99,04%

Die deutlich überwiegende Mehrheit der Korrelationen der Zustimmungswerte der Verschwörungstheorien zueinander ist, wie ersichtlich, positiv.

Hypothese 3 muss somit nicht verworfen, sondern kann beibehalten werden.

6.4.4 Hypothese 4: Im Rahmen einer explorativen Faktorenanalyse wird eine hohe Ladung auf dem ersten Faktor erzielt.

Unter 6.1.5ff. bzw. 6.2.5ff. wurden bereits die Voraussetzungen explorativer Faktorenanalysen sowie die in dieser Arbeit konkret auftretenden Probleme und Ergebnisse dargestellt, sodass dies hier im Detail nicht nochmals erfolgen soll. Es sei aber darauf hingewiesen, dass beim Fragebogen zur Zustimmung zu Verschwörungstheorien 32 Items vor Durchführung der Faktorenanalyse entfernt wurden (vgl. 6.2.5.1).

Betrachtet man beide Scree-Plot-Diagramme, fällt ein deutlicher Abfall der Ladung vom ersten zum zweiten Faktor auf (Abb. 6 u. Abb. 9), der im Falle des Fragebogens zur Zustimmung so massiv ist, dass die Parallelanalyse nach Horn als Extraktionsverfahren ausgeschlossen wurde (Bühner, 2006). Die Ladung auf dem ersten Faktor ist somit deutlich höher als auf den anderen Faktoren.

In Zahlenwerten beträgt die Varianzaufklärung durch den ersten Faktor im Falle des Fragebogens zur Bekanntheit 12,87% (Tab. 24) und im Falle des Fragebogens zur Zustimmung 34,75% (Tab. 42). Somit befindet sich zumindest die Ladung im Falle des Fragebogens zur Zustimmung auf dem von Goertzel (1994) beschriebenen Niveau (39%, vgl. 3.4).

Die Varianzaufklärung durch den ersten Faktor beim Fragebogen zur Bekanntheit ist zwar deutlich niedriger, jedoch ist zu berücksichtigen, dass hier alle 95 Items zum Tragen kamen. So gab es mehr Möglichkeiten zur Verteilung der Varianz. Zudem ist die Faktorladung auf den ersten Faktor hier mit Abstand am größten.

Hypothese 4 muss folglich nicht verworfen, sondern kann beibehalten werden.

6.4.5 Hypothese 5: Hat das Geschlecht einen Einfluss auf Bekanntheit von und Zustimmung zu VT?

Da, wie unter 6.4.2 gezeigt, keine Normalverteilung bei der Zustimmung zu Verschwörungstheorien vorliegt, scheiden im weiteren solche statistischen, sog. parametrische Verfahren aus, die solch eine Verteilung voraussetzen, namentlich *t*-Tests und Varianzanalysen. Stattdessen bleibt der Weg über die Betrachtung von Korrelationen und parameterfreien Tests, wie dem Mann-Whitney-*U*-Test (Bortz & Döring, 1995). Ob diese Einschränkungen auch für die Ergebnisse des Fragebogen zur Bekanntheit von VT gelten, soll nun zunächst analog zu 6.4.2 geprüft werden. Die statistische Testung auf Normalverteilung verläuft ebenso wie bei der Zustimmung negativ, wenn auch nicht ganz so deutlich (Tab. 48).

Tabelle 48. Test auf Normalverteilung beim Fragebogen zur Bekanntheit von VT

Kolmogorow-Smirnow Anpassungstest		
		Mittelwert der Bekanntheit von VT
N		1143
Parameter der Normalverteilung[a,b]	Mittelwert	44,660
	Standardabweichung	15,237
Extremste Differenzen	Absolut	0,045
	Positiv	0,045
	Negativ	-0,02
Kolmogorow-Smirnow *Z*		1,519
Asymptotische Signifikanz (2-seitig)		0,020
a. Die zu testende Verteilung ist eine Normalverteilung		
b. Aus den Daten berechnet		

Anders als bei der Zustimmung ist bei der optischen Analyse der Bekanntheit von VT eine deutliche Annäherung an die Normalverteilungskurve zu erkennen (Abb. 13).

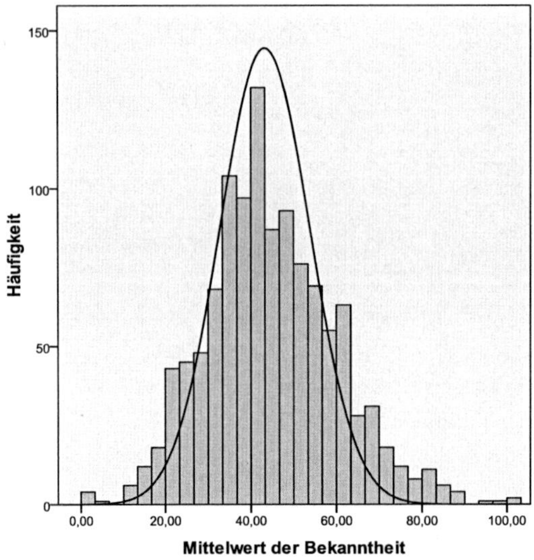

Abb. 13. Histogramm der Verteilung der durchschnittlichen Bekanntheitswerte zu VT samt eingefügter Normalverteilungskurve

Bortz (1999) führt in diesem Zusammenhang aus, dass

> „der *t*-Test für unabhängige Stichproben auf Verletzungen seiner Voraussetzungen robust reagiert. [...] Dies gilt insbesondere, wenn [...] möglichst eingipflig-symmetrisch verteilte Grundgesamtheiten verglichen werden."

Im Gegensatz zur Verteilung der Zustimmung zu VT liegt bei der Bekanntheit von VT eine solche Eingipfligkeit vor. Positiv wirke sich zudem die hohe Stichprobengröße aus (Bortz, 1999). Nach Backhaus et al. (2006) gilt auch für die Varianzanalyse, dass diese relativ robust gegen leichte Verletzungen der Grundannahme der Normalverteilung ist. Somit scheint bei der Betrachtung von Inter-Gruppen-Unterschieden bei der Bekanntheit, auch der Weg für die parametrischen Testverfahren offen zu sein.

Dementsprechend wird nun zunächst varianzanalytisch geprüft, ob ein Einfluss des Geschlechts auf die Bekanntheit von VT vorliegt, danach erfolgt eine Überprüfung dieses Einflusses auf die Zustimmung mittels des *U*-Tests.

Bei der Varianzanalyse des Einflusses des Geschlechtes auf die Bekanntheit von VT ergab sich ein signifikanter Zusammenhang ($F(1,1048) = 73{,}403$, $p < 0{,}001$), wobei der Mittelwert der Frauen bei 40,48% Bekanntheit ($N = 454$, $SD = 13{,}18$) und bei den Männer bei 48,21% Bekanntheit ($N = 596$, $SD = 14{,}97$) lag. Männer kennen demnach im Durchschnitt mehr VT als Frauen.

Bei der Zustimmung zu VT stellt sich dies anders dar: Frauen erzielen hier signifikant höhere Werte als Männer, $U = 38381{,}50$, $p < 0{,}001$. Frauen erreichen hier einen Mittelwert von 29,15% Zustimmung ($N = 243$, $SD = 15{,}18$) und Männer einen von 24,92% ($N = 389$, $SD = 15{,}53$).

Zwar zeigt sich für die Bekanntheit und Zustimmung eine unterschiedliche Effektrichtung, doch ist das Geschlecht in beiden Fällen signifikanter Einflussfaktor auf die Merkmalsausprägung.

Hinsichtlich Hypothese 5 kann somit festgehalten werden, dass das Geschlecht einen Einfluss hat, und zwar dergestalt, dass Männer mehr VT kennen, Frauen diesen jedoch stärker zustimmen.

6.4.6 Hypothese 6: Hat der Bildungsabschluss hat einen Einfluss auf die Bekanntheit von und Zustimmung zu Verschwörungstheorien

Betrachtet man die Bildungsabschlüsse in den beiden Stichproben[51] (6.1.2.1.6 bzw. 6.2.2.1.6), so fällt das Ungleichgewicht bei der Verteilung der Schulabschlüsse ins Auge. 63,3% bzw. 70,8% der Befragten haben einen Abschluss auf Niveau des Abiturs, nur 1,4% bzw. 2,9% der Befragten haben einen Hauptschulabschluss. Angestrebt wird deshalb ein Extremgruppenvergleich unter Aussparung des Fachabiturs, sodass eine höhere Bildung (kodiert als „1")

[51] Zur unterschiedlichen Kategorisierung in den beiden Fragebogen vgl. 6.1.1.1 bzw. 6.2.1

durch Erlangung des Abiturs und eine niedrigere Bildung (kodiert als „0") durch ausschließlichen Besuch der Sekundarstufe I charakterisiert ist. Die Verteilung ist in Tab. 49 dargestellt.

Tabelle 49. Verteilung hinsichtlich des Merkmals "Bildung" in den Fragebogen

		Fragebogen zur	
		Bekanntheit	Zustimmung
Anzahl der Personen (MW [SD])	Niedrigere Bildung	106 (43,12% [16,68%])	78 (30,85% [17,40%])
	Höhere Bildung	724 (45,16% [15,32%])	436 (24,51% [14,33%])
	SUMME	830 (44,90% [15,13%])	514 (25,47% [14,99%])

Nach Bortz (1999) sollen *t*-Tests sowie varianzanalytische Betrachtungen bei stark unterschiedlichen Gruppengrößen unterbleiben. Aus obigen Ausführungen verbietet sich dies bei der Zustimmung zu VT (vgl. 6.4.2). Deswegen wird sowohl für die Bekanntheit als auch für die Zustimmung eine Überprüfung der Hypothese mittels des Mann-Whitney-*U*-Tests und unter Betrachtung der Korrelationen durchgeführt.

Für die Bekanntheit zeigt sich dabei weder unter korrelativer Betrachtung ($p = 0{,}195$) noch beim *U*-Test ($p = 0{,}345$) ein signifikantes Ergebnis.

Dies ist anders bei Betrachtung der Zustimmung zu VT, wobei sich sowohl eine signifikante Korrelation ($r = -0{,}152$, $p < 0{,}01$) als auch ein signifikanter *U*-Test ($U = 13253{,}50$, $p < 0{,}01$) ergeben. Personen mit niedrigerer Bildung erzielen mit einem Mittelwert von 30,85% Zustimmung ($N = 78$, $SD = 17{,}40$) einen höheren Wert als Personen mit höherer Bildung mit einem Mittelwert von 24,51% ($N = 436$, $SD = 14{,}33$).

Hinsichtlich Hypothese 6 kann somit festgehalten werden, dass sich kein Einfluss des Bildungsgrades auf die Bekanntheit von VT zeigt, jedoch dergestalt auf die Zustimmung, dass Personen mit höherer Bildung VT weniger stark zustimmen.

6.4.7 Hypothese 7: Welchen Einfluss hat das Alter auf die Bekanntheit von und Zustimmung zu Verschwörungstheorien?

Der Einfluss des Alters[52] wird auf zweierlei Wegen betrachtet. Zum einen erfolgt eine korrelative Betrachtung mit einseitiger Prüfung der Signifikanz über das Alter als kontinuierliche Variable, zum anderen wird die Variable „Alter" am Mittelwert in jüngere (kodiert als „0") bzw. ältere („1") Personen unterteilt. Anschließend wird eine One-Way-Varianzanalyse bei der Bekanntheit (M = 32,88 Jahre) bzw. ein Mann-Whitney-U-Test bei der Zustimmung (M = 34,49 Jahre) berechnet. Zum theoretischen Hintergrund wird auf 6.4.5 verwiesen. Um die Vergleichbarkeit der Ergebnisse der beiden Stichproben zu erhöhen, wurden Personen im Alter von 33 und 34 Jahren weder „jünger" noch „älter" zugeordnet, sodass als „älter" galt, wer mindestens 35 Jahre war, und als „jünger" galt, wer höchstens 32 Jahre war.

Das Alter korreliert signifikant positiv mit der Bekanntheit von VT (r = 0,111, p < 0,001), aber signifikant negativ mit der Zustimmung zu VT (r = -0,159, p < 0,001).

Dieses Bild setzt sich bei den anderen statistischen Tests fort: In der ANOVA ergibt sich für die Bekanntheit von VT ein signifikanter Unterschied (F(1,960) = 11,780, p < 0,01) dergestalt, dass die „Älteren" mit einem Mittelwert von 47,14% (SD = 15,30) einen höheren Prozentsatz bei der Bekanntheit haben als die „Jüngeren" (M = 43,71%, SD = 14,71). Hingegen ist der Zusammenhang bei der Zustimmung genau entgegengesetzt: mit einer mittleren Zustimmung der „Jüngeren" von 28,33% (SD = 15,0) und der „Älteren" von 23,31% (SD = 15,57), wobei auch dieser Unterschied signifikant ist (U = 34831,00, p < 0,001). Je älter eine Person ist, desto mehr VT kennt sie, aber stimmt diesen weniger zu.

[52]Zur Berechnung des Alters vgl. 6.1.1.3 bzw. 6.2.1.1

In der später durchgeführten Regressionsanalyse (vgl. 6.4.13.2) bleibt das Alter signifikanter Einflussfaktor auf die Zustimmung zu Verschwörungstheorien.

6.4.8 Hypothese 8: Politische Extrempositionen haben positiven Einfluss auf Bekanntheit von und Zustimmung zu Verschwörungstheorien

Nach Schätzung des Bundesamtes für Verfassungsschutz sind folgende Parteien als zumindest teilweise extremistisch einzustufen, die in beiden Fragebogen zur Wahl standen: „Die Linke", „MLPD" (beide linksextremistisch) sowie „NPD/DVU" (rechtsextremistisch) (Bundesministerium des Inneren, 2011). Wähler dieser Parteien wurden deswegen als extremistisch („1") , Wähler der anderen Parteien als nicht-extremistisch („0") eingestuft. Personen, die nicht wählen gehen würden oder „Sonstige" wählten, wurden nicht berücksichtigt. Allerdings ergibt sich hier ebenfalls (wie beim Bildungsabschluss, vgl. 6.4.6) eine starke Ungleichverteilung der Untergruppen (Tab. 50). Das führt zum Ausschluss der Möglichkeit einer Varianzanalyse oder eines *t*-Tests führt (Bortz, 1999).

Tabelle 50. Verteilung hinsichtlich des Merkmals "Extremismus" in den Fragebogen

		Fragebogen zur	
		Bekanntheit	Zustimmung
Anzahl der Personen	Extremistisch	96	56
	Nicht extremistisch	540	329
	SUMME	636	385

Aus diesem Grund wird sowohl für die Bekanntheit als auch für die Zustimmung eine Überprüfung der Hypothese unter Betrachtung der Korrelationen sowie des Mann-Whitney-*U*-Tests durchgeführt.

Die Korrelation von extremistischer Gesinnung zur Bekanntheit von VT ist ebenso signifikant positiv ($r = 0{,}159$, $p < 0{,}001$) wie die zur Zustimmung zu VT ($r = 0{,}245$, $p < 0{,}001$).

Im gleichen Sinne fallen die *U*-Tests aus: Extremisten kennen sowohl mehr VT ($M = 50{,}52\%$, $SD = 15{,}22$) als Nicht-Extremisten ($M = 43{,}89\%$, $SD = 14{,}64$ – $U = 19918{,}50$, $p < 0{,}001$) wie sie diesen auch stärker zustimmen: Es ergibt sich ein Mittelwertunterschied von 32,79% ($SD = 15{,}76$) zu 23,14% ($SD = 13{,}10$) mit $U = 5887{,}50$, $p < 0{,}001$ ergibt.

Hypothese 8 muss nicht verworfen, sondern kann beibehalten werden.

6.4.9 Hypothese 9: Minderheiten haben höhere Werte bei der Bekanntheit von und Zustimmung zu Verschwörungstheorien

Als Kennwert für die Zugehörigkeit zu einer Minderheit wurde das Item „Sind sie zweisprachig aufgewachsen?“ genutzt, wobei ein „Ja“ als Ausdruck der Minderheitszugehörigkeit gewertet wurde. Auch hier liegt eine klare Ungleichverteilung (6.1.2.1.9 bzw. 6.2.2.1.9) vor, die eine Auswertung mittels des *U*-Tests und der Korrelationsbetrachtung notwendig erscheinen lässt (vgl. 6.4.6).

Es zeigt sich dabei weder für die Bekanntheit noch für die Zustimmung eine signifikante Korrelation. Ebenso sind beide *U*-Tests weit davon entfernt, einen signifikanten Zusammenhang aufzuzeigen. Die nicht signifikanten Ergebnisse finden sich auf beiliegender CD (vgl. *Anhang* G).

Hypothese 9 muss somit verworfen werden.

6.4.10 Hypothese 10: Einsamkeit korreliert positiv mit der Bekanntheit von und Zustimmung zu Verschwörungstheorien

„Einsamkeit korreliert hoch mit alleine sein." (Bierhoff, 2000). Diesem Ansatz folgend werden zur Überprüfung dieser Hypothese zwei Gruppen gebildet. Zum einen die Personen, die allein in ihrem Haushalt wohnen (kodiert als „1"), zum anderen diejenigen, die mit mindestens zwei anderen Personen zusammen leben („0"). Um einen klareren Unterschied zwischen den beiden Gruppen zu erhalten, werden diejenigen Personen ausgespart, die mit genau einer anderen Person zusammen wohnen. Außerdem wurden diejenigen Personen als nicht einsam[53] kodiert, die zwar alleine in ihrem Haushalt leben, aber einen (Ehe)Partner haben[54].

Auch hier liegt eine klare Ungleichverteilung vor (Tab. 51) , die eine Auswertung mittels des *U*-Tests und der Korrelationsbetrachtung notwendig erscheinen lässt (vgl. 6.4.6).

Tabelle 51. Verteilung hinsichtlich des Merkmals „Einsamkeit" in den Fragebogen

		Fragebogen zur	
		Bekanntheit	Zustimmung
Anzahl der Personen	Einsam	181	60
	Nicht einsam	321	138
	SUMME	502	198

Es zeigt sich, dass Einsamkeit einen signifikanten Einfluss auf die Bekanntheit von VT hat, aber nicht auf die Zustimmung zu diesen.

Dabei korreliert Einsamkeit signifikant mit der Bekanntheit zu VT ($r = 0{,}147$, $p < 0{,}001$), ebenso wie der *U*-Test positiv ausfällt ($U = 23970{,}50$, $p < 0{,}01$) mit einer mittleren Bekanntheit von 48,22% ($SD = 16{,}43$) für die „Einsamen" zu 43,51% ($SD = 14{,}52$).[55]

[53]aber auch nicht als „nicht einsam" kodiert, sondern vielmehr von der Analyse ausgeschlossen
[54]Zu den entsprechenden Übersichten vgl. 6.1.2.1.1, 6.1.2.1.4, 6.2.2.1.1 und 6.2.2.1.4
[55]Auf Hinweis eines Gutachters wurde ergänzend betrachtet, ob eine Konfundierung von „Einsamkeit" durch das Alter gegeben ist. Dabei zeigt sich keine solche Konfundierung im

Hypothese 10 kann somit für die Bekanntheit gehalten werden, muss aber für die Zustimmung verworfen werden.

6.4.11 Hypothese 11: Ehemalige DDR-Bürger haben höhere Werte bei der Bekanntheit von und Zustimmung zu Verschwörungstheorien

Anhand der erhobenen Daten musste für diese Hypothese operationalisiert werden, wer als „ehemaliger DDR-Bürger" gilt. Als ehemaliger DDR-Bürger wurde dabei eingestuft, wer seinen Schulabschluss in der DDR erworben hat oder wer zur Wiedervereinigung im Jahr 1990 mindestens 18 Jahre alt war – sprich jetzt 40 Jahre oder älter ist – und in einem Postleitzahlenbereich lebt, der das Staatsgebiet der ehemaligen DDR umfasst (kodiert als „1").

Im Gegensatz dazu wurden als „Nicht-DDR-Bürger" diejenigen Personen gesehen, die ihren Schulabschluss in einem anderen Land als der DDR gemacht haben oder heute in der BRD leben (kodiert als „0").

Nicht berücksichtigt wurden nicht-deutsche Personen oder solche, die in keine der beschriebenen Kategorien fallen.

Außerdem wurde der PLZ-Bereich „10XXX" bis „16XXX" nicht berücksichtigt, um keine Konfundierungen durch die Bundeshauptstadt Berlin zu erhalten, die früher zu beiden deutschen Staaten gehörte und heute eine Mischung verschiedener Personengruppen umfasst. Zudem wurde mit den PLZ-Bereichen „14XXX" bis „15XXX" das Berliner Umland ausgeschlossen.

Wenn Personen angaben, ihren Schulabschluss nicht in der DDR gemacht zu haben, aber dafür durch Alter und PLZ das Kriterium erfüllten, so wurden sie

Rahmen der Betrachtung einer etwaigen Korrelation im Falle der Bekanntheit. Im Falle der Zustimmung hingegen liegt eine Konfundierung im Sinne einer Korrelation vor ($r = 0{,}141$, $p < 0{,}01$). Es sei aber darauf hingewiesen dass eine solche Korrelation nach Brosius (2004 nach Bühner, 2006) als sehr schwach einzustufen ist.

ausgeschlossen, da hier wohl eine Migration von West nach Ost stattgefunden haben dürfte. Trotzdem sind weitere Konfundierungen durch Migrationsbewegungen zwischen Ost und West wahrscheinlich, wobei mit mehr ehemaligen DDR-Bürgern in der (ehemaligen) BRD zu rechnen ist als andersherum.

Nachdem diese Prozedur auf den Fragebogen zur Bekanntheit angewandt wurde, zeigte sich nur in einem Fall, dass kein Schulabschluss angegeben war und stattdessen die Information von Alter und PLZ ausschlaggebend gewesen wäre. Es zeigte sich jedoch auch, dass nur 13 Personen das kombinierte Alter- und PLZ- Kriterium positiv erfüllten, von denen jedoch sieben ihren Schulabschluss in der BRD erlangt hatten.

Hingegen zeigte sich bei der isolierten Betrachtung des Ortes des Schulabschlusses, dass 21 Personen dieses Kriterium positiv erfüllten, was wohl valider ist.

Deshalb wurde die Kombination von Alter und PLZ zur Erhebung der Frage nach „BRD"/„DDR" fallen gelassen. Aufgrund eines Konstruktionsfehlers hatte dies zur Folge, dass für den Fragebogen zur Zustimmung keine valide Betrachtung dieser Hypothese möglich ist, da hier im demografischen Teil nicht mehr die Frage nach dem Staat des Schulabschlusses gestellt wurde.

Im Fragebogen zur Bekanntheit von VT ergab sich wiederum eine klare Ungleichverteilung des Kriteriums, 21 DDR-Abschlüsse zu 923 BRD-Abschlüssen, die eine Auswertung mittels des *U*-Tests und der Korrelationsbetrachtung notwendig erscheinen lässt (vgl. 6.4.6).

Weder der *U*-Test noch die Korrelation zeigten einen signifikanten Zusammenhang zwischen DDR-Abschlüssen und Bekanntheit von VT, bei einer Korrelation von $r = 0{,}018$ mit $p = 0{,}291$.

Demnach muss Hypothese 11 für die Bekanntheit von VT verworfen werden, während eine Betrachtung bei der Zustimmung zu VT nicht möglich war.

6.4.12 Hypothese 12: Gläubige Menschen haben höhere Werte bei der Bekanntheit von und Zustimmung zu Verschwörungstheorien

Wie an anderer Stelle gezeigt (vgl. 6.1.2.1.5 bzw. 6.2.2.1.5), impliziert die formelle Zugehörigkeit zu einer Religionsgemeinschaft nicht, dass die Person sich auch wirklich als gläubig wahrnimmt, sodass diese Zugehörigkeit allein nicht als Kriterium ausreicht. Vielmehr soll die Selbstauskunft zur Religiosität maßgeblich sein.

Zwar sind durchaus Probleme mit der Selbstauskunft von Personen bekannt, doch erscheint die Gefahr einer Konfundierung im vorliegenden Fall gering, da zum einen keine Öffentlichkeit erzeugt wird, die von der individuellen Testbearbeitung erfährt, eine erkennbare soziale Erwünschtheit der Beantwortungsform nicht existierte und die Teilnehmenden auch keine negativen Konsequenzen zu erwarten haben (Bortz & Döring, 1995).

Knapp doppelt so viele Personen bezeichneten sich in den Fragebogen als nicht-gläubig wie als gläubig, sodass wegen der großen Ungleichverteilung auch hier eine Auswertung mittels des *U*-Tests und der Korrelationsbetrachtung notwendig erscheint (vgl. 6.4.6).

Während die Korrelation zwischen Gläubigkeit und Bekanntheit von VT nicht signifikant ausfällt, zeigt sich für die Zustimmung ein signifikant positiver Zusammenhang ($r = 0{,}173$, $p < 0{,}001$). Der *U*-Test ist sowohl bei der Bekanntheit ($U = 104390{,}0$, $p < 0{,}05$) als auch der Zustimmung ($U = 31198{,}0$, $p < 0{,}001$) signifikant.

Dabei kennen gläubige Menschen zwar weniger VT ($M = 43{,}84\%$, $SD = 15{,}69$ vs. $M = 45{,}39\%$, $SD = 14{,}62$), stimmen diesen jedoch stärker zu ($M = 30{,}44\%$, $SD = 16{,}90$ vs. $M = 24{,}68\%$, $SD = 14{,}59$).

Nachdem ein signifikanter Zusammenhang zwischen Gläubigkeit und Zustimmung zu VT gefunden wurde, soll nun noch ergänzend betrachtet werden, ob eine bestimmte Religionsgemeinschaft stärker zu VT-Glauben neigt. Mit Blick auf die Größe des *N* bei den Religionsgemeinschaften erscheint nur die Betrachtung der beiden großen christlichen Richtungen zur Zustimmung sinnvoll[56] (Tab. 33).

Da die Zustimmung zu VT nicht normalverteilt ist, wird eine Prüfung mittels *U*-Test durchgeführt. Das Kriterium lautet dabei „evangelisch und gläubig" („0", *N* = 73) bzw. „katholisch und gläubig" („1", *N* = 67). Es ergibt sich kein signifikanter Unterschied.

Gläubige Menschen haben demnach höhere Werte bei der Zustimmung zu VT, aber geringere bei der Bekanntheit von VT.

Folglich muss Hypothese 12 für die Bekanntheit von VT verworfen werden, kann aber für die Zustimmung zu VT aufrechterhalten werden.

6.4.13 Regressionsanalysen der signifikanten Einflussfaktoren

Nach der Prüfung der einzelnen Hypothesen, stellt sich die Frage nach dem Ausmaß, in dem die einzelnen Faktoren einen Einfluss auf die Bekanntheit von bzw. die Zustimmung zu VT haben. Ein Verfahren, das dies zur betrachten ermöglicht, ist die Regressionsanalyse, die auch den Vorteil hat, dass nur die abhängige Variable (hier: Mittelwert von Bekanntheit von bzw. Zustimmung zu VT) metrisch skaliert sein muss, während für die unabhängige Variable (den Prädiktor) Nominalskalenniveau reicht (Backhaus et al., 2006).

Im Folgenden wird mit dem Verfahren der schrittweisen Regressionsanalyse gearbeitet, die nur solche Modelle zulässt, bei denen für alle Faktoren eine Irrtumswahrscheinlichkeit von maximal 5% gilt. Dabei spiegelt die Reihenfolge der Prädiktoren auch eine Rangfolge in der Vorhersagekraft wieder; außerdem

[56]zumal der Befund bei der Bekanntheit auch nicht eindeutig ist.

kann das Ausmaß der Gesamtvarianzerklärung durch ein Modell bestimmt werden sowie das Ausmaß des Einflusses der einzelnen Prädiktoren (im Zusammenspiel mit den anderen Prädiktoren) auf die Zielvariable. Berücksichtigt werden im Folgenden immer die dichotomen Kodierungen der Prädiktoren und nur solche Prädiktoren, deren Einfluss in der Hypothesentestung signifikant war. Des Weiteren werden fehlende Fälle paarweise ausgeschlossen.

6.4.13.1 Regressionsanalyse der Einflüsse auf die Bekanntheit von VT

Als mögliche Prädiktoren ergaben sich aus der Hypothesenprüfung (vgl. 6.4ff) für die Bekanntheit von Verschwörungstheorien: das Geschlecht (vgl. 6.4.5), das Alter (vgl. 6.4.7), extremistische Ansichten (vgl. 6.4.8), Einsamkeit (vgl. 6.4.10) sowie selbstberichtete Gläubigkeit (vgl. 6.4.12).

Dabei zeigten sich als Einflussfaktoren im Rahmen der schrittweisen Regressionsanalyse Geschlecht, Einsamkeit und extremistische Positionen mit einer Gesamtvarianzerklärung von 9,4%, wie aus Tab. 52 hervorgeht.

Tabelle 52. Modellzusammenfassung der Regressionsanalyse zu den Einflussvariablen auf die Bekanntheit von Verschwörungstheorien

Modell	Einflussvariablen	*R*	*R*-Quadrat	Korrigiertes *R*-Quadrat	Standardfehler des Schätzers
1	(Konstante), Geschlecht	0,256	0,065	0,062	14,754
2	(Konstante), Geschlecht, Einsamkeit	0,293	0,086	0,080	14,615
3	(Konstante), Geschlecht, Einsamkeit, Extremismus	0,32	0,102	0,094	14,507

Die Übersicht der Beta-Gewichte, die die Regressionskoeffizienten der einzelnen Modelle sind, findet sich ergänzend in Tab. 53.

Tabelle 53. Koeffizienten der Regressionsanalyse zu den Einflussvariablen auf den Mittelwert der Bekanntheit von Verschwörungstheorien

Modell		Nicht standardisierte Koeffizienten		Standardisierte Koeffizienten		
		B	Standardfehler	Beta	*T*	Signifikanz
1	(Konstante)	40,195	1,271		31,623	0,000
	Geschlecht	7,865	1,688	0,256	4,660	0,000
2	(Konstante)	38,596	1,398		27,609	0,000
	Geschlecht	7,799	1,672	0,254	4,664	0,000
	Einsamkeit	4,541	1,724	0,143	2,633	0,009
3	(Konstante)	38,060	1,406		27,068	0,000
	Geschlecht	7,344	1,671	0,239	4,395	0,000
	Einsamkeit	4,454	1,712	0,141	2,602	0,010
	Extremismus	5,464	2,312	0,128	2,363	0,019

6.4.13.2 Regressionsanalyse der Einflüsse auf die Zustimmung zu VT

Als mögliche Prädiktoren ergaben sich aus der Hypothesenprüfung (vgl. 6.4ff) für die Zustimmung zu VT: das Geschlecht (vgl. 6.4.5), die Bildung (vgl. 6.4.6), das Alter (vgl. 6.4.7), extremistische Ansichten (vgl. 6.4.8) sowie selbst berichtete Gläubigkeit (vgl. 6.4.12).

Dabei zeigten sich alle diese Faktoren im Rahmen der schrittweisen Regressionsanalyse mit einer Gesamtvarianzerklärung von 14,5% als relevant, wie aus Tab. 54 hervorgeht.

Tabelle 54. Modellzusammenfassung der Regressionsanalyse zu den Einflussvariablen auf die Zustimmung zu Verschwörungstheorien

Modell	Einflussvariablen	*R*	*R*-Quadrat	Korrigiertes *R*-Quadrat	Standardfehler des Schätzers
1	(Konstante), Extremismus	0,245	0,060	0,057	15,906
2	(Konstante), Extremismus, Gläubigkeit	0,303	0,092	0,087	15,656
3	(Konstante), Extremismus, Gläubigkeit, Ältere Person	0,349	0,122	0,114	15,422

Modell	Einflussvariablen	*R*	*R*-Quadrat	Korrigiertes *R*-Quadrat	Standardfehler des Schätzers
4	(Konstante), Extremismus, Gläubigkeit, Ältere Person, höhere Bildung	0,375	0,140	0,130	15,280
5	(Konstante), Extremismus, Gläubigkeit, ältere Person, höhere Bildung, Geschlecht	0,397	0,158	0,145	15,15

Die Übersicht der Beta-Gewichte, die die Regressionskoeffizienten der einzelnen Modelle sind, findet sich ergänzend in Tab. 55.

Tabelle 55. Koeffizienten der Regressionsanalyse zu den Einflussvariablen auf den Mittelwert der Zustimmung zu Verschwörungstheorien

Modell		Nicht standardisierte Koeffizienten		Standardisierte Koeffizienten	*T*	Signifikanz
		B	Standardfehler	Beta		
1	(Konstante)	25,206	0,946		26,650	0,000
	Extremismus	11,361	2,480	0,245	4,580	0,000
2	(Konstante)	23,154	1,109		20,882	0,000
	Extremismus	11,577	2,442	0,250	4,741	0,000
	Gläubigkeit	6,280	1,844	0,179	3,405	0,001
3	(Konstante)	25,491	1,299		19,628	0,000
	Extremismus	11,668	2,406	0,251	4,850	0,000
	Gläubigkeit	6,571	1,819	0,188	3,613	0,000
	Ältere Person	-5,708	1,716	-0,173	-3,326	0,001
4	(Konstante)	31,094	2,466		12,609	0,000
	Extremismus	10,838	2,404	0,234	4,508	0,000
	Gläubigkeit	6,644	1,802	0,190	3,687	0,000
	Ältere Person	-6,063	1,706	-0,183	-3,554	0,000
	Höhere Bildung	-6,312	2,370	-0,138	-2,664	0,008
5	(Konstante)	33,558	2,626		12,781	0,000
	Extremismus	11,551	2,400	0,249	4,814	0,000
	Gläubigkeit	6,343	1,791	0,181	3,542	0,000
	Ältere Person	-5,545	1,703	-0,168	-3,255	0,001
	Höhere Bildung	-6,236	2,350	-0,137	-2,654	0,008
	Geschlecht	-4,478	1,740	-0,133	-2,574	0,010

6.4.14 Kurzübersicht über die Ergebnisse der Hypothesenprüfung

Tab. 56 stellt die Ergebnisse der Hypothesenprüfung im Überblick dar. Dabei sind diejenigen Felder innerhalb der Tabelle grau unterlegt, deren Inhalte sich im Rahmen der Regressionsanalysen als Einflussfaktoren auf den jeweiligen Mittelwert zeigten.

Tabelle 56. Kurzübersicht der Ergebnisse der Hypothesenprüfung mit grau unterlegten Einflussfaktoren aus der Regressionsanalyse

Hypothese	Inhalt	Ergebnis für die Mittelwerte der	
		Bekanntheit von VT	Zustimmung zu VT
1	Korrelation von Bekanntheit und Zustimmung	Ja: $r(95) = 0{,}578$, $p < 0{,}001$	
2	Art der Verteilung	Nähert sich einer Normalverteilung an (vgl. 6.4.5)	Keine Normalverteilung (vgl. 6.4.3)
3	Zustimmungswerte korrelieren untereinander	- - -	Ja: 100% positive Korrelationen, davon 99,71% signifikant
4	Hohe Ladung auf ersten Faktor bei Faktorenanalyse	Ja: 12,87%	Ja: 34,75%[57]
5	Einfluss Geschlecht	♂ > ♀: 48,21% zu 40,48%	♂ < ♀: 24,92% zu 29,15%
6	Einfluss höhere Bildung	Nein	Niedrige > Höhere: 30,85% zu 24,51%
7	Einfluss höheres Alter	Alt > Jung: 47,14% zu 43,71%	Alt < Jung: 28,33% zu 23,31%
8	Einfluss Extremismus	Ja: 50,52% zu 43,89%	Ja: 32,79% zu 23,14%
9	Einfluss Minderheit	Nein	Nein
10	Einfluss Einsamkeit	Ja: 48,22% zu 43,51%	Nein
11	Einfluss DDR	Nein	Betrachtung nicht möglich
12	Einfluss Gläubigkeit	Ja (negativ): 43,84% zu 45,39%	Ja (positiv): 30,44% zu 24,68%

[57] Es sei darauf hingewiesen, dass hierbei 32 Items ausgeschlossen wurden (vgl. 6.2.5.1)

7 Diskussion

Im Rahmen der Diskussion wird zunächst der Zusammenhang von Bekanntheit von und Zustimmung zu VT sowie die Einflussfaktoren auf diese beiden Größen thematisiert (vgl. 7.1). Dann wird reflektiert, wie sich der Glaube an Verschwörungstheorien allgemein in den vorliegenden Stichproben verhält (vgl. 7.2). Als nächstes werden die extrahierten Faktoren bei beiden Fragebogen interpretiert und ihre jeweiligen Reliabilitäten betrachtet (vgl. 7.3). Auch die Validitäten werden nochmals genauer betrachtet (vgl. 7.4.).
Ausführlich wird der Frage nach den Repräsentativität der beiden vorliegenden Stichprobe nachgegangen (vgl. 7.5), bevor abschließend überlegt wird, welche Funktionen VT haben könnten (vgl. 7.6) und wie sich zukünftige Forschung gestalten könnte (vgl. 7.7).

7.1 Bekanntheit von und Zustimmung zu VT

Die Bekanntheit von und die Zustimmung zu VT korrelieren in einem mittleren Ausmaß miteinander ($r = 0{,}578$, vgl. 6.4.1). Dies spricht dafür, dass die beiden Konstrukte zwar Gemeinsamkeiten haben, aber durchaus getrennt zu sehen sind. Bei Betrachtung von Tab. 56 wird klar, dass sowohl die Bekanntheit von VT als auch die Zustimmung zu VT eine hohe Ladung auf den ersten Faktor einer explorativen Faktorenanalyse haben, gleichwohl sich diese Konstrukte inhaltlich voneinander unterscheiden (vgl. 6.1.5.4 bzw. 6.2.5.4). Interessant ist zudem, dass dieselben Faktoren oft Einfluss auf Bekanntheit und Zustimmung haben, jedoch in unterschiedlicher Richtung, so bei Geschlecht, Alter und Gläubigkeit. Die Tatsache, dass die Unterscheidung zwischen diesen beiden Konstrukten bisher nicht systematisch forciert wurde, liefert einen Ansatzpunkt dafür, warum die bisherige empirische Befundlage zum Geschlecht als Einflussfaktor uneinheitlich ist (vgl. 4.5.5).

Lediglich bei der Variablen „Extremismus" zeigt sich ein gleichgerichteter, positiver, signifikanter Einfluss, sowohl auf die Bekanntheit von als auch auf Zustimmung zu VT.

7.1.1 Verschwörungskenner, -gläubige und unerklärte Varianz

Die Ergebnisse lassen in Bezug auf Verschwörungstheorien zwei idealtypische Extremgruppen unterscheiden: Kenner und Gläubige, die nachfolgend näher beschrieben werden (Tab. 56). Außerdem fällt auf, dass die betrachteten soziodemografischen Merkmale mitnichten geeignet sind, die entstehende Varianz hinreichend zu beschreiben.

7.1.1.1 Kenner

Personen, die viele VT kennen, sind männlich und kommen aus verschiedenen Bildungsschichten. Sie leben alleine bzw. haben keinen Partner (vgl. 6.4.10). Alter und Religiosität dieser Personen sind zwar keine allzu wichtige Einflussfaktoren (Signifikanz bei Einzeltestung, aber nicht in der Regressionsanalyse, vgl. 6.4.7, 6.4.12 bzw. 6.4.13ff), werden diese jedoch hinzugezogen, so sind die Kenner eher ältere Personen. In vorliegender Arbeit lag der Cut-off der beiden Gruppen bei 35 Jahren.
Kenner sind zudem öfter politische Extremisten, wobei hier nicht zwischen links- und rechtsradikalen Positionen unterschieden wurde (vgl. 6.4.8). Zudem sehen sich Kenner nicht als religiös oder gläubig an.

6,5% der Varianz des Kennens von VT wird allein durch das Geschlecht aufgeklärt. Im Zusammenspiel mit den Faktoren Einsamkeit und Extremismus erhöht sich die Varianzerklärung auf 9,4%.

Die Verbindung „männlich“, „einsam“ und „extremistisch“ erfüllen in vorliegender Befragung 15 Personen (1,31%). Auf diese entfällt ein $M = 59{,}65\%$ ($SD = 13{,}34\%$) für die Bekanntheit vs. einem $M = 43{,}62\%$ ($SD = 14{,}51\%$) für die Personen bei denen diese Trias nicht vorlag ($N = 843$)[58].
Der allgemeine Mittelwert lag bei 44,46% Bekanntheit bei einer *SD* von 15,24% ($N = 1143$; vgl. 6.1.3)

[58]Dabei blieben solche Personen unberücksichtigt, die keine Angaben zu einem oder mehreren der drei Merkmale gemacht hatten.

7.1.1.2 Gläubige

Personen, die vielen VT zustimmen, sind weiblich und kommen aus niedrigeren Bildungsschichten. Sie sind eher jung und sehen sich als gläubig/ religiös an. Anders als VT-Kenner sind VT-Gläubige nicht überdurchschnittlich einsam. Dieser Faktor hat hier keinen Einfluss.

Auch unter den VT-Gläubigen finden sich überdurchschnittlich stark politische Extremisten. Der politische Extremismus ist dabei die wichtigste Determinante des starken Verschwörungsglaubens, gefolgt von (religiöser) Gläubigkeit, Alter, Bildungsniveau und Geschlecht. Dabei beträgt die erklärte Varianz alleine durch den Extremismus 5,7%, gegenüber 14,5% bei Berücksichtigung aller fünf benannten Faktoren (vgl. Tab. 54).

Die Verbindung von „extremistisch", „gläubig", „jünger", „niedrige Bildung" und „weiblich" erfüllt in vorliegender Untersuchung keine Person, sodass eine Betrachtung, wie bei der Bekanntheit, für die Zustimmung zu VT nicht möglich ist. Hintergrund ist die geringe Anzahl der Personen, die die Kriterien „extremistisch" (*N* = 56) und „niedrigere Bildung" (*N* = 78) erfüllen.

7.1.1.3 Unerklärte Varianz

Die Differenzierung zwischen VT-Kennern und VT-Gläubigen erfasst zwar die Faktoren, die sich im Rahmen dieser Arbeit als signifikant erwiesen haben, doch ist zu beachten, dass diese nicht mehr als 9,4% (Bekanntheit) bzw. 14,5% (Zustimmung) der Varianz erklären und somit keine Modelle sind, die eines der beiden Konstrukte hinreichend beschreiben.

Die erhobenen/ betrachteten soziodemografischen Merkmale reichen offensichtlich bei weitem nicht aus, um vorherzusagen, ob eine Person viele VT kennen bzw. glauben wird. Dies mag zum einen der unzureichenden Varianz innerhalb der soziodemografischen Merkmale geschuldet sein, die letztendlich aus einer Verzerrung der Stichproben resultiert (vgl. 7.6). Darüber hinaus liegt nahe zu vermuten, dass andere als die erhobenen Merkmale maßgeblich sein könnten. Möglicherweise ist die Suche nach geeigneten vorhersagenden Merkmalen besser im Bereich der Persönlichkeitsstruktur zu führen, wie dies Whitson & Galinsky (2008; vgl. 3.9) hinsichtlich des „locus of control" erfolgreich getan haben.

Zukünftige Forschung sollte eine stärkere Betrachtung solcher Korrelationen durchführen, wobei die gefundenen Prädiktoren helfen können, gerichtete Hypothesen der Persönlichkeitskonstrukte zur Bekanntheit von bzw. der Zustimmung zu VT zu formulieren.

7.1.2 Probleme der Betrachtung des Zusammenhangs

Die dargestellte Sichtweise der Korrelation behandelt die beiden getrennten Stichproben so, als seien in beiden dieselben Personen. Allein mit Blick auf die unterschiedliche Personenzahl ist dies nicht der Fall, da fast doppelt so viele Datensätze in den Fragebogen zur Bekanntheit eingingen wie in den Fragebogen zur Zustimmung (1143 zu 699; vgl. Tab. 44).
Allerdings konnte durch die Auswertung der E-Mail-Adressen gezeigt werden, dass 26,92% (Fragebogen zur Bekanntheit) bzw. 33,20% (Fragebogen zur Zustimmung) der Personen, die ihre E-Mail angaben, in beiden Fragebogen identisch waren. Bezogen auf die Gesamtstichprobe verringert sich aber der Anteil der Personen, die sicher beide Fragebogen ausgefüllt haben auf 7,34% (FB zur Zustimmung) bzw. 12,02% (FB zur Bekanntheit).

Vergleicht man die beiden Stichproben genauer fällt auf, dass beide männerlastig und im Durchschnittsalter nur 1,6 Jahre auseinander sind (*SD* von 10,9 bzw. 12,5 Jahren), was für einen ähnlichen Altersbereich spricht. Ebenso ähneln sich die Stichproben beim Wohnort (über 92% aus Deutschland), der Haushaltsgröße (Differenz beträgt 0,44 bei jeweils knapp dreifacher *SD* in beiden Erhebungen), dem Ausmaß der Gläubigkeit (32,3% zu 32,2%) sowie der politischen Präferenz[59]. Deutlicher ist der Unterschied beim Familienstand sowie bei der Anzahl der Menschen mit Kindern, die im Fragebogen zur Zustimmung um 11,6% höher ist. Dabei ist das Mehr an gebundenen Personen mit Kindern in der Erhebung zur Zustimmung zu VT möglicherweise durch das leicht höhere Alter zu erklären.

Die Unterschiedlichkeit der Stichproben der beiden Erhebungen ist der freien Verbreitung im Internet geschuldet (vgl. 5.3ff). Allerdings sind die oben beschriebenen Effekte der beiden Stichproben stabil und spielen sich meist auf hohen Signifikanzniveaus ab. Das spricht zusammen mit der großen Stichprobengröße dafür, dass die Effekte nicht notwendigerweise stichprobenabhängig sind, zumal sie auch den Absolutwerten nach deutlich sind (Tab. 56).
Somit kann zwar die Betrachtung der Korrelation von Bekanntheit von und Zustimmung zu VT kritisiert werden, aber nicht die Feststellung der Einflussfaktoren innerhalb der einzelnen Erhebungen.

7.1.3 Fünf zentrale Items

Im Rahmen der explorativen Faktorenanalysen zeigten sich starke erste Faktoren (vgl. 6.4.4), wobei dieser im Falle des Fragebogens zur Bekanntheit von VT neun Items (vgl. Tab. 26) und bei der Zustimmung[60] zu VT 20 Items umfasst (vgl. Tab. 43).

Fünf Items laden dabei in beiden Erhebungen auf dem ersten Faktor, nämlich „HAARP“, „Nazi-UFOs“, „Chemtrails“, „Alien-Kontakt“ und „Mond-Basen“.

Diese Items wurden in einer schrittweisen Regressionsanalyse sowohl als Prädiktoren für den Mittelwert der Bekanntheit von VT als auch den Mittelwert der Zustimmung zu VT betrachtet (analog zu 6.4.13). In beiden Fällen wurden alle fünf Items als signifikante Prädiktoren ($p < 0,001$) eingeschlossen.

---

[59] Alle Merkmale können zusammengefasst in Tab. 44 betrachtet werden

[60] Es sei auf den Ausschluss von 32 Items in dieser Faktorenanalyse hingewiesen (vgl. 6.2.5.1)

Tabelle 57. Modellzusammenfassungen der schrittweisen Regressionsanalyse von fünf Items auf die Bekanntheit von Verschwörungstheorien

Modell	Einflussvariablen	*R*	*R*-Quadrat	Korrigiertes *R*-Quadrat	Standardfehler des Schätzers
1	(Konstante), Nazi-UFOs	0,746	0,557	0,556	10,921
2	(Konstante), Nazi-UFOs, Alien-Kontakt	0,820	0,672	0,671	9,402
3	(Konstante), Nazi-UFOs, Alien-Kontakt, HAARP	0,840	0,706	0,704	8,911
4	(Konstante), Nazi-UFOs, Alien-Kontakt, HAARP, Chemtrails	0,856	0,733	0,730	8,510
5	(Konstante), Nazi-UFOs, Alien-Kontakt, HAARP, Chemtrails, Mond-Basen	0,862	0,744	0,740	8,345

Bei der Bekanntheit zeigte sich als stärkster Prädiktor das Item „Nazi-UFOs“ mit einer Varianzerklärung von 25,8% und bei der Zustimmung das Item „HAARP“ mit 55,6% erklärter Varianz. Hinsichtlich der Bekanntheit erklären diese fünf Items insgesamt 44,8% der Varianz und hinsichtlich der Zustimmung sogar 74,0% (vgl. Tab. 57 und Tab. 58).

Tabelle 58. Modellzusammenfassungen der schrittweisen Regressionsanalyse von fünf Items auf die Zustimmung zu Verschwörungstheorien

Modell	Einflussvariablen	*R*	*R*-Quadrat	Korrigiertes *R*-Quadrat	Standardfehler des Schätzers
1	(Konstante), HAARP	0,746	0,557	0,556	10,921
2	(Konstante), HAARP, Alien-Kontakt	0,820	0,672	0,671	9,402
3	(Konstante), HAARP, Alien-Kontakt, Nazi-UFOs	0,840	0,706	0,704	8,911
4	(Konstante), HAARP, Alien-Kontakt,	0,856	0,733	0,730	8,510

Modell	Einflussvariablen	*R*	*R*-Quadrat	Korrigiertes *R*-Quadrat	Standardfehler des Schätzers
	Nazi-UFOs, Chemtrails				
5	(Konstante), HAARP, Alien-Kontakt, Nazi-UFOs, Chemtrails, Mond-Basen	0,862	0,744	0,740	8,345

Die Beta-Gewichte fallen sämtlich positiv aus. Sollte in Zukunft ein vereinfachter, kürzerer Fragebogen, bspw. für Bekanntheit von und Zustimmung zu VT gemeinsam, angestrebt werden, erscheint die Verwendung dieser fünf Items als notwendig und gerade für die Zustimmung als hinreichend, da hierdurch mehr als Dreiviertel der Gesamtvarianz erklärt werden.

In der Verdichtung ergibt sich für dieses „Pentagon der Verschwörungstheorien" hinsichtlich der Bekanntheit ein Mittelwert von 27,62% (*SD* = 29,70%) und für die Zustimmung ein Mittelwert von 14,88% (*SD* = 19,51%).

7.1.4 Einsamkeit und Verschwörungsglauben

Als Verschwörungsglauben soll nun nur noch die Zustimmung zu VT verstanden werden.

Entgegen der landläufigen Meinung hat Einsamkeit keinen Einfluss auf die Zustimmung zu VT (vgl. 6.4.10). Es kann eingewendet werden, dass das Konstrukt „Einsamkeit" nicht wie in der Untersuchung von Goertzel (1994; vgl. 3.4), über einen eigenen Fragebogen erhoben, sondern von der Anzahl der Personen im Haushalt abgeleitet wurde. Es wurde aber darauf geachtet, möglichst eindeutige Extremgruppen dadurch zu erhalten, dass alleine aber in Partnerschaft lebende Personen nicht als „einsam" angesehen wurden und Zwei-Personen-Haushalte völlig unberücksichtigt blieben, um einen besseren Gruppenkontrast zu kreieren. Interessant ist, dass diese Gruppenvariable bei der Bekanntheit von VT zu einem signifikanten Ergebnis führte (vgl. Tab. 56). Wahrscheinlich leitet sich das Klischee des einsamen Verschwörungsgläubigen von dem Faktum ab, dass einsame Menschen sich mehr mit VT beschäftigen. Diese Beschäftigung wird aber wohl als Zustimmung missinterpretiert. Die längere Beschäftigungsdauer kann trivial daran liegen, dass einsame Menschen schlicht mehr Zeit haben, sich aus Neugierde mit verschiedenen Themen zu beschäftigen, die nicht unmittelbar tagesaktuell oder -relevant sind. Hingegen ist bei Personen, die nicht alleine sind, zu erwarten, dass diese sich im wesentlich geringeren Maße mit Theorien auseinander setzen, denen sie nicht zustimmen und die keinen unmittelbaren Nutzen für ihren Alltag erbringen.

Interessant wäre zu erheben, ob objektives Alleinsein, wie in der vorliegenden Arbeit, oder subjektiv empfundene Einsamkeit, wie bei Goertzel (1994), ein besserer Prädiktor für das Kennen von Verschwörungstheorien ist und inwiefern die subjektive Einsamkeit u.U. doch einen Einfluss auf den Verschwörungsglauben hat. Der Autor geht von Letzterem nicht aus: Seinen subjektiven Erfahrungen nach, sind stark verschwörungsgläubige Personen eher als „missionarische" Aufklärer stark an sozialer Interaktion interessiert, was zu den Befunden dieser Arbeit passt.

7.2 Wie verhält sich der Verschwörungsglauben allgemein?

Insbesondere ausgehend von den Darstellungen von Goertzel (1994) wurde in vorliegender Arbeit betrachtet, wie sich Verschwörungsglauben insgesamt verhält. So ging dieser davon aus, dass man es beim Verschwörungsglauben mit einer allgemeinen Weltsicht zu tun habe. Daraus wurden bei Goertzel (1994) sowie in dieser Arbeit Vorhersagen zur positiven Korrelation der Zustimmungswerte untereinander (vgl. 4.3) sowie eine hohe Ladung auf den ersten Faktor im Rahmen einer Faktorenanalyse (vgl. 4.4) abgeleitet.

Andere Autoren (vgl 4.2) gingen zudem davon aus, dass der Verschwörungsglaube eine generelle menschliche Tendenz sei, unterließen jedoch explizite empirische Prüfungen, die sich mit der Frage nach der konkreten Ausgestaltung dieser Tendenz in einer gegebenen Population beschäftigte. Deswegen wurde in vorliegender Arbeit geprüft, wie sich der Glaube an Verschwörungstheorien in der gegebenen Stichprobe verteilt (vgl. 4.2).

7.2.1 Zur Art der Verteilung der Zustimmungswerte

Die Verteilung der Messwerte zur Zustimmung zu VT ist weit davon entfernt, einer Normalverteilung zu folgen (vgl. 6.4.2). Sowohl mathematisch als auch per Augenschein ist die Abweichung signifikant. Die Verteilung ist zweigipflig mit Gipfeln bei 14% und 26% (vgl. Abb. 12). $M = 26{,}9\%$ ($SD = 16{,}38$), Median ist 25,03%, im semantischen Differential somit zwischen „sehr unwahrscheinlich" und „unwahrscheinlich" liegend (vgl. 5.1.2.2).

Die Zweigipfligkeit legt die Idee nahe, dass sich in der Gesamtstichprobe möglicherweise zwei Stichproben überlagern, die, jede für sich genommen, einer Normalverteilung folgen. Als relevantes Unterscheidungsmerkmal (vgl. Tab. 54), das zudem gleichmäßiger als die Merkmale „Extremismus", „Gläubigkeit", „ältere Person" sowie „höhere Bildung" in der Stichprobe verteilt ist, kommt das Geschlecht in Betracht. Dabei zeigt sich tatsächlich eine Normalverteilung innerhalb der weiblichen Population und eine leichte Annäherung der männlichen Population an eine solche (Tab. 59).

Tabelle 59. Test auf Normalverteilung getrennt nach Geschlechtern beim Fragebogen zur Zustimmung zu VT

Kolmogorow-Smirnow Anpassungstest			
			Mittelwert der Zustimmung zu VT
N	Männlich		389
	Weiblich		243
Parameter der Normalverteilung[a,,b]	*M*	Männlich	24,922
		Weiblich	29,147
	SD	Männlich	15,526
		Weiblich	15,118
Extremste Differenzen	Absolut	Männlich	0,096
		Weiblich	0,063
	Positiv	Männlich	0,096

Kolmogorow-Smirnow Anpassungstest			
			Mittelwert der Zustimmung zu VT
		Weiblich	0,063
	Negativ	Männlich	-0,075
		Weiblich	-0,038
Kolmogorow-Smirnow Z	Männlich		1,887
	Weiblich		0,987
Asymptotische Signifikanz (2-seitig)	Männlich		0,002
	Weiblich		0,285

a. Die zu testende Verteilung ist eine Normalverteilung

b. Aus den Daten berechnet

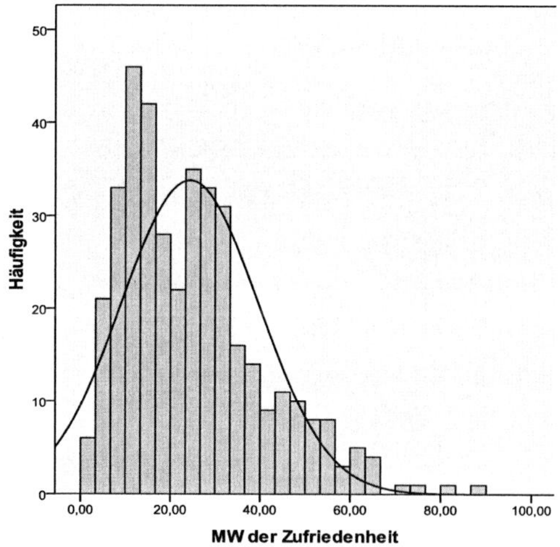

Abb. 14. Histogramm der Verteilung der durchschnittlichen Zustimmungswerte zu VT samt eingefügter Normalverteilungskurve (Teilstichprobe: nur Männer)

Während die Zustimmung zu VT bei Frauen normalverteilt ist, ist dies bei Männern nicht der Fall. Hier bleibt zudem die Zweigipfligkeit erhalten (vgl. Abb. 14). Die Abweichung von der Normalverteilung scheint somit im Wesentlichen der Überlagerung von Stichproben geschuldet zu sein, die einzeln betrachtet entweder Normalverteilung aufweisen (bei den Frauen) oder näher an der Normalverteilung sind als die Gesamtstichprobe (bei den Männern). Dies kann dann der Fall sein, wenn die Ausprägung eines Merkmals in Abhängigkeit zu einem weiteren Merkmal, hier dem Geschlecht, steht. Bekannt ist solch ein Effekt z.B. von der Bereitschaft auf Angst konditioniert zu werden, die unter Frauen höher ist als unter Männern (McLean & Anderson, 2009).

Dies beantwortet jedoch nicht die Frage nach der Zweigipfligkeit der Zustimmungsverteilung bei den Männern (vgl. Abb. 14). In der Unterstichprobe der Männer kann kein anderes erhobenes Merkmal die Zweigipfligkeit hinreichend erklären.

7.2.2 Zur Korrelation der VT untereinander und zum Ergebnis der Faktorenanalyse

Während die Ergebnisse zur Frage der Normalverteilung eher uneinheitlich sind, ist dies bei der Frage nach der Korrelation der Zustimmungswerte zu den VT untereinander anders. Fast alle Korrelationen sind positiv und hoch signifikant (99,04%; vgl. 6.4.3). Keine der Korrelation fällt negativ aus und 13 von 4465 Korrelation sind positiv aber nicht signifikant. Diese Betrachtung folgte der Argumentation von Goertzel (1994, vgl. 3.4), die auf der Idee aufbaut, dass bei einem verschwörungsgläubigen Weltbild die Wahrscheinlichkeit zur Zustimmung zu Verschwörungstheorien insgesamt steigt, unabhängig davon, wie die einzelne Verschwörungstheorie lautet. Dem stimmt der Autor auf Grundlage seiner Werte vollumfänglich zu.

Hinsichtlich der Faktorenanalyse ist anzumerken, dass beim Fragebogen zur Zustimmung zu VT 32 Items aus statistischen Gründen vor Durchführung der Faktorenanalyse entfernt werden mussten (vgl. 6.2.5.1). Für die verbliebenen Items zeigte sich eine hohe Ladung auf den ersten Faktor (34,75%; vgl. Tab. 42), was in die selbe Richtung wie der Befund der Korrelationen der Zustimmungswerte untereinander weist, auch wenn kritisch betrachtet werden kann, dass die Faktorenanalyse Inter-Itemkorrelationen nutzt, um Faktoren zu generieren, wodurch eine Nähe zur reinen Betrachtung der bivariaten Korrelationen gegeben ist.

7.3 Interpretation der extrahierten Faktoren der Faktorenanalyse

Bereits im Rahmen der Faktorenanalyse der beiden Fragebogen wurde eine inhaltliche Interpretation der extrahierten Faktoren begonnen, deren Inhalt nun wieder aufgenommen und ausgebaut werden soll (vgl. 6.1.5.4 bzw. 6.2.5.4).

7.3.1 Fragebogen zur Bekanntheit von VT

Die explorative Faktorenanalyse der Daten des Fragebogens zur Bekanntheit von VT führte zur Präferenz einer 20faktoriellen Lösung, die insgesamt knapp 33% der Varianz erklärt (vgl. Tab. 25). Dabei erklären die ersten drei Faktoren 19,01% und die ersten fünf Faktoren 23,21% der Varianz. Mehr als ein Item luden nur auf den ersten und dritten Faktor, wobei auf den ersten Faktor neun Items und auf den dritten Faktor zwei Items entfielen. Ein Item lud jedoch mit einer Ladung < 0,3 (vgl. Tab. 26).
Aus diesem Grund ist besonders die inhaltliche Betrachtung des ersten Faktors interessant. Die neun Items, die auf diesem laden, sind geordnet nach der Größe der Faktorladungen: „Neuschwabenland“, „HAARP“, „Nazi-UFOs“, „Chemtrails“, „Hohle Erde“, „Reptilien-Aliens“, „Alien-Kontakt“, „Mond-Basen“ und „9/11-Sprengung“. Fünf dieser Items laden auch beim Fragebogen zur Zustimmung zu VT auf dem ersten Faktor, während „Neuschwabenland“, „Hohle Erde“, Reptilien-Aliens“ sowie „9/11-Sprengung“ nur beim Fragebogen zur Bekanntheit von VT auf dem ersten Faktor laden (vgl. 6.2.5.3 bzw. 7.1.3).
Was die VT des ersten Faktors eint ist, dass ihre durchschnittliche Bekanntheit, mit Ausnahme von „9/11-Sprengung“, insgesamt im unterdurchschnittlichen Bereich liegt (vgl. 6.1.3). Ebenso verhalten sich alle neun Items hinsichtlich ihrer Bekanntheit (vgl. 6.2.3). Eine Übersicht hierzu bietet Tab. 60.

Tabelle 60. Mittelwerte der VT des ersten, extrahierten Faktors des Fragebogen der Bekanntheit von VT

Item	*M* (*SD*) der Bekanntheit	*M* (*SD*) der Zustimmung
Neuschwabenland	23,6% (42,5%)	14,7% (23,8%)
HAARP	19,5% (39,7%)	17,3% (26,7%)
Nazi-UFOs	35,5% (47,9%)	21,4% (28,8%)
Chemtrails	24,2% (42,9%)	12,6% (23,1%)
Hohle Erde	33,7% (47,3%)	3,9% (12,9%)
Reptilien-Aliens	18,2% (38,6%)	4,3% (14,5%)
Alien-Kontakt	37,6% (48,5%)	12,9% (22,8%)
Mond-Basen	21,2% (40,9%)	9,8% (19,3%)
9/11-Sprengung	53,1% (49,9%)	26,5% (33,4%)
Allgemeiner *M* (*SD*)	44,5% (15,2%)	26,9% (16,4%)

Alle VT auf dem ersten Faktor sind folglich eher Außenseitertheorien. Dabei verbindet sie eine Nähe zu rechtsextremer oder -esoterischer Ideologie, wie sie von Jan van Helsing v.a. in seinen frühen Werken offen verbreitet wird (van Helsing, 1993, 1995). Allerdings finden sich diese Inhalte auch in van Helsings späteren Werken (van Helsing, 1997, 2004, 2010) und bei VT-Autoren, die nicht unbedingt dem rechten Spektrum zuzuordnen sind (z.B. Icke, 2010). Auffällig ist in diesem Zusammenhang, dass solche VT, die eindeutig rechtsextrem oder antisemitisch sind, wie die „Auschwitz-Lüge", „Keine-BRD" oder „Protokolle-Zion", nicht auf diesem Faktor laden.

Eine starke Skepsis gegenüber staatlichen Einrichtungen eint somit inhaltlich diese neun VT, wobei sie eine besonders stark fantastische Gedankenwelt verbindet, die ins Rechtsextreme abrutschen kann, aber nicht muss, da alle neun VT auch ohne rechtsradikalen Hintergrund geäußert werden können. Es sind VT, bei denen man sich der politischen Gesinnung des Gegenübers nicht sicher sein kann. Was die neun VT noch verbindet, ist, dass sie sich nicht mit dem Einzelschicksalen Prominenter beschäftigen und alle relativ neu in ihrer Verbreitung sind.

Bis auf „9/11-Sprengung" haben zudem alle VT auf dem ersten Faktor die Möglichkeit einer Verbindung zu außerirdischer Deutung, wobei dies bei „HAARP" und „Chemtrails“ eine außerirdische Agenda zur Weltbeherrschung ist (Icke, 2010). Allerdings sind sie nicht im Umfeld der „Präastronautik“ einzuordnen.

Zusammenfassend sind die VT auf dem ersten Faktor der Faktorenanalyse bei der Bekanntheit von VT:

- staatskritisch,
- möglicherweise, aber nie eindeutig, rechtsextrem,
- nie im Zusammenhang zu einem einzelnen Prominenten stehend,
- in der Nähe des Glaubens an außerirdische Hintergründe,
- neueren Verbreitungsdatums.

Der Autor schlägt als Arbeitstitel für diesen Faktor „Rechtsproximalität“ vor.

7.3.2 Fragebogen zur Zustimmung zu VT

Die explorative Faktorenanalyse der Daten des Fragebogens zur Zustimmung zu VT führte zur Präferenz einer 3faktoriellen Lösung, die insgesamt knapp 41,8% der Varianz erklärt (vgl. Tab. 42). Dabei erklärte der erste Faktor alleine 34,5%, der zweite Faktor 3,9% und der dritte 3,1%. Die starke Relevanz des ersten Faktors drückt sich zudem dadurch aus, dass 20 Items auf diesem laden, während dies im Falle des zweiten Faktors drei Items und im Falle des dritten Faktors zwei Items sind.

Faktor 1: „Alien-NWO“

Der erste Faktor, auf dem insgesamt 20 VT laden, kann in zwei Bereiche unterteilt werden: einen ersten Bereich von sechs VT, die maximal auf diesem Faktor laden und weiteren 14 VT, die zwar auf dem ersten Faktor, aber mit höheren Ladungen auf anderen, zumeist Ein-Item-Faktoren laden (vgl. Tab. 43). Einen Überblick über diese VT des ersten Faktors bietet Tab. 61.

Tabelle 61. Der erste extrahierte Faktor für den Fragebogen zur Zustimmung zu VT

Item	Ladung	lädt zudem	
		auf Faktor	mit Ladung
Alien-Landung	0,885	- - -	- - -
Roswell	0,793	- - -	- - -
Präastronautik	0,790	- - -	- - -
UFO-Schweigen	0,720	- - -	- - -
Alien-Kontakt	0,719	- - -	- - -
Freie Energie	0,373	56	0,314
Freimaurer[61]	0,331	9	0,316
Dollar-Zeichen	0,373	9	0,636
Alternative 3	0,315	22	0,604
Graf-St.-Germain	0,346	28	0,634
Nazi-UFOs	0,339	39	0,564
AIDS-Waffe	0,314	42	0,592
Hitler-lebt	0,332	43	0,574
HAARP	0,319	45	0,563
Chemtrails	0,352	48	0,529
Mond-Basen	0,384	50	0,539
Trinkwasser-Drogen	0,325	51	0,470
Lady Di-Mord	0,306	52	0,451
Washington-Weißhaupt	0,301	53	0,455
Illuminaten[62]	0,365	54	0,419

Dabei scheint die inhaltliche Mischung der VT auf den ersten Blick recht vielfältig zu sein. Auf den zweiten Blick fällt jedoch auf, dass alle sechs Items mit maximaler Ladung auf diesem Faktor einen Bezug zu Außerirdischen bzw. der Raumfahrt haben. Dies kann, je nach Lesart der VT, bei den anderen 14 Items für fünf weitere VT gelten, namentlich „Alternative 3“, „Nazi-UFOs“, „Hitler-lebt“, „Mond-Basen“, „Illuminaten“.

Die VT „Freimaurer“, „Dollar-Zeichen“, „AIDS-Waffe“, „HAARP“, „Chemtrails“, „Trinkwasser-Drogen“, „Washington-Weißhaupt“ sowie „Illuminaten“ können außerdem in einem Zusammenhang zur vermuteten Weltverschwörung gesehen werden. Es gilt festzuhalten, dass diese „New World Order“ von einigen Autoren als Folge der Unterwanderung durch Außerirdische gesehen wird (so Icke, 2010).

Folgt man diesem Gedankengang, so müssten auch die VT „Graf-St.-Germain“ und „Lady Di-Mord“ hiermit in Verbindung gebracht werden. Im Falle der

[61]Lädt zudem auf Faktor 57 mit Ladung 0,319

[62]Lädt zudem auf Faktor 6 mit 0,302

verunglückten Diana ist dies vergleichsweise einfach: Nach Meinung von Icke (2010) stehen hinter den Windsors, den vermeintlichen Mördern von Diana, in Wirklichkeit Reptilienaliens. Schwieriger ist dies im Falle der VT „Graf-St.-Germain". Möglicherweise wird die Idee von Zeitreisen mit dem Zusammenspiel außerirdischer Mächte in Verbindung gebracht. Noch wahrscheinlicher erscheint die Funktion des „Grafen" als Warner vor zukünftiger Weltdiktatur, die van Helsing (2004) andeutet, ohne explizit zu werden.

Der Autor schlägt für diesen ersten Faktor den Titel „Alien-NWO" vor.

Faktor 2: „Nationalkonservativismus"

Auf dem zweiten Faktor laden, geordnet nach der Größe der Faktorladungen, die VT „Keine BRD", „Deutsches Reich" und „Möllemann-Mord" (vgl. Tab. 43). Dabei lädt „Möllemann-Mord" zwar auf diesem Faktor mit 0,301, wird jedoch besser durch eine Ein-Item-Faktor abgebildet, nämlich mit einer Ladung von 0,522. Die inhaltliche Nähe der Items „Keine BRD" sowie „Deutsches Reich" ist auffallend, da beide sich mit der vermeintlichen, juristischen Illegitimität der Bundesrepublik Deutschland beschäftigen. Beide VT sind hinsichtlich ihrer Bekanntheit und Zustimmung unterdurchschnittlich ausgeprägt, wobei „Deutsches Reich" sowohl bei der Bekanntheit von wie der Zustimmung zu VT gegenüber „Keine BRD" die höheren Werte aufweist (vgl. Tab. 62).

Tabelle 62. Mittelwerte der VT des zweiten, extrahierten Faktors des Fragebogen der Zustimmung zu VT

Item	*M* (*SD*) der Bekanntheit	*M* (*SD*) der Zustimmung
Keine BRD	24,1% (42,9%)	13,5% (25,1%)
Deutsches Reich	31,2% (46,4%)	20,5% (31,0%)
Möllemann-Mord	44,4% (49,7%)	20,0% (25,7%)
Allgemeiner *M* (*SD*)	44,5% (15,2%)	26,9% (16,4%)

Die unterschiedlichen Prozentwerte von „Keine BRD" vs. „Deutsches Reich" sprechen dafür, dass diese VT als unterschiedlich wahrgenommen werden, jedoch inhaltlich wiederum so ähnlich sind, dass sie auf einem gemeinsamen Faktor laden. Fragt man sich nun, wie „Möllemann-Mord" zu diesem Faktor passt, so können hier die Anteile der Gläubigen dieser VT sein, die dem deutschen Staat eine Mittäterschaft beim angeblichen Mord an Möllemann einräumen, vermutlich in Form einer Kooperation mit den beschuldigten israelischen Sicherheitsbehörden. Da die Items „Stammheim-Mord" und „Grams-Mord" nicht auf diesem Item laden, geht der Autor von einem rechtskonservativen Hintergrund aus, der bei allen drei VT eine Rolle spielt.

Interessant ist auch, dass sich kein direkter Zusammenhang zu antisemitischen Gedankengut wie „Auschwitz-Lüge" oder „Protokolle-Zion" findet, ebenso wenig wie zu anderen VT, in denen eine positive Einschätzung des Nationalsozialismus eine Rolle spielt, wie „Nazi-UFOs", „Neuschwabenland" oder „Heß-Mord".

Der zweite Faktor vereint somit VT, die eine Ablehnung des bestehenden deutschen Staates, vor einem nationalkonservativem, aber nicht rechtsextremen, Hintergrund, beinhalten, weswegen der Autor den Titel „Nationalkonservativismus" für diesen Faktor vorschlägt.

Faktor 3: „Unbekannter Unsinn"

Auf dem dritten Faktor laden, geordnet nach der Größe der Faktorladungen, die VT „Gates-ist-tot" und „Kalte Sonne" (vgl. Tab. 43). Dies sind die VT mit der geringsten Zustimmung. Zudem nimmt „Gates-ist-tot" den letzten und „Kalte Sonne" den drittletzten Platz bei der Bekanntheit ein. Auf Platz 94 der Bekanntheit ist die VT „Monroe-LaVey", die jedoch einen deutlich höheren Rang bei der Zustimmung[63] erreicht.

Die beiden Items dieses Faktor sind weder bekannt noch wird ihnen zugestimmt, weswegen der Autor als Titel für diesen Faktor „unbekannter Unsinn" vorschlägt.

[63]Rang 61 mit einem M = 18,7% (SD = 24,4%)

7.3.3 Faktorreliabilitäten

Der Vollständigkeit halber wird nun ein Blick auf die Faktorreliabilitäten der unter 7.3.1 bzw. 7.3.2 beschriebenen Faktoren geworfen. Dabei wird Cronbach´s Alpha berechnet (vgl. 6.1.4.3).

Für den Fragebogen zur Bekanntheit von VT ergibt sich ein Wert für den extrahierten Faktor (α = 0,810), der unterhalb dem Wert der Gesamtskala (α = 0,927) liegt. Gleichwohl ist eine recht hohe Reliabilität für den Faktor „Rechtsproximalität“ gegeben, sodass hier von einer homogenen Skala ausgegangen werden kann (vgl. Tab. 63).

Tabelle 63. Betrachtung der Reliabilitäten beim Fragebogen zur Bekanntheit von VT

Skala/ Faktor	Cronbach´s α	*N*	Berücksichtigte Datensätze
Gesamtskala des Fragebogens zur Bekanntheit von VT	0,927	95	1138
Faktor 1: „Rechtsproximalität“	0,810	9	1141

Auch für die extrahierten Faktoren bei der Zustimmung zu VT zeigt sich, dass keine Reliabilität eines Einzelfaktors besser ist als die Reliabilität der Gesamtskala, wobei der Faktor „Alien-NWO“ mit α = 0,976 einen hohen Wert erzielt, was für eine große Homogenität des Faktors spricht (vgl. Tab. 64). Es sei darauf hingewiesen, dass die Betrachtung der Reliabilität für die Faktoren 2 und 3 aufgrund der geringen Itemanzahl nur eingeschränkt sinnvoll ist.

Tabelle 64. Betrachtung der Reliabilitäten beim Fragebogen zur Zustimmung zu VT

Skala/ Faktor	Cronbach´s α	*N*	Berücksichtigte Datensätze
Gesamtskala des Fragebogens zur Zustimmung zu VT	0,990	95	26
Faktor 1: „Alien-NWO“	0,976	20	125
Faktor 2: „Nationalkonservativismus“	0,789	3	349
Faktor 3: „Unbekannter Unsinn“	0,788	2	498

7.4 Validitäten

Bereits an anderen Stelle (vgl. 6.1.4.2 bzw. 6.2.4.2) wurde eine Betrachtung von Validitäten vorgenommen. Diese soll hier vertieft werden.

7.4.1 Zur Konstruktvalidität

Unter 6.1.4.2.2 wurde bereits darauf verwiesen, dass eine Diskussion der Konstruktvalidität erst nach erfolgter Hypothesenprüfung vollständig sinnhaft ist, da nach Bortz & Döring (1995) Konstruktvalidität vorliegt, wenn aus dem „zu messenden Zielkonstrukt" abgeleitete Hypothesen statistischer Prüfung standhalten.

Obwohl die bisherige empirische Forschungslage äußert dürftig war, gelang die Formulierung von zwölf Hypothesen (vgl. 4.6). Unter Einbeziehung der erstmals explizit unterschiedenen Bekanntheit von bzw. Zustimmung zu VT entstanden 21 Vorhersagen, deren Ergebnisse in Tab. 56 unter 6.4.14 zusammengefasst sind.

Aufgrund eines Konstruktionsfehlers beim Fragebogen zur Zustimmung zu VT konnte die Hypothese zur Relevanz der Herkunft aus der DDR dort nicht getestet werden (vgl. 6.4.11). Die anderen 20 Vorhersagen konnten geprüft werden, wobei sich in 14 Fällen eine Passung ergab. Insofern scheint die Forderung von Bortz & Döring (1995) für die Konstruktvalidität erfüllt.

Außerdem wird auf die positiven Korrelationen zwischen den Ergebnissen des Autors und denen von Martin Bruder verwiesen, die für den Fragebogen zur Zustimmung zu VT mit $r = 0{,}902$ ($p < 0{,}001$, $N = 696$) höher ausfallen als für Fragebogen zur Bekanntheit von VT mit $r = 0{,}691$ ($p < 0{,}001$, $N = 1143$). Dies spricht sowohl für das Vorliegen von Konstruktvalidität wie dafür, dass die hier erhobene Bekanntheit und Zustimmung getrennte Konstrukte sind, wovon erwartungsgemäß das Konstrukt Zustimmung näher am Fragebogen von Bruder liegt (vgl. 6.1.4.2.2 bzw. 6.2.4.2.2).

7.4.1.1 Warum kein Minderheiteneffekt?

Zu den Vorhersagen, die sich nicht erfüllten, gehört der positive Effekt des Minderheitenstatus auf die Zustimmung zu VT, wie von Goertzel (1994, vgl. 3.4) beschrieben.

Das Ausbleiben dieses Effekts (vgl. 6.4.9) kann daran liegen, dass die Kodierung über eine Zweitsprache nicht passend sein mag und unter diesem Merkmal alle möglichen Gruppen ebenso kumuliert wurden, wie Personen die möglicherweise Deutsche sind, aber eine Zweitsprache erlernt haben. Insofern war das Vorgehen des Autors möglicherweise ungeeignet, um etwaige existente Effekte aufzudecken.

Denkbar ist auch, dass sich die Zugehörigkeit zu einer Minderheit nur bei bestimmten, Gruppenidentität stiftenden VT auswirkt.

Zukünftige Forschung sollte die Frage der eigenen bzw. familiären Herkunft in den Vordergrund rücken oder mit einer entsprechenden Selbstauskunft arbeiten. Zudem könnte eine Betrachtung einzelner VT und nicht des Gesamtmittelwertes erfolgen.

7.4.2 Zur Inhaltsvalidität oder: Das Definitionsproblem

Unter 6.1.4.2.1 wurde begründet, wieso der Autor von hoher Inhaltsvalidität ausgeht. Es wurde zu diesem Zweck auf die gegenständliche Definition einer VT ebenso verwiesen wie auf das Einholen von Expertenmeinungen zu den verwendeten Items (vgl. 2.3f, 5.1.1f sowie 5.1.1.3).
Im Rahmen dieser Arbeit waren die sechs Kriterien, die eine Aussage erfüllen musste, um als VT-Item aufgenommen zu werden[64]:

1. Die VT stellt den Versuch dar, ein Ereignis, einen Verlauf, eine Überzeugung oder einen Zustand durch das zielgerichtete Wirken einer Gruppe von Personen zu erklären, wobei die Gruppe mindestens zwei Personen umfasst.

[64]Die ersten beiden Merkmale sind unter 2.3.3 nachzulesen, das dritte Merkmal unter 2.3.2 und die restlichen Merkmale unter 5.1.1.1.

2. Dieses Wirken ist heimlich und in den Augen der Verschwörungsgläubigen als illegal oder illegitim einzustufen, ebenso wie eine explizite Zustimmung der Handelnden zur Teilnahme an der Verschwörung vorliegen muss.
3. Der Glaube an die VT ist nicht Ausdruck einer klinischen Störung.
4. Die VT wird ernsthaft vertreten.
5. Die VT ist aktuell.
6. Die VT steht im Gegensatz zu einer offiziellen Version.

Außerdem war dem Autor wichtig zu betonen, dass sich mit dem Begriff „Verschwörungstheorie“ keine inhaltliche Wertung, auch nicht hinsichtlich des Wahrheitsgehaltes, verknüpft.

Während die ersten beiden Merkmale konsensfähig sind, wurde das dritte Merkmal bisher nirgends explizit erwähnt. Deswegen geht der Autor davon aus, dass der bisher beschriebene Verschwörungsglaube Ausdruck normalen psychischen Erlebens ist. Einzig Neumann weist in eine andere Richtung, als er einen psychopathologischen Zusammenhang herstellt (Neumann, 2008; vgl. 3.8). In der Tat könnte eine vergleichende Betrachtung von VT-Bekanntheit und -Zustimmung bei psychisch normalen und gestörten Personen interessant sein, doch wäre die Relevanz mit Vorsicht zu genießen, da im Rahmen bestimmter Störungsbilder, wie der Paranoia, die Verfolgungsgedanken und die Überzeugung des Bestehens von Verschwörungen Definitionsmerkmale sind (Dilling et al., 2010), sodass bei einer dies nicht berücksichtigenden Analyse, die verschiedene Störungsbilder summiert, das Ausmaß des Verschwörungsglaubens bei psychisch Gestörten überschätzt werden könnte.

Das vierte Merkmal, die Ernsthaftigkeit, wird nach Eindruck des Autors in bisherigen Veröffentlichungen vorausgesetzt, ohne es explizit zu benennen. Dabei ist dieses Merkmal wichtig, um sich nicht mit etwas zu beschäftigen, das zwar wie eine VT aussieht, aber nicht mehr als ein amüsantes Gedankenspiel ist. Die Ernsthaftigkeit des Gedankengebäudes einer Verschwörungstheorie ist für den Autor eine entscheidende Eigenschaft einer „echten“ Verschwörungstheorie.

Interessant ist aber, dass als Scherz gedachte VT, wie „Alternative 3“ in ihrer Rezeption ernst genommen werden können.

Die Aktualität einer Verschwörungstheorie, das fünfte Merkmal, ist eine Forderung, die dem zeitlichen Horizont der generellen Existenz von VT gerecht wird und ebenfalls bisher kaum Beachtung fand. Natürlich kann es von historischem Interesse sein, VT zu betrachten, die heute unbekannt sind oder kaum Verbreitung erfahren, wie dies von Biberstein (2002) oder Grüter (2006) tun. Allerdings ist für die heutige empirische Forschung von solchen VT kein Erkenntnisfortschritt zu erwarten.

In der Tat könnte jedoch die Langzeitbetrachtung von VT von Interesse sein, um nachzeichnen zu können, wie sich Bekanntheit und Zustimmung über die Zeit verändern und ob es prototypische Verläufe gibt. Auch wenn dies nicht das Ziel der vorliegenden Arbeit war, so bietet doch die Vielzahl der hier betrachteten VT und die weite Streuung ihrer Bekanntheit und Zustimmung hierfür einen guten Ausgangspunkt.

Die Betrachtung heute mittlerweile unbekannter VT sollte die Psychologie hingegen nach Meinung des Autors anderen Disziplinen, z.B. der Geschichtswissenschaft, überlassen.

Seit der Genese der vorliegenden Itempools sind neue VT entstanden, die bei zukünftiger Empirie betrachtet werden könnten. Dabei handelt es sich um Verschwörungstheorien

- zur angeblichen Vortäuschung des eigenen Todes durch Michael Jackson,
- zum Mord an Whitney Houston,
- zur geheimen Agenda von US-Präsident Barack Obama,
- zu den Personalausweisen der Einwohner Deutschlands,
- zur Vertuschung der Wahrheit des Weltuntergangs am 21.12.2012[65],

[65]Diese VT sollten sich durch das Verstreichen der Zeit selbst als wahr oder falsch erweisen.

- zu den Hintergründen der Bankenkrise bzw. der Schuldenprobleme in der EU,
- zu den Gründen des Sinkens der Titanic[66].

Diese Aufzählung ist weder vollständig noch abschließend. Zukünftige Forschung sollte stets auch neue VT einschließen.

Wie unter 5.1.1.1.3 erläutert, ist die Frage wichtig, ob eine bestimmte VT als Gegensatz zu einer offiziellen Version von Geschehnissen im weitesten Sinne betrachtet werden kann. Dieses sechste Merkmal einer hier betrachteten VT wird wohl am meisten zum Widerspruch reizen. Es wird notwendig, da der Autor, wie oben ausgeführt, bei der Mehrheit der VT keine Beurteilung bezüglich des Wahrheitsgehalts vornimmt.

Bisher wurde als „Verschwörungstheorie" jedoch diejenige Theorie definiert, die für falsch erklärt wurde, woraus sich der negative Beiklang des Begriffs ableitet (vgl. 2.3 bzw. 3.2). Dadurch wiederum kann dieser Begriff als Schlagwort genutzt werden, um die Meinung des Andersdenkenden zu diskreditieren, da eine Auseinandersetzung mit einer anscheinend ohnehin falschen Theorie wenig ratsam scheint. Die unter 3.1 wiedergegebene Anmerkung von Jaworski (2001) zur „Zwielichtigkeit des Untersuchungsfeldes" wird wohl letztlich auf dieser negativen Konnotation des Begriffes beruhen.

Um VT vorurteilsfrei und unvoreingenommen betrachten zu können, hat sich der Autor von der Bewertung des Wahrheitsgehalts gelöst. Gleichwohl hat er an einigen Stellen antisemitische, volksverhetzende VT, wie die „Auschwitz-Lüge" zurückgewiesen. Er ist allerdings der Meinung, dass solche VT unter den 95 betrachteten VT nur einen kleinen Teil ausmachen, und vorschnell und fälschlich geurteilt würde, wenn diese Einordnung den VT generell übergestülpt würde.

---

[66]Eher ein „Revival" zum Jahrestag des Schiffsunglückes als eine „neue" VT.

Akzeptiert man jedoch das definierende Merkmal des Gegensatzes zu den Darstellungen einer offiziellen Stelle, so wird es u.U. problematisch zu erklären, was denn genau die geeignete offizielle Stelle ist. In der vorliegenden Arbeit hat der Autor diejenigen Stellen gewählt, die unmittelbar von einer VT betroffen waren, seien es Kirchen, Prominente, Industrien, Firmen oder Regierungen. Dies scheint ein gutes operationales Vorgehen zu sein. Allerdings kann es an seine Grenzen stoßen, wenn verschiedene offizielle Stellen, bspw. verschiedene Staaten, über die Frage der Stellung zu einer VT uneins sind. So bezeichnet zwar eine Mehrheit der Staaten den Holocaust an den Juden als historisches Faktum, nicht jedoch die Regierung des Iran.

Insgesamt gesteht der Autor ein, dass die hier genutzte Definition einer VT nicht ohne inhaltliche Probleme ist und er von gängigen Definitionen zumindest in einem Punkt (Gegensatz zur offiziellen Deutung) abgewichen ist. Hinzu kommt eine Erweiterung der bisherigen Definition um zwei weitere Punkte (Ernsthaftigkeit & Aktualität).

Andererseits erscheinen feine Abstufungen der Begrifflichkeiten, wie „Verschwörungsideologie“ vs. „Verschwörungsmythos“ (Pfahl-Traughber, 2002; vgl. 3.5) oder „Zentralsteuerungshypothese“ vs. „wahnhafte Verschwörungsideologien“ (vgl. 2.3.1) artifiziell. Darüber hinaus zeigt sich ein enger Zusammenhang der hier hergeleiteten VT zu bisheriger empirischer Forschung (vgl. 7.4.1).

Zukünftige Forschung sollte prüfen, ob die genaue inhaltliche Ausdifferenzierung des Begriffs „Verschwörungstheorie“ in der empirischen Wirklichkeit überhaupt Relevanz besitzt.

7.5 Repräsentativität der Stichproben

Um eine Übertragbarkeit der Ergebnisse einer empirischen Erhebung auf die Grundgesamtheit sicherzustellen, was als „externe Validität“ bezeichnet wird, soll die erhobene Stichprobe möglichst repräsentativ für die Grundgesamtheit sein. Das bedeutet, dass sie in zentralen Merkmalen, von denen ein Einfluss auf das Zielkonstrukt erwartet wird, vergleichbare Relationen wie die Grundgesamtheit aufweisen soll (Bortz & Döring, 1995).

Unter 6.3 bzw. 7.1.2 fand bereits eine Betrachtung der Problematiken des Ziehens unabhängiger Stichproben im Rahmen dieser Arbeit statt. Die gewonnenen Stichproben wurden unter 6.1.2ff. bzw. 6.2.2ff. genauer beschrieben sowie verdichtet in Tab. 44 dargestellt.

Vergleicht man nun die erhobenen Stichproben hinsichtlich einiger Merkmale mit der Grundgesamtheit in Deutschland, fallen Verzerrungen ins Auge (vgl. Tab. 65).

Tabelle 65. Vergleich einiger Merkmale der deutschen Grundgesamtheit zu den beiden gezogenen Stichproben

	Deutschland[67]	Fragebogen zur Bekanntheit von VT	Fragebogen zur Zustimmung zu VT
M des Alters	44,2 Jahre	32,9 Jahre	34,5 Jahre
Geschlecht	50,9% weiblich	43,2% weiblich	38,4% weiblich
Schulabschluss	39,4% (Fach)Abitur[68]	69,8% (Fach)Abitur[69]	82,3% (Fach)Abitur[70]
Religion	29,2% evangelisch	29% evangelisch	31,3% evangelisch
Familienstand	42,8% verheiratet	22,5% verheiratet	31,6% verheiratet

Die Verzerrungen sind auf die Erhebung im Internet und auf die dort genutzten Verbreitungswege zurückzuführen (vgl. 5.3). Es stellt sich die Frage, inwiefern diese zu jungen, zu hoch qualifizierten und politisch zu stark links ausgerichteten sowie übermäßig männlichen Stichproben, Schlüsse auf die Grundgesamtheit der Bevölkerung erlauben.

An dieser Stelle kam dem Autor der Zufall zur Hilfe. Im Rahmen einer Kooperation mit dem Magazin „Welt der Wunder" im Jahr 2011 stellte sich heraus, dass

[67]Quellen: Alters: RP-Online (2012), Geschlecht: Statistisches Bundesamt (2012), Schulabschluss: Statistisches Bundesamt (2012b), Religion & Familienstand: Statistisches Bundesamt (2012c)
[68]Inklusive (Fach)Hochschulabschlüssen
[69]Vgl. Tab. 34.
[70]Vgl. Tab. 17.

dieses Magazin bereits im November 2010 eine repräsentative Befragung zum Thema „Verschwörungstheorien“ durch das Meinungsforschungsinstitut „TNS Emnid“ durchführen ließ.[71]

Insgesamt wurden von TNS Emnid zehn VT hinsichtlich ihrer Zustimmung überprüft. Die Zustimmung wurde stets über die einleitende Frage „Glauben Sie, dass...“ erhoben, wobei drei Antwortmöglichkeiten vorgegeben waren: „Ja“, „Nein“, „Weiß nicht/Keine Angabe“. Die Stichprobe umfasste 1005 Personen. Ohne Wissen des Autors wurden einige Items seiner Fragebogen als Grundlage für die Items der TNS Emnid-Befragung genutzt, sodass ein Vergleich seiner Ergebnisse mit der repräsentativen Umfrage im Auftrag von „Welt der Wunder“ möglich war.

Dabei sind die Items zwar im Detail unterschiedlich, betreffen aber in einigen Fällen denselben Sachverhalt. Bei fünf der zehn betrachteten VT war so eine Gegenüberstellung möglich (vgl. Tab. 66).

Tabelle 66. Vergleich der Zustimmungsraten zu einigen VT mit den Ergebnissen einer TNS Emnid-Umfrage

VT-Item	Repräsentative TNS Emnid-Umfrage	Fragebogen zur Zustimmung zu VT	Differenz
9/11-Lüge	89,5%	51,7%	+ 37,8%
JFK	73,7%	52,3%	+ 21,4%
Erdkontrolle	39,1%	29,5%	+ 9,6%
Klima-Schwindel	28,2%	20,3%	+ 7,9%
Apollo-Hoax	25,2%	26,7%	- 1,5%
Quelle: TNS Emnid-Umfrage im Auftrag der Bauer Programm GmbH, Redaktion „Welt der Wunder“[72]			

Zunächst ist festzustellen, dass die Rangfolgen der Zustimmungsraten in beiden Datenerhebungen gleich sind, was dafür spricht, dass mögliche Stichprobenverzerrungen zwar den absoluten Wert der Zustimmung verfälscht ha-

[71] Aus urheberrechtlichen Gründen finden sich die Details der Studie nicht in dieser Arbeit, können aber beim Autor erfragt werden.
[72] Vereinbarte Form der Zitation, wenn auch abweichend von wissenschaftlicher Zitation

ben, weniger aber die Rangreihe der Zustimmungsraten. Dann fällt auf, dass die Ergebnisse der TNS Emnid-Befragung gleich groß oder höher ausfallen, wobei das Ausmaß der Differenzen zwischen den Ergebnissen mit dem Ausmaß der Zustimmung positiv zu korrelieren scheint.
Hierfür scheinen mehrere Gründe verantwortlich zu sein.

Das Antwortformat hat sicherlich Auswirkungen auf den jeweiligen Prozentwert der Zustimmung. Während der Autor mit einer mehrstufigen Prozentskala arbeitete (vgl. 5.1.2), gab es in der TNS Emnid-Umfrage nur die Möglichkeit dichotom seine Zustimmung zu äußern bzw. zurückzuweisen[73]. Ein gleich großer Zustimmungswert wäre bei diesen beiden unterschiedlichen Skalen dann zu erwarten, wenn Personen bis zu einem Wert von 50%iger Zustimmung mit „Nein" hinsichtlich ihres Glaubens an eine bestimmte VT und ab Werten von über 50%iger Zustimmung bis zu 100% Zustimmung mit „Ja" antworten würden.

Vergleicht man jedoch die bei TNS Emnid erzielten Ergebnisse mit denen der vorliegenden Arbeit im Detail (Tab. 67), liegt die Vermutung nahe, dass sich mit zunehmender durchschnittlicher Zustimmung zu einer VT die Schwelle zur Beantwortung der Frage nach dem Glauben mit „Ja" dergestalt verschiebt, dass ein absolut immer kleineres Ausmaß an prozentualer Zustimmung vorliegen muss, um bejahend zu antworten.

Tabelle 67. Häufigkeitsverteilung der Zustimmungswerte von fünf VT im Vergleich zu Zustimmungsquoten im Rahmen einer repräsentativen TNS Emnid-Umfrage (im Auftrag Bauer Programm GmbH, Redaktion „Welt der Wunder")

	Kumulierte, gültige Prozente				
Gewählte Zustimmung zur VT	9/11-Lüge	JFK	Erdkontrolle	Klima-Schwindel	Apollo-Hoax
0	12,3	6,4	39,2	46,4	36,7
10	23,4	17,2	52,9	62,3	52,7
20	30,3	26,1	59,2	69,1	58,1
30	36,5	32,3	63,5	75,7	64,6
40	40,4	38,1	66,6	79,1	69,6

[73]Dabei wurde variiert, ob mit „Ja" oder „Nein" Zustimmung zur VT ausgedrückt wurde. Um die Lesbarkeit des Nachfolgenden zu erhöhen, wird dies jedoch nicht explizit im weiteren Verlauf betont.

	Kumulierte, gültige Prozente				
Gewählte Zustimmung zur VT	9/11-Lüge	JFK	Erdkontrolle	Klima-Schwindel	Apollo-Hoax
50	52,3	50,8	74,0	87,5	81,4
60	59,0	61,9	79,5	90,3	86,5
70	66,8	71,1	84,6	93,2	90,7
80	76,7	80,9	90,5	95,2	94,9
90	84,9	92,1	94,6	97,7	97,8
100	100,0	100,0	100,0	100,0	100,0
grau unterlegt: Zustimmungsraten bis zu denen, bei äquivalenten Ergebnissen einer TNS Emnid-Befragung, mit einem „Nein" hinsichtlich der Zustimmung geantwortet wurde					

Dies bedeutet, dass bei der VT mit der höchsten durchschnittlichen Zustimmung aus Tab. 66, nämlich „9/11-Lüge", jede von Null verschiedene Zustimmung zu einem „Ja" führt, während bei „Apollo-Hoax" ein Wert von über 40% Zustimmung übertroffen sein muss, um ein „Ja" auszulösen (dies wird in Tab. 67 durch die dunkelgraue Färbung wiedergegeben).

Der Effekt stellt sich so dar, als wäre eine VT, der stark zugestimmt wird, dadurch gekennzeichnet, dass ein geringes Ausmaß an absoluter Zustimmung erzielt sein muss, um sich als Anhänger dieser VT zu bezeichnen. Zu untersuchen, wie solch eine Schwellenreduktion ablaufen könnte, lag außerhalb der Fragestellungen der vorliegenden Arbeit. Es ist aber wahrscheinlich, dass dies zumindest teilweise durch eine Verfälschung im Sinne sozialer Erwünschtheit erklärt werden kann (Bortz & Döring, 1995), d.h. bei einer einfachen dichotomen Skala tendieren die Befragten dazu, diejenige Antwort auszuwählen, von der sie wissen, dass die Mehrheit der Befragten ihr zustimmen wird. Auf dieser Grundlage sollte bei dichotomer Antwortmöglichkeit das Ausmaß der Zustimmung bei positiver Antwort überschätzt und bei negativer Antwort unterschätzt werden. Letztendlich sollte dies dazu führen, dass bei einfacher dichotomer Selbstzuschreibung Verschwörungsglauben nicht normalverteilt, sondern als Extremgruppenmerkmal erscheint.

Dementsprechend scheint es für die zukünftige Forschung sinnvoller, mit Prozentwerten zur Zustimmung als mit einer einfach dichotomen Antwort zu arbeiten. Allerdings ist zu berücksichtigen, dass eine solche mehrstufige Skala das Problem der Regression zur Mitte mit sich bringen kann, sprich das Vermeiden von Extremwertangaben durch die Befragten (Bortz & Döring, 1995).

Wo der „wahre“ Wert des Glauben an die einzelnen VT liegt, bleibt somit schon aus Gründen der Skalenkonstruktion unklar.

Das im Vergleich zur repräsentativen TNS Emnid-Befragung geringere Ausmaß der Zustimmung ist wohl auch der Stichprobenverzerrung geschuldet (vgl. Tab. 65). Dabei sind die erhobenen Stichproben dahingehend verzerrt, dass diejenigen Personenmerkmale überrepräsentiert sind, die gegen den Glauben an VT sprechen, und zwar das männliche Geschlecht, nicht vorhandene Religiosität, Fehlen von extremistischem Denken und ein hoher Bildungsabschluss. Einzige Ausnahme ist das Alter der Stichprobe, das sich positiv auf Glauben an VT auswirken sollte (vgl. 7.1.1.2 & Tab. 65).

Interessant ist, dass sich im Rahmen der TNS Emnid-Befragung kein durchgängiger Geschlechtseffekt zeigt, wobei dies an der Betrachtung auf Einzel-VT Ebene liegen kann. Zukünftige Forschung sollte genauer betrachten, inwiefern es spezifische „Männer-VT“ oder „Frauen-VT“ gibt.

Zusammenfassend wird festgestellt, dass die gezogene Stichprobe verzerrt ist, jedoch schwierig abzuschätzen ist, wie stark sich diese Verzerrungen auf die Absolutwerte zu den einzelnen VT auswirken. Allein durch die gewählte Skalierung gibt es sicherlich eine Tendenz zur Mitte, die rein statistisch zu einer Unterbewertung starker Zustimmung bzw. einer Überbewertung geringer Zustimmung führt. Zudem ist die Stichprobe dergestalt verzerrt, dass sie eher zu niedrige Zustimmungswerte erzeugt. Allerdings scheint die Rangreihe der VT passend zu sein, sodass diese vielleicht relevanter als die einzelnen mittleren Zustimmungswerte ist.

7.6 Zur Funktion von VT

In vorliegender Arbeit ist der Glaube an VT per definitionem kein Ausdruck gestörten Denkens (vgl. 2.3.2 bzw. 7.4.2). Des Weiteren ist keine Dichotomität des Glauben vs. Nicht-Glaubens an VT zu beobachten, was wohl tlw. der gewählten Prozentskala geschuldet ist, die eine Regression zur Mitte wahrscheinlicher macht (vgl. 7.5).

Beim Glauben an VT zeigt sich eine Verteilung, die zwar nicht normalverteilt ist, sich aber zumindest für die weibliche Subpopulation an eine Normalverteilung annähert (vgl. 7.2.1). So stellt sich dem Autor der Glaube an VT nicht als etwas „Unnormales" dar, sondern vielmehr als Teil des alltäglichen menschlichen Erlebens und Bewertens.

7.6.1 Der Glaube an VT als Teil von Musterentdeckung

Durch die Ergebnisse zu Hypothese 12 wissen wir, dass religiös gläubige Menschen stärker an VT glauben (vgl. 4.5.8 bzw. 6.4.12). Man kann somit mutmaßen, dass sich der Glaube an VT und der Glaube im Sinne der Religiosität auf dieselben oder zumindest auf ähnliche, evolutionär bedingte Prozesse zurückführen lassen, vielleicht aus dem Bereich der Musterentdeckung.
Den Zusammenhang zwischen Musterentdeckung und dem Entstehen der Religionen führt Dawkins (2007) aus. Dabei betont er, dass das Finden von Strukturen eine für den Menschen überlebenswichtige Eigenschaft war, die sich jedoch in gewisser Weise „verselbstständigt" hat, sodass der Mensch dazu tendiert, auch dort Zusammenhänge und Muster zwischen Einzelsichtungen zu erkennen, wo diese in Wirklichkeit nicht vorhanden sind. Im Religiösen entrückt die Falsifizierbarkeit der so gebildeten Theorien und Glaubensmodelle ins Metaphysische, bei den VT hingegen oftmals in nicht zu leistende, letztendliche Würdigungen aller vom VT-Gläubigen zusammengetragenen „Fakten".

Diese Nähe des VT-Glaubens zur Religiosität liefert einen Hinweis darauf, dass ein mittleres Maß von VT-Glauben unproblematisch sein kann. Andererseits scheint aber beim VT-Glauben wie bei der Religiosität ein hohes Ausmaß dazu zu führen, dass Intoleranz gegenüber anderen Glaubenssystemen, missionarischer Eifer und Gewaltbereitschaft ausgebildet werden. Ableitbar ist zudem, dass eine grundlegende Negativwertung des VT-Glaubens, wie in Teilen bisheriger Forschung vorgenommen, wenig sinnvoll erscheint, da er Teil eines fest verankerten menschlichen Systems ist und positiven Zwecken dienen kann (vgl. 7.6.2 bzw. 7.6.3).

7.6.2 Struktur- und Sinnstiftung durch VT

Wenn sich Religionen und VT-Glaube aus derselben Quelle, nämlich der Musterfindung speisen, so sollten auch die Vorteile dieselben sein. Tatsächlich haben Whitson & Galinsky (2008) gezeigt, dass VT-Glaube zumindest mit eigener Unsicherheit zusammenhängt und dabei helfen kann, eigene Unsicherheit zu reduzieren (vgl. 3.9).

Insofern helfen VT wohl tatsächlich, Komplexität zu reduzieren und einfache Ursache-Wirkungs-Modelle herzustellen, in Übereinstimmung mit den Hypothesen von Groh (1987), Kruglanski (1987), Pipes (1998), von Biberstein (2002), Pfahl-Traughber (2002) oder Whitson & Galinsky (2008).

Dieses strukturstiftende Element von VT ist nicht problemlos auf alle VT anwendbar. Betrachtet man „Lady Di-Mord“, „Anastasia-lebt“, „Tupac-lebt“, „Monroe-Mord“ oder andere VT, die das Ableben oder vermeintliche Fortleben von Prominenten zum Gegenstand haben, so fällt es schwer, hier das strukturstiftende Moment zu erkennen. Bei solchen „Prominenten-VT“ scheint eher der Wunsch im Vordergrund zu stehen, dem Leben eines außergewöhnlichen Menschen einen außergewöhnlichen Schlusspunkt zu geben. Aus Sicht des Autors sind solche VT eher sinn- denn strukturstiftend, da sie helfen, den (vermeintlichen) Tod eines Prominenten sinnhaft in seinen bisherigen Lebenslauf zu integrieren.

Zukünftige Forschung sollte sich der Frage widmen, inwiefern der strukturstiftende Aspekt vom sinnstiftenden Aspekt einer VT abgetrennt werden kann oder inwiefern es bestimmte Personengruppen gibt, denen das ein oder andere Merkmal besonders wichtig ist.

7.6.3 Vorteil der Vorsicht vor Verschwörungen

Schließlich darf nicht vergessen werden, dass Verschwörungen tatsächlich existieren. Sie sind auch nicht nur Relikt einer fernen Vergangenheit, wie beim Komplott zur Ermordung Julius Cäsars (Grüter, 2006). Ohne Verschwörungstheoretiker wäre wohl kaum jemals die Wahrheit zur Watergate-Affäre (McConnachie & Tudge, 2005) oder den CDU-Schwarzgeldkonten (von Bebenburg & Thieme, 2010) ans Licht gekommen. Gerade in Wirtschaft und Politik können Verschwörungen für die Verschwörer sinnhaft sein, sei es bei Preisabsprachen oder Vereinbarungen zur gezielten Absetzung einzelner Politiker.

Solche Verschwörungen haben eine immer größere Aussicht auf Erfolg, je weniger Verschwörer an je wichtigeren Schaltstellen zur Ausführung der Verschwörung benötigt werden. Staaten schützen sich vor gezielten Verschwörungen gegen ihre innere Ordnung durch Nachrichtendienste, die ebenfalls im Verborgenen versuchen, Verschwörer ausfindig zu machen. Dabei erkennt der deutsche Staat sowohl Verschwörungen im Inneren, bspw. durch extremistische Ausländer, Links- und Rechtsextremisten, als auch von Außen kommend, bspw. durch Auslandsspionage anderer Regierungen, als existent an (Bundesministerium des Inneren, 2011).

7.6.4 Umgang mit VT

Schon allein unter dem Aspekt der realen Existenz von Verschwörungen erscheint eine Forderung nach der Überwindung des Glaubens an VT wenig sinnvoll. Bezieht man zudem mit ein, dass der VT-Glaube wohl letztlich evolutionären Ursprungs ist, erscheint eine Überwindung zudem wenig durchführbar (vgl. 7.6.1 bzw. 7.6.2).

Vielmehr erscheint ein gesundes, mittleres Maß an Skepsis und Misstrauen vernünftig, um sich vor realen Verschwörungen zu schützen. Doch sollte stets beachtet werden, dass eine Theorie nur solange Anspruch darauf hat, ernst genommen zu werden, wie sie falsifizierbar bleibt (vgl. 2.2).

Es sollte anerkannt werden, dass die Beschäftigung mit VT zunächst geeignet ist, den eigenen Horizont zu erweitern, da dissonante Einzelbeobachtungen wahrgenommen werden, die nicht zu einem offiziellen Deutungsmuster passen, wie z.B. die (scheinbar) wehende US-Flagge bei der Mondlandung im luftleeren Raum des Mondes. Wer solche Dissonanzen wahrnimmt, ist auf der Suche, beschäftigt sich mit dem, was Andere unhinterfragt hinnehmen. Er kann so ein tieferes Verständnis von Zusammenhängen entwickeln, so in dem angeführten Beispiel, indem er versteht, dass nicht der (nicht vorhandene) Mondwind die US-Flagge flattern lässt, sondern die auf dem Mond stärker nachschwingende Erschütterung der Flagge beim Einschlagen in den Mondsand.
Er kann aber auch ein Gläubiger der Apollo-Hoax-VT werden. Beide Wege sind zunächst legitim, da sie Deutungsmodelle der sich bewegenden US-Flagge sind.

Problematisch wird es jedoch, wenn sich der VT-Gläubige nur noch Informationen sucht, die eine Sichtweise unterstützen, die in Passung zur VT stehen und somit eine Falsifikation der VT nicht mehr möglich machen. Mitnichten ist dies jedoch ein definierendes Merkmal einer VT, wie dies verschiedentlich behauptet wird (vgl. 3.2), sondern vielmehr Ausdruck eines individuell übersteigerten Maßes von VT-Glauben bzw. von Glauben generell. Wie die vorliegende Arbeit zeigt, ist solch ein radikaler VT-Glaube nur gering verbreitet, während die meisten VT-Gläubigen nach einer Erklärung erkannter Dissonanzen suchen.

Für den Umgang mit VT erscheint es dem Autor deswegen sinnvoll, zunächst wertneutral nach den Beobachtungen und Dissonanzen zu fragen, die zum Entstehen einer VT geführt haben. Danach sollte geprüft werden, welche Modelle oder Theorien diese Dissonanzen wie gut und wie wahrscheinlich erklären. Ein Großteil des VT-Glaubens sollte dadurch reduziert werden.

Dort, wo eine Falsifikation vom VT-Gläubigen a priori ausgeschlossen wird, ist es wenig sinnvoll, Diskussionen zu führen.

7.7 Ausblick und weitere Forschung

Die Anzahl der empirischen Forscher, die sich bisher mit Verschwörungstheorien auseinander gesetzt haben, ist gering. Zwar hat sich in den letzten Jahren v.a. Karen Douglas der empirischen Annäherung an dieses Phänomen gewidmet (so Wood, Douglas & Sutton, 2012; Douglas & Sutton, 2011) und auch an anderer Stelle gibt es empirische Publikationen im angelsächsischen Bereich (so Darwin, Neave & Holmes, 2011), doch fällt nach wie vor gerade die Mangelsituation im deutschsprachigen Bereich ins Auge (vgl. 3f).

Die vorliegende Arbeit hat einen wichtigen Schritt zum Schließen dieser Lücke getan. Zwar werden mögliche Probleme in der Stichprobenziehung gesehen, doch liegt nun trotz allem die erste deutsche Studie vor, die sich mit einer Vielzahl von Verschwörungstheorien sowie deren Bekanntheits- und Zustimmungswerten beschäftigt.

Dabei ist diese Differenzierung zwischen Bekanntheit und Zustimmung ein neuer Aspekt, der zukünftig wohl kaum mehr zu vernachlässigen ist.

Auch konnte gezeigt werden, dass verschiedene Indikatoren dafür sprechen, dass der Glaube an Verschwörungstheorien kein pathologisches Merkmal, sondern stabil in der Mitte der Gesellschaft verortet ist.

Die negative Konnotation des VT-Begriffes wird auch deswegen weiterhin zurückgewiesen und für ein neues Umdenken in dieser Frage eingetreten.

Aktuelle Forschungsergebnisse unterstreichen die vertretene Schlussfolgerung, dass der Glaube an einzelne VT Ausdruck der Ausformung eines generellen VT-Glaubens ist. So zeigten Wood, Douglas & Sutton (2012), dass Personen mit einer hohen Ausprägung des allgemeinen VT-Glaubens sogar bereit sind, an sich widersprechende VT zu glauben. Weiter oben wurde zudem erläutert, wie dieser VT-Glaube mit Religiosität zusammenhängt (vgl. 7.6.1).

Auf interpersonaler Ebene konnten die fünf Einflussmerkmale Geschlecht, Extremismus, Gläubigkeit, Alter und Bildungsniveau benannt werden. Allerdings ist deren Einfluss auf die erklärte Varianz eher gering (vgl. 7.1.1).
Zukünftige Forschung sollte sich der Frage widmen, ob und wenn ja, welche interpersonalen Unterschiede diese Varianzerklärung erhöhen können. Auch hinsichtlich der aufgezeigten Merkmale besteht noch Klärungsbedarf, wie sich der Wirkzusammenhang zum VT-Glauben genau gestaltet.

Aus Sicht des Autors ist ein wichtiges Verdienst der vorliegenden Arbeit die Schaffung eines großen Itempools von 95 verschiedenen VT, zu dem nunmehr jeweils separate Daten zur Bekanntheit bzw. Zustimmung vorliegen. Unter Nutzung dieses Datenpools können in Zukunft weitere Zusammenhänge und Fragestellungen betrachtet werden. Der Autor lädt interessierte Forscher ein, mit ihnen seine Daten zu teilen.

So könnten mit dem vorliegenden Datensatz nachfolgende Zusammenhänge betrachtet werden:

- das Verhältnis einzelner VT zueinander,
- die Ausprägung einzelner VT in Abhängigkeit bestimmter soziodemografischer Merkmale,
- Veränderungen von Bekanntheit bzw. Zustimmung zu VT generell im Laufe der Zeit,
- Veränderungen von Bekanntheit bzw. Zustimmung spezifischer VT im Laufe der Zeit,
- der Einfluss der Publikation einzelner Werke (Kinofilme, Belletristik, Dokumentationen) auf die Bekanntheit bzw. die Zustimmung zu spezifischen VT,

– der Einfluss zeitgeschichtlicher Ereignisse auf die Bekanntheit bzw. die Zustimmung zu spezifischen VT.

Verschwörungstheorien sind seit Jahrhunderten Teil des Gesellschaftslebens. Sie haben ihre Daseinsberechtigung und neben einer psychologischen Funktion ab und an mehr innere Wahrheit als anfangs vermutet.

Die Wissenschaft und hier vor allem die empirische Forschung sollte sich ihnen vorurteilsfrei widmen, sie analysieren und überlegen, welche Anwendungsfelder sich aus empirisch belegten Zusammenhängen ableiten lassen.

Der Autor hofft, hierzu einen Beitrag geleistet zu haben.

8 Literatur

Allen, M. (2003). Churchills Friedensfalle. Das Geheimnis des Heß-Fluges 1941. Stegen: Druffel.

Althoff, G. *(1997).* Kann man eine Hochkultur erfinden? *Ethik und Sozialwissenschaften, 8 (4),* 483-484.

Amelang, M. & Zielinski, W. (2002). Psychologische Diagnostik und Intervention (3. Aufl.). Berlin: Springer.

Armstrong, V. (1993). Der Armstrong Report. Außerirdische und UFOs – Sie brauchen uns, wir sie nicht. Reifenberg: G. Reichel.

Aust, S. (2010). Der Baader-Meinhof-Komplex. Taschenbuchausgabe der Neuausgabe, 1. Aufl. München: Goldmann.

Aust, S. & Schnibben, C. (2003). Irak. Geschichte eines modernen Krieges. München und Hamburg: Deutsche Verlags-Anstalt und Spiegel-Buchverlag.

Awadalla, A. (2004). The Prophecy And The Warnings Shines Through The Mystifying Codes Of The Holy Quran: The Prophecy Of World War III. Victoria: Trafford Publishing.

Backes, U., Janßen, K.-H., Jesse, E., Köhler, H., Mommsen, H. & Tobias, F. (1987). Reichstagsbrand. Aufklärung einer historischen Legende. München: Piper.

Backhaus, K., Erichson, B., Plinke, W. & Weber, R. (2006). Multivariate Analysemethoden. Eine anwendungsorientierte Einführung. (11., überarb. Aufl.). Berlin, Heidelberg, New York: Springer.

Bacon, D. (1969). The Case of the 'Missing' Beatle: Paul is Still With Us. In: Life-Magazine vom 7. November 1969.

Baigent, M. & Leigh, R. (1991). Verschlußsache Jesus. Die Qumranrollen und die Wahrheit über das frühe Christentum. München: Droemer Knaur.

Baigent, M. & Leigh, R. (2000). Als die Kirche Gott verriet. Die Schreckensherrschaft der Inquisition. Bergisch Gladbach: Lübbe.

Ballard, R.D. & Dunmore, S. (2000). Das Geheimnis der Lusitania. Eine Schiffskatastrophe verändert die Welt. (2. Aufl.). München: Ullstein.

Bardeche, M. (1949). Nürnberg oder Das gelobte Land. Zürich: Kreutler [in Komm.].

Bartoschek, S. (2010). Worüber darf man überhaupt noch reden? *Winkelmaß, 1,* 58-59.

Bartoschek, S. (2011). Wie misst man Transliminalität? Eine deutschsprachige Skala zur Messung von Transliminalität. *Skeptiker, 01/11,* 10-18.

Becher, M. (1999). Karl der Große. München: Beck.

Berlitz, C. (1975). Das Bermuda-Dreieck. Wien, Hamburg: Zsolnay.

Berlitz, C. & Moore, W.L. (1993). Der Roswell-Zwischenfall. Die UFOs und der CIA. (8. Aufl.). Wien, Hamburg: Zsolnay.

Bierhoff, H.W. (2000). Sozialpsychologie. Ein Lehrbuch. (5., überarb. & erw. Aufl.). Stuttgart: Kohlhammer.

Bollinger, T. (2011). Krebs verstehen und natürlich heilen. Rottenburg: Koop.

Bortz, J. (1999). Statistik für Sozialwissenschaftler. (5., vollst. überarb. & aktual. Aufl.). Berlin, Heidelberg, New York: Springer.

Bortz, J. & Döring, N. (1995). Forschungsmethoden und Evaluation für Sozialwissenschaftler. (2., vollst. überarb. & aktual. Aufl.). Berlin, Heidelberg: Springer.

Brednich, R.W. (1996). Die Spinne in der Yucca-Palme: Sagenhafte Geschichten von heute. München: C. H. Beck.

Bröckers, M. (2002). Verschwörungen, Verschwörungstheorien und die Geheimnisse des 11. September. Frankfurt am Main: Zweitausendeins.

Brosius, F. (2004). SPSS 12. Bonn: MITP.

Brown, D. (2004). Sakrileg. Bergisch Gladbach: Gustav Lübbe.

Brown, D. (2009). Das verlorene Symbol. Bergisch Gladbach: Gustav Lübbe.

Brown, T. (2007). Diana. Die Biographie. München: Droemer.

Bühner, M. (2006). Einführung in die Test- und Fragebogenkonstruktion. (2., aktual. Aufl.) München: Pearson Studium.

Bundesamt für Verfassungsschutz. (2005). Argumentationsmuster im rechtsextremistischen Antisemitismus. Aktuelle Entwicklungen. Köln: Bundesamt für Verfassungsschutz.

Burland, C. & Forman, W. (1986). Die Azteken. Menschenherzen für die Götter. Atlantis: Luzern und Herrsching.

Burstein, D. (2004). (Hrsg.) Die Wahrheit über den Da-Vinci-Code. Das Sakrileg entschlüsselt. München: Wilhelm Goldmann.

BVerfG 2 BvF 1/73, Urteil v. 31.07.1973, NJW 1973, 1272.

Carlin, P.A. (2010). Paul McCartney – Die Biografie. Aus dem Engl. von Kirsten Borchardt. Höfen: Hannibal.

Cheney, M. (2001). Nikola Tesla. Eine Biographie. (6. Aufl.). Aachen: Omega-Verlag Bongart-Meier.

Cobain, K. (2004). Tagebücher. Hrsg. v. Drechsler, C., & Hellmann, H. Frankfurt am Main: Fischer Taschenbuch.

Cornwell, P.D. (2005). Wer war Jack the Ripper? Porträt eines Killers. München: Goldmann.

Cronbach, L.J. (1951). Coefficient Alpha and the Internal Structure of Tests. *Psychometrika, 16,* 297-334.

Cronbach, L.J. & Meehl, P.E. (1955). Construct validity in psychological tests. *Psychological Bulletin, 52,* 281.

Cross, D.W. (2001). Die Päpstin. Berlin: Aufbau-Taschenbuchverlag.

Darwin, H., Neave, N., & Holmes, J. (2011). Belief in conspiracy theories. The role of paranormal belief, paranoid ideation an schizotypy. *Personality and Individual Differences, 50,* 1289-1293.

Dawkins, R. (2007). Der Gotteswahn. Berlin: Ullstein.

Dawkins, R. (2009). The greatest show on earth. The evidence for evolution. London: Bantam Press.

de Ruiter, R. (2000). Die 13 satanischen Blutlinien – Die Ursache vielen Elends und Übels auf Erden. Durach: Pro Fide Catholica.

Dietrich, T. (2008). Martin Luther King. Paderborn: Wilhelm Fink.

Dilling, H., Mombour, W., Schmidt, M.H. (2010). Internationale Klassifikation psychischer Störungen. ICD-10 Kapitel V (F). Klinisch-diagnostische Leitlinien. (7., überarb. Aufl.). Bern: Verlag Hans Huber.

Douglas, K.M., & Sutton, R.M. (2011). Does it take one to know one? Endorsement of conspiracy theories is influenced by personal willingness to conspire. *British Journal of Social Psychology, 50, 544-552.*

Drake, F. & Sobel, D. (1994). Signale von anderen Welten. Die wissenschaftliche Suche nach außerirdischer Intelligenz. Essen, München, Bartenstein, Venlo, Santa Fe: Bettendorf'sche Verlagsanstalt.

Drosnin, M. (1997). Der Bibel Code. München: Heyne.

Drosnin, M. (2002). Der Bibel Code II. Der Countdown. München: Heyne.

Dudenredaktion (1983). Duden "Deutsches Universalwörterbuch" / hrsg. u. Bearb. vom Wiss. Rat u.d. Mitarb. d. Dudenred. unter Leitung von Günther Drosdowski. Mannheim, Wien, Zürich : Duden.

Dudenredaktion (1994). Das große Fremdwörterbuch: Herkunft und Bedeutung der Fremdwörter. Mannheim, Leipzig, Wien, Zürich: Duden.

Dudenredaktion (2006). Duden – Die deutsche Rechtschreibung. (24., völlig neu bearb. & erw. Aufl.). Mannheim, Leipzig, Wien, Zürich: Duden.

Dudenredaktion (2010). Duden – Die deutsche Rechtschreibung. (25., völlig neu bearb. & erw. Aufl.). Mannheim, Leipzig, Wien, Zürich: Duden.

Ercivan, E. (2001). Verbotene Ägyptologie. Rottenburg: Kopp.

Eschbach, A. (2006). Das Jesus-Video. München: Droemer Knaur.

Etges, A. (2003). John F. Kennedy. München: Deutscher Taschenbuch Verlag.

Ferrell, R.H. (1996). The strange deaths of President Harding. Columbia: University of Missouri Press.

Fischer, G. (1974). Einführung in die Theorie psychologischer Tests, Grundlagen und Anwendungen. Bern: Huber.

Fischer-Wollpert, R. (2004). Lexikon der Päpste: mit Namen und Fakten zur Papstgeschichte. Wiesbaden: Marix.

Fuhrmann, H. (1998). Die Päpste. München: Beck.

Gebhardt, V. (2005). Schnellkurs Mozart. Köln: DuMont Literatur und Kunst Verlag.

Gehring, H. & Zunneck, K.-H. (2005). Flugscheiben über Neuschwabenland. Die Wahrheit über „Vril“, „Haunebu“ und die Templer-Erbengemeinschaft. Rottenburg: Kopp.

Giles, J. (2005). Internet encyclopaedias go head to head. *Nature, 438,* 900-901.

Goede, W.C. (2010). Das Rätsel der Reichsflugscheibe. *P.M., 11/2010,* 54-60.

Goertzel, T. (1994). Belief in Conspiracy Theories. *Political Psychology, 15 (4),*

731-742.

Graumann, C.F. & Mosovici, S. (1987). Changing Conceptions of Conspiracy. New York: Springer.

Groh, D. (1987). The Temptation of Conspiracy Theory, or: Why Do Bad Things Happen to Good People? Part I: Preliminary Draft of a Theory of Conspiracy Theories. In: Graumann, C.F. & Mosovici, S. (Hrsg.). Changing Conceptions of Conspiracy. New York: Springer.

Grüter, T. (2006). Freimaurer, Illuminaten und andere Verschwörer. Wie Verschwörungstheorien funktionieren. Frankfurt am Main: Scherz.

Grüter, T. (2008). Wie viel Wahrheit enthalten Verschwörungstheorien? *Skeptiker 4/08,* 176-180.

Guadagnoli, E. & Velicer, W. (1988). Relation of sample size to the stability of component patterns. *Psychological Bulletin, 103,* 265-275.

Gugenberger, E. (2002). Kosmische Mächte im Widerstreit – Esoterische Grundlagen im Verschwörungsbild des Rechtsextremismus. In: Reinalter, H. (Hrsg.). Verschwörungstheorien. Theorie – Geschichte – Wirkung. Innsbruck: Studien.

Guski, R. (1996). Wahrnehmen – ein Lehrbuch. Stuttgart, Berlin, Köln: Kohl hammer.

Härtel, M. (2006). Das Geheimnis unserer eiskalten Sonne: ein Autodidakt fordert die Wissenschaften heraus! Versuch eines neuen Denkansatzes! Hambühren: Freier Falke.

Handke, P. (1998). Kaspar. (30. Aufl.). Frankfurt am Main: edition suhrkamp.

Harder, B. (1996). Die übersinnlichen Phänomene im Test. Augsburg: Pattloch.

Harder, B. (2005). Das Lexikon der Großstadtmythen – Unglaubliche Geschichten von Astralreisen bis Zombies. Frankfurt am Main: Eichborn.

Harder, B. (2010). Elvis lebt. Lexikon der unterdrückten Wahrheiten. Freiburg am Breisgau: Herder.

Hattstein, M. (1997). Weltreligionen. Köln: Könemann.

Hartwig, R. (1994). Scientology – Die Zeitbombe in der Wirtschaft. München: Wilhelm Heyne.

Hayden, T. (2005). Staatsfeind: Der geheime Krieg gegen John Lennon. In: Ono, Y. (Hrsg.): Erinnerungen an John Lennon. Berlin: Schwarzkopf & Schwarzkopf.

Heideking, H. & Mauch, C. (2005). Die amerikanischen Präsidenten. 42 historische Portraits von George Washington bis George W. Bush. München: C.H. Beck.

Heinrich, F. (2004). HAARP heizte ein. Extremsommer durch US-Projekt? *Raum & Zeit, 127/2004,* 29-33.

Heinsohn, G. *(1997).* Armenier und Juden als Testfall für die Streichung von drei Jahrhunderten durch Heribert Illig. *Ethik und Sozialwissenschaften, 8 (4),* 490-491.

Hermann, U. (1999). Bertelsmann – Die deutsche Rechtschreibung (neu überarb. v. Lutz Götze). München: Bertelsmann Lexikon.

Hermann, U. (2005). Wahrig – Die deutsche Rechtschreibung (völlig neu überarb. v. Lutz Götze). Gütersloh, München: Wissen Media.

Herrnstein, R.J. & Murray, C. (1996). The Bell Curve. Intelligence and Class Structure in American Life. New York: Free Press Paperbacks.

Hertwig, R. (1993) Frequency-validity-effect und hindsight-bias: Unterschiedliche Phänomene – gleiche Prozesse?. In: Hell, W., Fiedler, K. & Gigerenzer, G. (Hrsg.): *Kognitive Täuschungen*. Heidelberg: Spektrum.

Hey, B., Pandel, H.J. & Radkau, J. (1992). Weimarer Republik und Nationalsozialismus. Demokratie und Diktatur in Deutschland 1918-1945. Stuttgart, Düsseldorf, Berlin, Leipzig: Ernst Klett Schulbuch.

Hills, F. (2005). Das globale Killernetzwerk. Warum John F. Kennedy, Prinzessin Diana, Jürgen W. Möllemann und andere sterben mußten. Durach: Anton A. Schmid.

Hofmann, K. (1990). Helmut Kohl: Eine Biografie. Melle: Knoth.

Hönsch, U. (2011). Gates. In: Der Brockhaus in einem Band. (14., völlig neu überarb. Aufl.). Gütersloh, München: Wissenmedia.

Hönsch, U. (2011b). Heß, Rudolf. In: Der Brockhaus in einem Band. (14., völlig neu überarb. Aufl.). Gütersloh, München: Wissenmedia.

Hönsch, U. (2011c). Kennedy, Robert Francis. In: Der Brockhaus in einem Band. 14., völlig neu überarbeitete Aufl., Gütersloh, München: Wissenmedia.

Hönsch, U. (2011d). Rabin. In: Der Brockhaus in einem Band. (14., völlig neu überarb. Aufl.). Gütersloh, München: Wissenmedia.

Hönsch, U. (2011e). Sonne. In: Der Brockhaus in einem Band. (14., völlig neu überarb. Aufl.). Gütersloh, München: Wissenmedia.

Hopf, C., Silzer, M. & Wernich J.M. (1999). Ethnozentrismus und Sozialisation in der DDR – Überlegungen und Hypothesen zu den Bedingungen der Ausländerfeindlichkeit von Jugendlichen in den neuen Bundesländern. In: Kalb, P., Sitte, K., & Petry, C. (Hrsg.), *Rechtsextremistische Jugendliche – was tun? 5. Weinheimer Gespräch*, 80-120, Weinheim: Beltz.

Hümmler, H. (2006). Chemtrails – Zwischen Meteorologie und Verschwörungstheorie. *Skeptiker, 02/06,* 48-55.

Hümmler, H. (2011). Das HAARP-Experiment und die Verschwörungstheoretiker. *Skeptiker, 03/11,* 108-116.

Huwer, C. (2010). Is Paul really dead?: Gedanken über den Sinn oder Unsinn einer Verschwörungstheorie. Norderstedt: Books on Demand.

Icke, D. (2010). Das grösste Geheimnis. Dieses Buch verändert die Welt. 5. Auflage. Immenstadt: Mosquito.

Illig, H. (1998). Das erfundene Mittelalter. Die größte Zeitfälschung der Geschichte. München, Düsseldorf: ECON.

Inglehart, R. (1987). Extremist Political Positions and Perceptions of Conspiracy: Even Paranoids Have Real Enemies. In: Graumann, C.F. & Mosovici, S. (Hrsg.). Changing Conceptions of Conspiracy. New York: Springer-Verlag.

Innenministerium des Landes Nordrhein-Westfalen (1996). Scientology – Eine Gefahr für die Demokratie. Eine Aufgabe für den Verfassungsschutz? Köln: Moeker Merkur Druck GmbH.

Innenministerium des Landes Nordrhein-Westfalen (1997). Abschlussbericht der Arbeitsgruppe SC der Verfassungsschutzbehörden. Zur Frage der Beobachtung der Scientology-Organisation durch die Verfassungsschutzbehörden gemäß Auftrag der Innenministerkonferenz vom 22.11.1996. Neuss: Neusser Druck und Verlag GmbH.

Jaworski, R. (2001). Verschwörungstheorien aus psychologischer und aus historischer Sicht. In: Verschwörungstheorien. Anthropologische Konstanten – historische Varianten. Hrsg. v. Caumanns, U., & Niendorf, N. Osnabrück: Fibre.

Karpin, M., & Friedman, I. (1998). Der Tod des Jitzhak Rabin. Anatomie einer Verschwörung. Reinbek: Rowohlt.

Kaysing, B. & Reid, R. (1976). We never went to the moon. America's Thirty Billion Dollar Swindle. California: Mokelumne Hill Press.

Keel, J. (2002). The Mothman Prophecies – Tödliche Visionen. München: Heyne.

Kemper, P. (2007). Suhrkamp-Basisbiographie John Lennon. Frankfurt am Main: Suhrkamp.

Kemper, R.M.W. (1964). Warren Report über die Ermordung des Präsidenten John F. Kennedy. Gütersloh: Mohn & Co.

Kirsch, H.-C. (1993). Dies Land ist unser. Die Beat-Poeten William S. Burroughs, Allen Ginsberg, Jack Kerouac List. München: Südwest.

Kline, R.B. (2005). Principles and Practice of Structural Equation Modeling. (2nd ed.). New York: The Guildford Press.

Kraus, H. (1977). Das Urteil von Nürnberg 1946. 3. Auflage. Nördlingen: Beck-sche Buchdruckerei.

Kroiss, T. (2007). Heilung statt Pillen: Naturmedizin von A-Z. (3. Aufl.). München: Herbig.

Kruglanski, A.W. (1987). Blame-Placing Schemata and Attributional Research. In: Graumann, C.F. & Mosovici, S. (Hrsg.). Changing Conceptions of Conspiracy. New York: Springer.

Kurth, P. (1988). Anastasia. Die letzte Zarentochter. Das Geheimnis der Anna Anderson. Bergisch Gladbach: Gustav Lübbe.

Kusche, L.D. (1980). Die Rätsel des Bermuda-Dreiecks sind gelöst! Reinbek bei Hamburg: Rowohlt.

Landgraeber, W., Sieker, E., Wisnewski, G. (1994). Operation RAF: Was geschah wirklich in Bad Kleinen? München: Droemer Knaur.

LaVey, A.S. (1999). Die satanische Bibel. Berlin: Second Sight Books.

Leary, T., Wilson, R.A. & Koopman, G.A. (1993). Neuropolitik. Die Soziobiologie der menschlichen Metamorphose. Basel: Sphinx.

Leasor, J. (1979). Der utopische Friede. Der Englandflug von Rudolf Hess „Stellvertreter des Führers“. Bergisch Gladbach: Gustav Lübbe.

Legg, B., McCarthy, J., & Flameboy. (2006). 2PAC SHAKUR DEATH RAP. Berlin: Schwarzkopf & Schwarzkopf.

Lienert, G.A. & Raatz, U. (1998). Testaufbau und Testanalyse. (6. Aufl.). Weinheim: Psychologie Verlags Union.

Lincoln, H., Baigent, M. & Leigh, R. (2002). Der heilige Gral und seine Erben: Ursprung und Gegenwart eines geheimen Ordens; sein Wissen und seine Macht. (11. Aufl.). Bergisch Gladbach: Lübbe.

Lutter, M. (2001). Sie kontrollieren alles: Verschwörungstheorien als Phänomen der Postmoderne und ihre Verbreitung über das Internet. München: Edition Fatal.

MacDari, C. (1923). Irish Wisdom Preserved in Bible and Pyramids. Boston: The Four Seas Company.

Mai, K.R. (2008). Geheimbünde. Mythos, Macht und Wirklichkeit. Bergisch Gladbach: Lübbe.

Malam, J. (2002). Die Erde. Wissen für Kinder. München: C. Bertelsmann Jugendbuch.

Matera, D. (2004). John Dillinger. The Life and Death of America's First Celebrity Criminal. Cambridge: Da Capo Press.

McConnachie, J. & Tudge, R. (2005). The Rough Guide to Conspiracy Theories. New York: Rough Guides Ltd.

McLean, C.P. & Anderson, E.R. (2009). Brave men and timid women? A review of the gender differences in fear and anxiety. *Clinical Psychology Review, 29,* 496-505.

Meckelburg, E. (1987). Besucher aus der Zukunft. Durch die Mauer in die vierte Dimension. Frankfurt/ M., Berlin: Ullstein.

Medwedjew, Z. (1979). Bericht und Analyse der bisher geheim gehaltenen Atomkatastrophe in der UdSSR. Hamburg: Hoffmann und Campe.

Meehan, C. (2006). Heiliges Irland. Frankfurt am Main: Zweitausendeins.

Mehle, F. (1994). Der Kriminalfall Kaspar Hauser. Kehl: Morstadt.

Menasse, E. (2000). Der Holocaust vor Gericht. Der Prozess um David Irving. Berlin: Siedler.

Mergen, A. (1988). Tod in Genf. Heidelberg: Kriminalistik.

Messick, R.J. (1987). Validity. In: Linn, R.L. (1988). Educational Measurement. (3rd ed.). New York: Am. Counc. Educ./ Macmillan.

Meyberg, K. (2001) Höhere Mathematik. Teil 1., Differential- und Integralrechnung, Vektor- und Matrizenrechnung. (6., korrig. Aufl.). Berlin: Springer.

Milewski, N. (2011). Transition to a first birth among Turkish second-generation migrants in Western Europe. *Advances in Life Course Research, 16(4),* 178-189.

Ministerium für Inneres und Kommunales des Landes Nordrhein-Westfalen (2010). Verfassungsschutzbericht des Landes Nordrhein-Westfalen über das Jahr 2010. Niesetal: Silberdruck.

Möllemann, J. (2003). Klartext. Für Deutschland. München: C. Bertelsmann.

Mosovici, S. (1987). The Conspiracy Mentality. In: Graumann, C.F. & Mosovici, S. (Hrsg.). Changing Conceptions of Conspiracy. New York: Springer.

Neumann, M. (2008). Psychometrik der Verschwörungstheorien. Entwicklung der GVT-Skala. Saarbrücken: VDM.

Nuzzi, G. (2011). Vatikan AG: ein Geheimarchiv enthüllt die Wahrheit über die Finanz- und Politskandale der Kirche. München: Goldmann.

O´Conner, B.P. (2000). SPSS and SAS programs for determining the number of components using parallel analysis and Velicer´s MAP test. *Behavior Research Methods, Instruments & Computers, 32 (3),* 396-402.

Orwell, G. (2004). 1984. München: Ullstein.

Peters, B. (2004). Tödlicher Irrtum. Die Geschichte der RAF. Berlin: Argon.

Pfahl-Traughber, A. (2002). "Bausteine" zu einer Theorie zu "Verschwörungstheorien": Definitionen, Erscheinungsformen, Funktionen und Ursachen. In: Reinalter, H. (Hrsg.). Verschwörungstheorien. Theorie – Geschichte – Wirkung. Innsbruck: StudienVerlag GmbH.

Pfahl-Traughber, A. (2002b). Renaissance der antisemitisch-antifreimaurerischen Verschwörungstheorie in esoterisch-rechtsextremistischen Veröffentlichungen. In: Reinalter, H. (Hrsg.). Verschwörungstheorien. Theorie – Geschichte – Wirkung. Innsbruck: StudienVerlag GmbH.

Pipes, D. (1998). Verschwörung. Faszination und Macht des Geheimen. München: Gerling Akademie.

Pittman, N.L. & Pittman, T.S. (1979). Effects of amount of helplessness training and internal-external locus of control on mood and performance. *Journal of Personality and Social Psychology, 37(1),* 39-47.

Pohl, D. (2000). Holocaust. Die Ursachen – das Geschehen – die Folgen. Freiburg im Breisgau: Herder.

Pöhlmann, M. (2008). Freimaurer. Wissen was stimmt. Freiburg im Breisgau: Herder.

Pössel, M. (2000). Phantastische Wissenschaft: über Erich von Däniken und Johannes von Buttlar. Reinbek bei Hamburg: Rowohlt-Taschenbuch.

Prouty, L.F. (1993). JFK, der CIA, der Vietnamkrieg und der Mord an J. F. Kennedy. Wien: Zsolnay.

Rasch, G. (1960). Probabilistic models for some intelligence and attainment tests. Kopenhagen: Nielsen & Lydiche.

Reinalter, H. (2002). Verschwörungstheorien. Theorie – Geschichte – Wirkung. Innsbruck: StudienVerlag GmbH.

Relfe, M. S. (1982). The New Money System. Alabama: Ministries Inc.

Ringel, M. (1998). Das listenreiche Buch der Wahrheit. Wertloses Wissen hoch 10. Frankfurt: Fischer Taschenbuch.

Robertson, J. (2006). Elvis Presley. Story und Song kompakt. Berlin: Bosworth Music GmbH.

Roth, J. & Sokolowsky, K. (1998). Wer steckt dahinter. Die 99 wichtigsten Verschwörungstheorien. Köln: Kiepenheuer & Witsch.

Sarrazin, T. (2010). Deutschland schafft sich ab. Wie wir unser Land aufs Spiel setzen. (6. Aufl.). München: DVA.

Schindler, A. (1998). Apokryphen zum Alten und Neuen Testament. Manesse: Zürich.

Schloredt, V. (1990). Martin Luther King: Amerikas großer gewaltloser Führer, der im Kampf um die Rechte der Schwarzen ermordert wurde. (2. Aufl.). Würzburg: Arena.

Schlosser, W. *(1997).* Astronomie und Chronologie. *Ethik und Sozialwissenschaften, 8 (4),* 506-507.

Schmeh, K. (2006). Gibt es versteckte Botschaften in der Bibel? *Skeptiker, 3/06,* 88-91.

Schneider, K. (1997). Compact-Training-Werbung. Waiblingen: M+S Verlag für Marketing und Schulung.

Schneider, K. & Schmalt, H.D. (2000). Motivation. (3., überarb. & erw. Aufl.). Stuttgart: Kohlhammer.

Schober, I. (2001). Jim Morrison. München: Deutscher Taschenbuch.

Schön, H. (2004). Mythos Neu-Schwabenland. Für Hitler am Südpol. Selent: Bonus.

Schwachulla, W. (1996). Sowjetunion. In: Der Brockhaus in einem Band. (7., vollst. überarb. & aktual. Aufl.). Leipzig, Mannheim: Brockhaus.

Schwachulla, W. (1996b). Tschernobyl. In: Der Brockhaus in einem Band. (7., vollst. überarb. & aktual. Aufl.). Leipzig, Mannheim: Brockhaus.

Schweer, T. (1997). Stichwort Satanismus. München: Heyne.

Seiler-Spielmann, B. (1999). ...und Prometheus stieg herab vom Himmel. *ZeitenSchrift, 23,* 35-43.

Seiler-Spielmann, U. (1993). Die Erde ist hohl. *ZeitenSchrift, 1,* 17-28.

Seiler-Spielmann, U. (1995). Der manipulierte Mensch. *ZeitenSchrift, 9,* 30-45.

Sekten-Info Nordrhein-Westfalen (2010). Jahresbericht 2010. Information und Beratung zu neuen religiösen und ideologischen Gemeinschaften und Psychogruppen. Essen: Selbstverlag.

Seligman, M. (1971). Phobias and preparedness. *Behavior Therapy, 2,* 307–321.

Shermer, M. (2002). Why People Believe Weird Things: Pseudoscience, Superstition, and Other Confusions of Our Time. (2nd rev. ed.). New York: Owl Book.

Stanford, P. (1998). Die wahre Geschichte der Päpstin Johanna. Berlin: RM Buch und Medien Vertrieb GmbH.

Steckling, F. & Steckling, G. (2002). Wir entdeckten außerirdische Basen auf dem Mond. Rottenburg: Kopp.

Steffahn, H. (1983). Hitler. Reinbek bei Hamburg: Rowohlt Taschenbuch.

Sullivan, R. (2003). LAbyrinth: A Detective Investigates the Murders of Tupac Shakur and Notorious B.I.G., the Implication of Death Row Records' Suge Knight, and the Origins of the Los Angeles Police Scandal. New York: Grove Press.

Terhart, F. (2004). Freimaurer. München: Heinrich Hugendubel.

Thalbourne, M.A. (2000). Transliminality: A review. *International Journal of Parapsychology, 11(2)*, 1-34.

Thüne, W. & Helmes, P. (2010). Die grüne Gefahr. Der „Treibhaus-Schwindel“ und andere Öko-Täuschungen. Hamburg: Die Deutschen Konservativen.

Tolmein, O. (2005). „RAF. Das war für uns Befreiung“: Ein Gespräch über bewaffneten Kampf, Knast und die Linke mit Irmgard Möller. (Aktual. & überarb. Neuaufl.). Hamburg: Konkret Literatur.

Tröndle, H. (1997). Strafgesetzbuch und Nebengesetze. (48., neuüberarb. Aufl.). München: Beck.

Tuckett, K. (2001). Verschwörungstheorien von A-Z. Königswinter: Heel.

Ulfkotte, U. (2003). Der Krieg in unseren Städten. Frankfurt am Main: Eichborn.

Ulfkotte, U. (2007). Heiliger Krieg in Europa: Wie die radikale Muslimbruderschaft unsere Gesellschaft bedroht. Frankfurt am Main: Eichborn.

van Helsing, J. (1995). Geheimgesellschaften II: Interview mit Jan van Helsing. Lathen: Ewert.

van Helsing, J. (1997). Unternehmen Aldebaran. Kontakte mit Menschen aus einem anderen Sonnensystem. Die sensationellen Erlebnisse der Familie Feistle. Lathen: Ewert.

van Helsing, J. (2004). Hände weg von diesem Buch! Fichtenau: Amadeus.

van Helsing, J. (2010). Geheimgesellschaften 3. Krieg der Freimauerer. Ein Hochgradfreimaurer packt aus. (2. Aufl.). Fichtenau: Amadeus.

van Soer, J. (1983). Marinus van der Lubbe und der Reichtstagsbrand: Rotbuch. Hamburg: Edition Nautilus.

Victor, J.S. (1993). Satanic Panic: The Creation of a contemporary legend. Chicago: Open Court.

von Bebenburg, P. & Thieme, M. (2010). Ausgekocht: Hinter den Kulissen hessischer Machtpolitik. Frankfurt am Main: Eichborn.

von Biberstein, J.R. (2002). Zur Geschichte der Verschwörungstheorien. In: Reinalter, H. (Hrsg.). Verschwörungstheorien. Theorie – Geschichte –

Wirkung. Innsbruck: StudienVerlag GmbH.

von Bülow, A. (2003). Die CIA und der 11. September. Internationaler Terror und die Rolle der Geheimdienste. München: Piper.

von Däniken, E. (1968). Erinnerungen an die Zukunft. Ungelöste Rätsel der Vergangenheit. Düsseldorf, Wien: Econ.

von Däniken, E. (1969). Zurück zu den Sternen. Argumente für das Unmögliche. Düsseldorf, Wien: Econ.

von Däniken, E. (1972). Aussaat und Kosmos. Spuren und Pläne außerirdischer Intelligenz. Düsseldorf, Wien: Econ.

von Puttkammer, J. (2009). Abenteuer Apollo 11. Von der Mondlandung zur Erkundung des Mars. München: F.A. Herbig.

von Retyi, A. (2004). Macht und Geheimnisse der Illuminaten. Rottenburg: Kopp.

von Sponeck, H. & Zumach, A. (2003). Irak. Chronik eines gewollten Krieges. Wie die Weltöffentlichkeit manipuliert und das Völkerrecht gebrochen wird. Köln: Kiepenheuer & Witsch.

Watkins, L., Ambrose, D. & Miles, C. (1996). Alternative 3. Der Geheimbericht. Peiting: Edition Pandora.

Weichhold, G.M., Bark, J.E., Korte, W., Eisenmenger, W., & Sullvian, K.M. (1998). DNA analysis in the case of Kaspar Hauser, *International Journal of Legal Medicine, 111,* 287 - 291.

Weidenhammer, K.-H. (1988). Selbstmord oder Mord? Das Todesermittlungsverfahren: Baader/ Ensslin/ Rasper. Kiel: Neuer Malik.

Weinreich, S. & Benn, C. (2009). HIV und Aids – eine Krankheit verändert die Welt. Hrsg. v. Brot für die Welt, Deutsches Institut für Ärztliche Mission, Evangelischer Entwicklungsdienst, Evangelisches Missionswerk in Deutschland. Frankfurt am Main: Verlag Otto Lembeck.

Whitson, J.A. & Galinsky, A.D. (2008). Lacking Control Increases Illusory Pattern Perception. *Science, 322,* 115 – 117.

Wienecke, D. (2001). Chronik aktuell. Der 11. September 2001. Ereignisse – Hintergründe – Reaktionen – Folgen. Gütersloh: Chronik.

Wiener, J. (2005). Die John-Lennon-Akten des FBI. In: Ono, Y. (Hrsg.): *Erinnerungen an John Lennon.* Berlin: Schwarzkopf & Schwarzkopf.

Wilson, R.A. (2007). Das Lexikon der Verschwörungstheorien. Verschwörungen, Intrigen, Geheimbünde. (4. Aufl.). München: Piper Verlag GmbH.

Wilson, R.A. & Shea, R. (1975). Das Auge in der Pyramide. Basel: Sphinx.

Wilson, R.A. & Shea, R. (1977). Der goldene Apfel. Basel: Sphinx.

Wilson, R.A. & Shea, R. (1978). Leviathan. Basel: Sphinx.

Wippermann, W. (2007). Agenten des Bösen. Verschwörungstheorien von Luther bis heute. Berlin-Brandenburg: be.bra.

Wisnewski, G., Landgraeber, W. & Sieker, E. (1992). Das RAF-Phantom. München: Knaur.

Wörther, M. (2006). Betrugssache Jesus. Michael Baigents und andere Verschwörungstheorien auf dem Prüfstand. Würzburg: echter.

Yallop, D. A. (2001). Im Namen Gottes? (überarb. und erw. Neuausg.). Reinbek bei Hamburg: Rowohlt-Taschenbuch.

8.1 Internetquellen

Aktion Leben (2007). Was Sie über AIDS und Kondome wissen sollten. Online in Internet: URL:http://www.aktion-leben.de/sexualitaet/aids_geschlechtskrankheiten/sld01.htm (Stand 04.03.2012)

Anders, C. (2006). Natascha lügt. Online in Internet: URL: http://www.christiananders.com/kolumne/114.shtml (Stand 26.05.2010)

Anders, C. (2008). Die Kampusch lügt! Online in Internet: URL: http://www.christiananders.com/kolumne/144.shtml (Stand 26.05.2010)

Anker, V. (2012). Das Phantom Al-Qaida. Online in Internet: URL: http://www.wahrheitssuche.org/alqaida.html (Stand 29.02.2012)

Argunova, A. (2011). Die acht Bestattungen Hitlers. Online in Internet: URL: http://www.zukunft-braucht-erinnerung.de/drittes-reich/adolf-hitler/419-die-acht-bestattungen-hitlers.html (Stand 20.12.2011)

Bollyn, C. (2005). Estonia: Nicht Unfall, sondern Attentat. Online in Internet: URL: http://www.zeitenschrift.com/magazin/46-estonia.ihtml (Stand 02.03.2012)

Bruder, M. (2010). Fragebogen zu Verschwörungstheorien. Online in Internet: URL: http://www.conspiracytheory.martinbruder.com/de/ (Stand 01.11.2014)

Bundesministerium der Justiz (2012). Verordnung über die Qualität von Wasser

für den menschlichen Gebrauch. Online in Internet:
URL: http://www.gesetze-im-internet.de/trinkwv_2001/index.html#BJN R095910001BJNE003102310 (Stand 26.02.2012)

Bundesministerium des Inneren (2011). Verfassungsschutzbericht 2010. Vorabfassung. Online in Internet:
URL: http://www.verfassungsschutz.de/download/de/publikationen/verfassungsschutzbericht/vsbericht_2010_vorabfassung/vsbericht_2010_vorabfassung.pdf
(Stand 26.08.2011)

Bundeszentrale für gesundheitliche Aufklärung (2010). mach´s mit... ...Kondom! Safer Sex – wie und wozu. Spich: Broermann. Online in Internet:
URL: http://www.bzga.de/pdf.php?id=8d3844b702c79aaf48fffa13cf4f1adb (Stand 04.03.2012)

Eber, J. (2012). Die Verschwörungstheoretiker: Wie die deutsche Politik mit Ratingagenturen umgeht. Online in Internet:
URL: http://pixeloekonom.com/2012/01/15/die-verschworungstheoretiker-wie-die-deutsche-politik-mit-ratingagenturen-umgeht/ (Stand 24.01.2012)

Elies, S. (2009). John F. Kennedy. Online in Internet:
URL: http://verschwoerungen.info/index.php/Kennedy
(Stand 22.08.2009)

Elies, S. (2010). Verschwoerungen.info. Online in Internet:
URL: http://www.verschwoerungen.info/index.php/Hauptseite
(Stand 03.03.2010)

Elies, S. (2012). Pentagonanschlag am 11. September 2001. Online in Internet:
URL: http://www.verschwoerungen.info/index.php?title=Pentagonanschlag_am_11._September_2001 (Stand 14.01.2012)

Elies, S. (2012b). 1989 – Alles Zufall. Online in Internet:
URL: http://verschwoerungen.info/index.php?title=1989_-_Alles_Zufall#Spekulationen_.C3.BCber_Atomunf.C3.A4lle (Stand 25.02.2012)

Eroglu, B. (2011). Illegaler Irak-Krieg ums Öl. Online in Internet:
URL: http://www.aktivepolitik.de/Golfkrieg_Dritter.htm (Stand 30.09.2011)

Frankfurter Allgemeine Zeitung (2005). Powell: „Schandfleck meiner Karriere". Online in Internet:
URL: http://www.faz.net/artikel/C31147/irak-krieg-powell-schandfleck-meiner-karriere-30090893.html (Stand 30.09.2011)

Freemann (2007). Al-Kaida gibt es gar nicht. Online in Internet:
URL: http://alles-schallundrauch.blogspot.com/2007/06/al-kaida-gibt-es-gar-nicht.html (Stand 29.02.2012)

Gesellschaft zur wissenschaftlichen Untersuchung von Parawissenschaften (2011). Was wir wollen. Online in Internet:
URL: http://www.gwup.org/ueber-uns-uebersicht/was-wir-wollen (Stand 03.07.2011)

Gesellschaft zur wissenschaftlichen Untersuchung von Parawissenschaften (2011b). Verschwörungstheorien. Online in Internet:
URL: http://www.gwup.org/infos/themen-nach-gebiet/49-verschwoerungstheorien?catid=72%3Averschwoerungen (Stand 04.01.2011)

Imöhl, D., Koch, E., & Engelberg, M. (2007). Möllemann: Todes-Video beendet alle Spekulationen. Online in Internet:
URL: http://www.bild.de/news/2007/news/fallschirm-absprung-2066068.bild.html (Stand 14.01.2012)

Intergovernmental Panel on Climate Change (1995). Summary for Policymakers: The Science of Climate Change – IPCC Working Group I. Online in Internet:
URL: http://www.de-ipcc.de/_media/spm-science-of-climate-changes.pdf (Stand 20.01.2012)

Intergovernmental Panel on Climate Change (2001). Zusammenfassung für politische Entscheidungsträger. Klimaänderung 2001. Ein Synthesebericht. Online in Internet:
URL: http://www.de-ipcc.de/_media/2001-synthese.pdf
(Stand 20.01.2012)

Intergovernmental Panel on Climate Change (2007). Klimaänderung 2007. Ein Synthesebericht. Online in Internet:
URL: http://www.de-ipcc.de/_media/IPCC-SynRepComplete_final.pdf
(Stand 20.01.2012)

Kampusch, N. (2007). Nataschas Welt. Online in Internet:
URL: http://www.natascha-kampusch.at/ (Stand 26.05.2010)

Katholische Internationale Presseagentur (2011). Kardinal Nicora wird Chef der Finanzaufsichtsbehörde. Online in Internet:
URL: http://www.kipa-apic.ch/index.php?na=0,0,0,0,d&ki=216192
(Stand 20.01.2012)

Kutza, R. (2007). BBC und 9/11. Online in Internet:
URL: http://www.ralph-kutza.de/BBC_und_9_11__/bbc_und_9_11__.html
(Stand 25.02.2012)

Mainz, A. (2010). V-22. Erkenne die Wahrheit. Online in Internet:
URL: http://www.v-22.de (Stand 03.03.2010)

Ministerium für Inneres und Kommunales des Landes Nordrhein-Westfalen (2012). Regierungen für das "Deutsche Reich". Online in Internet: URL: http://www.mik.nrw.de/verfassungsschutz/rechtsextremismus/sonstige-organisationen/reichsregierung.html (Stand 25.02.2012)

National Institute of Standards and Technology (2002). About the NIST World Trade Center Investigation. Online in Internet: URL: http://www.nist.gov/el/disasterstudies/wtc/wtc_about.cfm (Stand 14.01.2012)

National Ocean Service (2011): What is the Bermuda Triangle? Online in Internet: URL: http://oceanservice.noaa.gov/facts/bermudatri.html (Stand 30.09.2011)

Patalong, F. (2000). Mord im MacArthur Park. Bill Gates ist tot.... Online in Internet: URL: http://www.spiegel.de/netzwelt/web/0,1518,107957,00.html (Stand 04.03.2012)

Rex, E. (2007). Der Tod des ehemaligen Ministerpräsidenten des Landes Schleswig-Holstein, Dr. Dr. Uwe Barschel, am 11. Oktober 1987 in Genf. Online in Internet: URL: http://www.schleswig-holstein.de/cae/servlet/contentblob/428688/publicationFile/doku_teil1_rex.pdf (Stand 16.12.2011)

RP-Online (2012). Deutschland ist das "Altenheim der EU". Online in Internet: URL: http://www.rp-online.de/gesundheit/familie/deutschland-ist-das-altenheim-der-eu-1.2318743 (Stand 17.04.2012)

Schley, N. (2002). Die Bush-Doktrin. Amerikanische Außenpolitik unter neuen Vorzeichen. Europäische Zeitung, 9/10. Online in Internet:
URL: http://www.cap-lmu.de/aktuell/pressespiegel/2002/bush_doktrin.php (Stand 30.09.2011)

Schmeh, K. (2010). Bibel-Code, Koran-Code, Rotkäppchen-Code. Online in Internet:
URL: http://www.heise.de/tp/artikel/32/32322/1.html (Stand 29.02.2012)

Spiegel-online (2007). Selbstmord-Spekulationen. Online in Internet:
URL: http://www.spiegel.de/panorama/justiz/0,1518,491346,00.html (Stand 05.09.2010)

Statistisches Bundesamt (2012). Gebiet und Bevölkerung – Fläche und Bevölkerung. Online in Internet:
URL: http://www.statistik-portal.de/Statistik-Portal/de_jb01_jahrtab1.asp (Stand 17.04.2012)

Statistisches Bundesamt (2012b). Bildungsstand. Online in Internet:
URL: https://www.destatis.de/DE/ZahlenFakten/GesellschaftStaat/BildungForschungKultur/Bildungsstand/Tabellen/Bildungsabschluss.html (Stand 17.04.2012)

Statistisches Bundesamt (2012c). Bevölkerung nach Altersgruppen, Familienstand und Religionszugehörigkeit. Online in Internet:
URL: https://www.destatis.de/DE/ZahlenFakten/GesellschaftStaat/Bevoelkerung/Bevoelkerungsstand/Tabellen/AltersgruppenFamilienstand.html (Stand 17.04.2012)

Ticona, E. (2012). Deutsches Reich = Kaiserreich vertreten durch deren Exilre-

gierung. Online in Internet:
URL: http://www.deutsches-reich-exil.info/ bzw.
URL: http://friedensvertrag.info (Stand 25.02.2012)

Ulrich, A., & Thielke, T. (2001). Löcher im Stahl. Online in Internet:
URL: http://www.spiegel.de/spiegel/print/d-18370490.html
(Stand 02.03.2012)

Umweltbundesamt (2007). Trink was – Trinkwasser aus dem Hahn – Gesundheitliche Aspekte der Trinkwasser-Installation – Informationen und Tipps für Mieter, Haus- Wohnungsbesitzer. Dessau: Umweltbundesamt. Online in Internet:
URL: http://www.umweltdaten.de/publikationen/fpdf-l/3058.pdf
(Stand 25.02.2012)

Unicyclopedia (2007). Erdrotationshamster. Online in Internet:
URL: http://de.uncyclomedia.org/wiki/Erdrotationshamster
(Stand 12.07.2008)

United States Air Force (1995). Richard L. Weaver, James McAndrew: *The Roswell Report – Fact versus Fiction in the New Mexico Desert*. Headquarters of the United States Air Force. Washington DC: US Government Printing Office. Online in Internet:
URL: http://contrails.iit.edu/history/roswell/Report/fullreport.pdf
(Stand 08.10.2011)

United States Air Force (1997). James McAndrew: *The Roswell Report – Case Closed.* Headquarters of the United States Air Force. Washington DC: US Government Printing Office. Online in Internet:
URL: http://contrails.iit.edu/history/roswell/Book.pdf (Stand 08.10.2011)

United States Coast Guard (2011): Does the Bermuda Triangle really exist? Online in Internet:

URL: http://www.uscg.mil/history/faqs/triangle.asp (Stand 30.09.2011)

United States Department of the Treasury (2012). „FAQ Library“ des „Bureau of Engraving and Printing“. Online in Internet:
URL: http://www.moneyfactory.gov/faqlibrary.html (Stand 14.01.2012)

van Helsing, J. (1993). Geheimgesellschaften und ihre Macht im 20. Jahrhundert. Online in Internet:
URL: http://www.google.com/url?sa=t&rct=j&q=geheimgesellschaften %20und%20ihre%20macht%20im %2020.%20jahrhundert&source=web&cd=3&ved=0CEwQFjAC&url=http %3A%2F%2Funglaublichkeiten.net%2Flager %2FJanvanHelsingGeheimgesellschaftenundihreMachtim20Jahrhundert 1993.pdf&ei=t6DrTsuYAoTDswbZ_-2VBw&usg=AFQjCNG3-SbKDbB0k4h4SJpdTbh77_uLcw&cad=rja (Stand 16.12.2011)

Verband Forschender Arzneimittelhersteller (2011). F&E-Ausgaben der vfa-Mitgliedsunternehmen. Online in Internet:
URL: http://www.vfa.de/de/wirtschaft-politik/strukturdaten /innovationsfaktor# (Stand 02.12.2011)

Verband Forschender Arzneimittelhersteller (2011b). Patentanmeldungen zu gentechnischen Arzneimitteln. Online in Internet:
URL: http://www.vfa.de/de/wirtschaft-politik/strukturdaten/ innovationsfaktor# (Stand 02.12.2011)

Weltverschwörung.de (2003). Al-Kaida, gibt es nicht ! Online in Internet:
URL: http://www.weltverschwoerung.de/kriege-krisen-terrorakte/10111-al-kaida-gibt-es-nicht.html (Stand 29.02.2012)

Wikipedia (2010). Verschwörung. Online in Internet:
URL: http://de.wikipedia.org/wiki/Verschw%C3%B6rung (Stand 01.06.2010)

Wikipedia (2010b). Verschwörungstheorie. Online in Internet:
URL: http://de.wikipedia.org/wiki/Verschw%C3%B6rungstheorie (Stand 01.06.2010)

Wikipedia (2010c). Kategorie:Verschwörungstheorie. Online in Internet:
URL: http://de.wikipedia.org/wiki/Kategorie:Verschwoerungstheorie (Stand 03.06.2010)

Wikipedia (2010d). Jürgen Möllemann. Online in Internet:
URL: http://de.wikipedia.org/wiki/M%C3%B6llemann (Stand 12.08.2010)

Wikipedia (2011). Opferzahlen der Konzentrationslager Auschwitz. Online in Internet:
URL: http://de.wikipedia.org/wiki/Opferzahlen_der_Konzentrationslager_Auschwitz (Stand 05.10.2011)

Wikipedia (2011b). Albert Victor, Duke of Clarence and Avondale. Online in Internet:
URL: http://de.wikipedia.org/wiki/Albert_Victor (Stand 18.10.2011)

Wikipedia (2011c). Uwe Barschel. Online in Internet:
URL: http://de.wikipedia.org/wiki/Uwe_Barschel (Stand 30.12.2011)

Wikipedia (2011d). Alternative 3. Online in Internet:
URL: http://en.wikipedia.org/wiki/Alternative_3 (Stand 01.02.2012)

Wikipedia (2012). Sechshundertsechsundsechzig. Online in Internet:
URL: http://de.wikipedia.org/wiki/Sechshundertsechsundsechzig#Mittelalterliche_antipapistische_Deutung (Stand 14.01.2012)

Wikipedia (2012b). Istituto per le Opere di Religione. Online in Internet:

URL: http://de.wikipedia.org/wiki/Istituto_per_le_Opere_di_Religione (Stand 20.01.2012)

Wikipedia (2012c). Kaspar Hauser. Online in Internet:
URL: http://de.wikipedia.org/wiki/Kasper_Hauser (Stand 25.02.2012)

Wikipedia (2012d). Fluoridierung – Chronik. Online in Internet:
URL: http://de.wikipedia.org/wiki/Fluoridierung#Chronik (Stand 25.02.2012)

Wikipedia (2012e). Estonia (1980). Online in Internet:
URL: http://de.wikipedia.org/wiki/Estonia_%281980%29 (Stand 02.03.2012)

Wikipedia (2012f). Graf von Saint Germain. Online in Internet:
URL: http://de.wikipedia.org/wiki/Graf_von_Saint_Germain (Stand 04.03.2012)

Wood, M.J., Douglas, K.M., & Sutton, R.M. (2012). Dead and Alive: Beliefs in Contradictory Conspiracy Theories. Social Psychological and Personality Science. Online in Internet:
URL: http://spp.sagepub.com/content/early/2012/01/08/1948550611434786 (Stand 23.03.2012)

Wunder, E. (2000). Die "Skeptiker"-Bewegung in der kritischen Diskussion. Online in Internet:
URL: http://www.skeptizismus.de/skepreview.pdf (Stand 03.07.2011)

Zimmermann, B. (2011). Internet-Statistik. Online in Internet:
URL: http://www.www-kurs.de/int_stat.htm#Start (Stand 05.05.2011)

Zentrum für Psychologische Information und Dokumentation (2011). Psychologie-Fachzeitschriften aus deutschsprachigen Ländern. Fachzeitschriften S. Online in Internet: URL: http://www.zpid.de/index.php?wahl=products&uwahl=frei&uuwahl=journals_s (Stand 03.07.2011)

8.2 Filme

Adler, B. (Produzent), & Litvak, A. (Regisseur). (1956). *Anastasia*. Vereinigte Staaten von Amerika: 20th Century Fox.

Donner, R. & Silver, J. (Produzenten), & Donner, R. (Regisseur). (1997). *Conspiracy Theory*. Vereinigte Staaten von Amerika: Warner Bros.

Durkin, M. (Drehbuch), & Durkin, M. (Regisseur). (2007). *The Great Global Warming Swindle* [Fernsehfilm]. Vereinigtes Königreich von Großbritannien und Nordirland: Channel 4.

Flemming, B. (Produzent), & Flemming, B. (Regisseur). (2002). *Nothing So Strange*. Vereinigte Staaten von Amerika: GMD Studios, Parallax Productions & Unsharp Mask.

Lazarus III, P.N. (Produzent), & Hyams, P. (Regisseur). (1977). *Capricorn One*. Vereinigte Staaten von Amerika: Warner Bros.

Moore, M., Czarnecki, J., Glynn, J., Hampton, M., Weinstein, H. & Weinstein, B. (Produzenten), & Moore, M. (Regisseur). (2004). *Fahrenheit 9/11*. Vereinigte Staaten von Amerika: Lions Gate Films, IFC Films, Dog Eat Dog Films & Miramax.

Moszkowicz, M. & Berben, O. (Produzenten), & Wortmann, S. (Regisseur). (2009). *Die Päpstin*. Deutschland, Vereinigtes Königreich von Großbritannien und Nordirland, Italien, Spanien: Summit Entertainment.

Stone, O., Milchan, A., Ho, A.K. (Produzenten), Stone, O. (Regisseur). (1991). *JFK*. Vereinigte Staaten von Amerika: Warner Bros.

Zaentz, S. (Produzent), & Forman, M. (Regisseur). (1984). *Amadeus*. Vereinigte Staaten von Amerika: Orion Pictures.

9 Anhang

Anhang A Fragebogen zu Verschwörungstheorien (Martin Bruder, online-Befragung)

Fragebogen zu Verschwörungstheorien
Verwenden Sie bitte für jede der untenstehenden Aussagen die entsprechende Rating-Skala, um anzugeben, wie wahrscheinlich/unwahrscheinlich es Ihrer Meinung nach ist, dass die Aussage wahr ist. Denken Sie daran, dass es keine "objektiv" richtigen oder falschen Antworten gibt und wir an Ihrer persönlichen Meinung interessiert sind.

Ich denke, ...

1. ... es gibt Nachrichtendienste, die Unterlagen über die meisten meiner täglichen Aktivitäten haben.
2. ... Regierungen haben absichtlich HIV unter ethnischen Minderheiten verbreitet.
3. ... es geschehen viele sehr wichtige Dinge in der Welt, über die die Öffentlichkeit nie informiert wird.
4. ... es gibt verborgene religiöse Gruppen, die Menschenopfer durchführen.
5. ... es gibt spezielle Sicherheitsapparate, die versuchen, Zeugen von UFO-Landungen zum Schweigen zu zwingen.
6. ... E-Mails werden häufig von Nachrichtendiensten anderer Länder gelesen.
7. ... eine Möglichkeit zur Heilung der meisten Arten von Krebs wurde schon gefunden, aber medizinische Kreise halten ihre Ergebnisse geheim, um weiterhin Forschungsgelder von Regierungen zu bekommen.
8. ... es gibt viele Gruppen, die im Geheimen Angriffe auf unsere Gesellschaft planen.
9. ... der Tod von Prinzessin Diana war kein Unfall, sondern ein Attentat.
10. ... die Vatikanbank in Rom hat enge Verbindungen zur Mafia.
11. ... Sicherheitsapparate öffnen regelmäßig heimlich meine Post.
12. ... es gibt religiöse Sekten, die vollständige Kontrolle über die Psyche ihrer Mitglieder haben.
13. ... es gibt alternative medizinische Behandlungsansätze, die von den Behörden und der etablierten Medizin verunglimpft werden, obwohl ihre Wirksamkeit bewiesen ist.
14. ... Politiker geben uns normalerweise keine Auskunft über die wahren Motive ihrer Entscheidungen.
15. ... mindestens eine Person in meiner näheren Wohnumgebung hat Verbindungen zu terroristischen Vereinigungen.

16. ... die amerikanische Regierung verschleiert die Landung von Außerirdischen.
17. ... Regierungen haben absichtlich HIV unter Homosexuellen verbreitet.
18. ... amerikanische Regierungsbehörden waren in die Ermordung von Martin Luther King Jr. verwickelt.
19. ... das internationale Bankwesen wird von Juden kontrolliert.
20. ... Strichcodes auf Supermarkt-Produkten haben geheime Funktionen.
21. ... Regierungsbehörden überwachen alle Bürger genau.
22. ... es gibt Bruderschaften wie die Freimaurer oder die Skull-and-Bones-Gesellschaft in Amerika, die geheime politische Pläne verfolgen und sehr viel Einfluss haben.
23. ... bessere Kfz-Motoren wurden bereits entwickelt, werden aber nicht kommerziell zur Verfügung gestellt, weil die Auto- und Ölindustrie zusammenarbeiten.
24. ... viele öffentliche Personen werden eigentlich ermordet, obwohl die Medienberichten, sie seien bei einem Unfall oder durch Krankheit ums Leben gekommen.
25. ... die Infrastruktur terroristischer Netzwerke kann leicht mit der von Polizei und Sicherheitsdiensten mithalten.
26. ... wenn ich Bücher aus einer öffentlichen Bibliothek ausleihe, besteht das Risiko, dass meine Interessen durch Geheimdienste beobachtet werden.
27. ... das "US Apollo"-Programm ist nie auf dem Mond gelandet.
28. ... HIV wurde in biochemischen Labors geschaffen.
29. ... es gab eine Verschwörung hinter dem Attentat, dem der frühere US-Präsident John F. Kennedy zum Opfer fiel.
30. ... unterschwellige Werbung (Werbung, die so schnell gezeigt wird, dass wir sie nicht wahrnehmen können) existiert und hat einen starken Einfluss auf Menschen.
31. ... Geheimdienste hören regelmäßig meine Telefongespräche mit.
32. ... ein existierendes Heilmittel für AIDS wird der Öffentlichkeit absichtlich vorenthalten.
33. ... Untergrundbewegungen bedrohen die Stabilität unserer Gesellschaft.
34. ... es gibt ausgedehnte geheime Datenbanken, in denen viel mehr Informationen über Einzelpersonen gespeichert werden, als gesetzlich erlaubt ist.
35. ... Ereignisse, die auf den ersten Blick nicht miteinander in Verbindung zu stehen scheinen, sind oft das Ergebnis geheimer Aktivitäten.
36. ... es gab schon Kontakte mit Außerirdischen, aber diese Information wird der Öffentlichkeit vorenthalten.
37. ... die Regierung kann herausfinden, wen ich in Parlamentswahlen

gewählt habe.

38. ... es gibt geheime Organisationen, die großen Einfluss auf politische Entscheidungen haben.

Anhang B E-Mail an die „Rhein-Ruhr-Skeptiker" mit der Testversion des Fragebogens

Hallo liebe Mitskeptikerinnen und Mitskeptiker an Rhein und Ruhr!

Ich habe eine Bitte: derzeit habe ich mit den Arbeiten zu meiner Diss (Prof. Hell/ Uni Münster) begonnen, die sich (u.a.) mit Transliminalität und der Zustimmung zu Verschwörungstheorien beschäftigt.

In Sachen Verschwörungstheorien ist es mein Ziel einen Fragebogen/ eine Skala zu entwickeln, der/ die die Zustimmung zu Verschwörungstheorien reliabel erfasst (diese sollen dann in Zusammenhang zu Transliminalität, Persönlichkeitsstruktur, politischen Einstellungen und demografischen Faktoren gebracht werden)

In einem ersten Schritt zu solch einer Skala möchte ich nun die Bekanntheit spezifischer Verschöwrungstheorien betrachten, um anschließend daraus abzuleiten, welche Theorien sinnvoll in den endgültigen Fragebogen übernommen werden sollen.

Bevor ich diesen ersten "Fragebogen zur Bekanntheit von Verschwörungstheorien" einsetze hätte ich nun gerne euer/ Ihrer aller Meinung dazu.

Zeitbedarf: max. 15 min

Der Link: http://www.bartotests.de/index.php?bogen=10

Meine Bitte konkret: Was an diesem Bogen erscheint verbesserungswürdig? Was ungeschickt? Was irgendwie unglücklich? Welche spezifische Verschwörungstheorie fehlt? Was an der Durchführungsanweisung ist unverstädlich? - kurzum: Was kann ich besser machen????

Über ein Feedback an meine email (sbarto@web.de) oder per Eingabe in das entsprechende Feld im Fragebogen freue ich mich!

Ich nehme solche Feedbacks bis einschl. nächsten Freitag (18.01.08) entgegen.

Noch zweierlei zum Abschluß: ich bitte darum diesen Fragebogen NICHT an Dritte weiterzuleiten, da er ja nur eine Vorabversion darstellt und ich meine Stichprobe möglichst wenig einschränken will (zweimal teilnehmen geht leider nicht...) - und das andere: Kann mir der Listenverwalter mitteilen, wie viele Personen in dieser Liste sind?

Vielen Dank für die Unterstützung

mit vielen Grüßen

Dipl.-Psych. Sebastian Bartoschek

Anhang C Einleitungs- und Schlusstext der Testversion der Fragebogens

Einleitungstext

Vielen Dank für Ihre Teilnahme an dieser Untersuchung!

Verschwörungstheorien sind Teil unseres Alltags - verbreitet über Diskussionen mit anderen Menschen, Zeitschriften und Zeitungen, Fernsehen, das Internet und andere Medien.

Dieser Fragebogen stellt die Voruntersuchung zu einem Fragebogen dar, der letztendlich die Zustimmung zu Verschwörungstheorien betrachten soll. Als erster Schritt soll aber zuerst überprüft werden wie bekannt bzw. verbreitet verschiedene Verschwörungstheorien sind.

Menschen glauben an Verschwörungstheorien oder lehnen sie ab: letztendlich ist nur schwer zu entscheiden, ob eine Verschwörungstheorie wahr oder falsch ist. Menschen, die an eine Verschwörungstheorie glauben, könnten richtig oder falsch liegen - was natürlich auch für jede andere Sichtweise gilt.

In dem vorliegenden Fragebogen wird nur versucht zu ergründen, wie bekannt verschiedene Verschwörungstheorien sind. Dabei werden Sie gebeten zu beurteilen, ob Sie bereits einmal von einer bestimmten Theorie gehört haben oder ob Sie Ihnen gänzlich unbekannt ist.

Dabei spielt es keinerlei Rolle, ob Sie die Theorie glauben, ihr kritisch gegenüber stehen oder sie rundweg ablehnen; entscheidend ist hier nur wie bekannt Ihnen eine Theorie ist!

Die Bearbeitung dieses Fragebogens dauert ca. 8 - 14 min.

Navigieren Sie bitte während des Fragebogens nicht mit ihrem Browser - sondern nur über die "Weiter" - Taste am Ende einer Seite.
An die Fragen zur Bekanntheit der Verschwörungstheorien schließen sich einige Fragen zu Ihrer Person an, deren Beantwortung Ihnen freigestellt ist!

Diese Untersuchung ist eine der Grundlagenuntersuchungen im Rahmen meiner Dissertation im Fach Psychologie!

Sollten Sie generelle Fragen oder Anmerkungen haben, können Sie mir gerne eine mail an sbarto[at]web.de schicken.

Dipl.-Psych. Sebastian Bartoschek

Abschlusstext

Vielen Dank, dass Sie sich die Zeit genommen haben und an der Untersuchung zur Bekanntheit von Verschwörungstheorien teilgenommen haben!

Sie haben mir und der Forschung sehr geholfen!

Sollten Sie generelle Fragen oder Anmerkungen haben, können Sie mir gerne eine mail an sbarto[at]web.de schicken.

Dipl.-Psych. Sebastian Bartoschek

Anhang D Fragebogen zur Bekanntheit von Verschwörungstheorien[74]

Vielen Dank für Ihre Teilnahme an dieser Untersuchung!

Verschwörungstheorien sind Teil unseres Alltags - verbreitet über Diskussionen mit anderen Menschen, Zeitschriften und Zeitungen, Fernsehen, das Internet und andere Medien.

Dieser Fragebogen stellt die Voruntersuchung zu einem Fragebogen dar, der letztendlich die Zustimmung zu Verschwörungstheorien betrachten soll. Als erster Schritt soll aber zuerst überprüft werden, wie bekannt bzw. verbreitet verschiedene Verschwörungstheorien sind.

Menschen glauben an Verschwörungstheorien oder lehnen sie ab: letztendlich ist schwer zu entscheiden, ob eine Verschwörungstheorie wahr oder falsch ist.

In dem vorliegenden Fragebogen wird nur versucht zu ergründen, wie bekannt verschiedene Verschwörungstheorien sind. Dabei werden Sie gebeten zu beurteilen, ob Sie bereits einmal von einer bestimmten Theorie gehört haben oder ob Sie Ihnen gänzlich unbekannt ist.

Dabei spielt es keinerlei Rolle, ob Sie die Theorie glauben, ihr kritisch gegenüber stehen oder sie rundweg ablehnen; entscheidend ist hier nur wie bekannt Ihnen eine Theorie ist!

Die Bearbeitung dieses Fragebogens dauert ca. 10 - 16 min.

An die Fragen zur Bekanntheit der Verschwörungstheorien schließen sich einige Fragen zu Ihrer Person an, deren Beantwortung Ihnen freigestellt ist!

Dies ist eine Grundlagenuntersuchung im Rahmen meiner Promotion im Fach Psychologie; diese wird durch Prof. Hell von der Westfälischen Wilhelms-Universität Münster betreut.

Sollten Sie generelle Fragen oder Anmerkungen haben, können Sie mir gerne eine Mail an verschwoerung[at]gmx.net schicken.

Dipl.-Psych. Sebastian Bartoschek

Wichtig: Bitte navigieren Sie während des Tests nicht mit den Browserschaltern "Vorwärts" und "Zurück"!!!

---

[74]Größenverzerrung sind gegeben, um der Formatierung der vorliegenden Arbeit gerecht zu werden. Die Antwortmöglichkeiten werden nur bei ersten Items vollständig wiedergegeben, danach aus Platzgründen weggelassen.

Seite 1 von 7

Wenn Ihnen eine Theorie bekannt ist - und sei es auch nur vom Hören, dann antworten Sie bitte mit "Kenne ich".

Wenn Ihnen eine Theorie gänzlich unbekannt ist und Sie in diesem Fragebogen zum ersten Mal von ihr hören sollten - dann antworten Sie bitte mit "Kenne ich nicht".

NICHT beurteilen sollen Sie, ob Sie einer Theorie zustimmen oder nicht!

Bitte geben Sie bei jeder Theorie eine Antwort an - die Bearbeitung des Fragebogens dauert so ca. 10 - 16 min.

Haben Sie bereits an dieser Untersuchung zur Bekanntheit von Verschwörungstheorien teilgenommen? Ja / Nein

Haben Sie die oben stehende Testanweisung gelesen und verstanden? Ja / Nein

Seite 2 von 7

Ist Ihnen die folgende Verschwörungstheorie bekannt? (Bitte beurteilen Sie NICHT, ob Sie der Theorie zustimmen!)
J. F. Kennedy wurde nicht von Lee Harvey Oswald (alleine) erschossen.

Kenne ich.	Kenne ich nicht.

Am 2. Juli 1947 ist in Roswell, New Mexico, ein UFO abgestürzt.

Scientology besitzt großen Einfluss in der BRD; verschiedene Großunternehmen gehören zu Scientology.

In der ehemaligen UDSSR gab es mehrere schwere vertuschte Atomkraftunfälle.

E-Mails werden häufig von Nachrichtendiensten anderer Länder gelesen.

Adolf Hitler beging 1945 keinen Selbstmord in Berlin, sondern lebte an einem anderen Ort weiter.

Das US-Forschungsprogramm HAARP sorgt für Naturkatastrophen bzw. hat Gedankenkontrolle über Menschen zum Ziel.

Uwe Barschel hat 1987 in Genf keinen Selbstmord begangen, sondern wurde ermordet.

Bill Gates ist der Antichrist.

Der II. Weltkrieg begann mit dem polnischen Überfall auf Deutschland.

Geheimdienste waren Schuld am Sinken der Fähre Estonia im Jahr 1994.

Auf dem Mond gibt es außerirdische Basen.

Es gab keine Massenermordung von Juden in Auschwitz (sog. "Auschwitzlüge").

Strichcodes auf Supermarkt-Produkten haben geheime Funktionen.

Es gibt keine rechtliche Grundlage für die Existenz der BRD.

Kasper Hauser war ein beiseite geschaffter Erbprinz.

Hinter John Lennons Ermordung im Jahr 1980 standen amerikanische Geheimdienste.

Die wahre Geschichte hinter den Anschlägen vom 11. September 2001 entspricht nicht der von der Bush - Regierung verbreiteten Version.

Kondome verhindern nicht die Übertragung von HIV bzw. AIDS beim Geschlechtsverkehr.

Nach 1945 gab es noch eine Nazi-Enklave in der Antarktis (Neuschwabenland).

Seite 3 von 7

Ist Ihnen die folgende Verschwörungstheorie bekannt? (Bitte beurteilen Sie NICHT, ob Sie der Theorie zustimmen!)

Die Mondlandung von Apollo 11 hat 1969 nicht stattgefunden, sondern war von der NASA nur inszeniert.

Robert („Bobby“) Kennedy wurde nicht von einem Einzeltäter getötet.

Einflussreiche jüdische Familien kontrollieren große Bereiche des Weltgeschehens.

Lady Di (Diana von Wales) wurde ermordet.

Jüdische Angestellte waren vor den Anschlägen am 11. September 2001 gewarnt worden und hatten daher frei.

Die USA sind wegen des Öls im Jahr 2003 in den Irak einmarschiert.

Unterschwellige Werbung existiert.

Sogenannte "freie Energie" könnte als unerschöpfliches Energiereservoir benutzt werden, wenn die Forschungen hierzu nicht unterdrückt würden.

Der Rapper Tupac Shakur lebt weiterhin.

Die Bibel enthält verschlüsselte Botschaften (sog. Bibel-Code).

Die Vatikanbank unterhält enge Verbindungen zur italienischen Mafia.

Rudolf Heß hat 1987 in Berlin keinen Selbstmord begangen.

Es gibt einen Geheimbund der "Illuminaten", deren Symbole das Allsehende Auge, die Pyramide und die Zahl "23" sind.

Im Bermudadreieck verschwanden überzufällig oft Flugzeuge und Schiffe auf ungeklärte Art.

Die Infrastruktur terroristischer Netzwerke kann leicht mit der von Polizei und Sicherheitsdiensten mithalten.

Es gibt einen islamistischen Plan zur Übernahme Europas (v.a. durch eine gezielte Geburtenvermehrung).

Jesus hat mit Maria Magdalena Kinder gezeugt, was von der Kirche vertuscht wird.

Marilyn Monroe wurde von der CIA ermordet.

Natascha Kampusch wurde nicht entführt, sondern von ihrer Mutter verkauft oder verliehen.

Das Word Trade Center stürzte vor allem ein, weil es von innen gesprengt wurde.

Seite 4 von 7

Ist Ihnen die folgende Verschwörungstheorie bekannt? (Bitte beurteilen Sie NICHT, ob Sie der Theorie zustimmen!)

Paul McCartney ist seit Ende der 60er Jahre tot.

Kurt Cobain hat im Jahr 1994 keinen Selbstmord begangen.

Es gab eine Päpstin Johanna / Johannes XX.

AIDS ist ein entwickelter Killervirus, der Homosexuelle bzw. Schwarzafrikaner dezimieren soll.

Der Koran enthält verschlüsselte Botschaften (sog. Koran-Code).

Es gibt verschiedene religiöse Gruppen, die Menschenopfer durchführen.

Es gibt spezielle staatliche Einrichtungen, die versuchen, Zeugen von UFO-Landungen zum Schweigen zu zwingen.

Die Automobilindustrie verzichtet auf den Einsatz von rostfreiem Stahl bei Auspuffanlagen nur deshalb, weil das die Umsätze mit deren regelmäßigem Austausch gefährden würde.

Auf der 1-Dollar-Banknote finden sich versteckte Hinweise auf Verschwörungen.

Marinus van der Lubbe ist nicht verantwortlich für den Reichstagsbrand im Jahre 1933, sondern die Nazis.

Der Graf von Saint Germain war ein Zeitreisender.

Papst Johannes Paul I - der 1978 für 33 Tage Papst war - wurde ermordet.

Es gab am 11. September 2001 kein Flugzeug das ins Pentagon stieß.

Die Sonne ist nicht heiß, sondern kalt - was aber von Wissenschaftlern vertuscht wird.

Die katholische Kirche wird von Satanisten gelenkt.

"Al-Qaida" ist eine Erfindung von Regierungen und Nachrichtendiensten um Panik zu schüren.

Es gibt religiöse Sekten, die die vollständige Kontrolle über die Psyche ihrer Mitglieder haben.

Der Mythos von der vom Menschen verursachten Erderwärmung wurde von der Umwelt-Lobby erfunden.

John Dillinger wurde 1934 nicht vom FBI erschossen.

Seite 5 von 7

Ist Ihnen die folgende Verschwörungstheorie bekannt? (Bitte beurteilen Sie NICHT, ob Sie der Theorie zustimmen!)

Die RAF - Terroristen in Stammheim haben 1977 keinen Selbstmord begangen.

Karl der Große hat nie gelebt; Geschichtswissenschaftler vertuschen dies jedoch.

Hinter verschiedenen Geschehnissen der Weltgeschichte stehen in Wirklichkeit die Freimaurer.

Jürgen W. Möllemann hat keinen Selbstmord begangen.

Das Trinkwasser enthält Drogen, um die Bevölkerung gefügig zu machen.

Die Pharmaindustrie blockiert die Verbreitung gewisser sinnvoller Medikamente.

Jesus verfolgte vor allem politische Ziele.

Das Deutsche Reich ist (juristisch) nicht untergegangen, sondern besteht fort.

Nachrichtendienste öffnen regelmäßig heimlich meine Post.

Die Wissenschaft verschweigt systematisch Beweise für eine urzeitliche Landung von Außerirdischen.

Bill Gates wurde erschossen.

Marilyn Monroe hatte eine Affäre mit dem Gründer der Church Of Satan, Anton LaVey.

Das RAF-Mitglied Grams wurde im Jahr 1993 gezielt in Bad Kleinen von GSG 9 - Beamten hingerichtet.

Die Erde ist von innen hohl und dort existiert eine Zivilisation.

Die Nazis haben im 2. Weltkrieg funktionierende Flugscheiben in UFO-Optik entwickelt.

Die US-Regierung verschleiert die Landung von Außerirdischen.

Es gibt einen jüdischen Plan zur Weltherrschaft, die sog. „Protokolle der Weisen von Zion“.

Elvis Presley starb nicht 1977, sondern tauchte unter.

Seite 6 von 7

Ist Ihnen die folgende Verschwörungstheorie bekannt? (Bitte beurteilen Sie NICHT, ob Sie der Theorie zustimmen!)

Wolfgang A. Mozart wurde ermordet.

Jack The Ripper war Prinz Albert Victor.

Martin Luther King wurde von der CIA oder der Mafia ermordet.

Jim Morrison starb im Jahr 1971 nicht in seiner Badewanne an Herzversagen.

Jitzhak Rabin wurde vom eigenen Sicherheitsdienst ermordet.

George Washington wurde durch den Gründer der Illuminaten Adam Weißhaupt ersetzt.

Helmut Kohl ist in Wirklichkeit jüdischer Herkunft und trug den Namen Henoch Kohn.

Die Zarentochter Anastasia hat die Ermordung ihrer Familie überlebt.

Alternative 3 bezeichnet einen Plan zu einer Flucht einer Elite von der Erde.

Die Wirtschaft hält die Brenndauer von Glühbirnen künstlich kürzer als technisch machbar ("Phoebus").

In der USA gab es mehrere schwere vertuschte Atomkraftunfälle.

Seit längerer Zeit haben verschiedene Regierungen Kontakt zu Außerirdischen.

Eine kleine Gruppe von Personen lenkt die Geschicke der Erde.

Flugzeugkondensstreifen sind ab und an in Wirklichkeit Geheimversuche, sog. „Chemtrails", die die Umwelt schädigen.

Es gibt Nachrichtendienste, die Unterlagen über die meisten täglichen Aktivitäten unserer Bürgerinnen und Bürger haben.

Wer Bücher aus einer öffentlichen Bibliothek ausleiht, läuft Gefahr, dass seine Interessen durch Geheimdienste beobachtet werden.

Unter den Menschen leben - normalerweise als Menschen getarnt - Angehörige einer Reptilienrasse.

Die "Prieuré de Sion" waren ein Geheimbund dessen Aufgabe der Schutz des heiligen Grals und seines Geheimnisses war.

Seite 7 von 7

Zunächst einmal vielen Dank für die Beantwortung dieses Teil des Fragebogens.

Nun hier noch die Bitte um einige Angaben zu Ihrer Person - alle Angaben sind freiwillig; das Auslassen von Antworten ist hier problemlos möglich!

Die folgenden Daten werden verwendet, um untersuchen zu können, ob es systematische Unterschiede bei der Bekanntheit von Verschwörungstheorien gibt.

	männlich	weiblich
Geschlecht		

Geburtsjahr (bitte als Ziffernfolge angeben, z.B.: 1953)

	ledig	Partner (aber nicht verheiratet)	verheiratet	geschieden	verwitwet	dauerhaft getrennt lebend
Familienstand						

Postleitzahl des Wohnortes (außerhalb der BRD bitte das Land / den Staat angeben).

	Ja	Nein
Haben Sie Kinder?		

	0	1	2	3	4	5	6	7	8	9
Wie viele Kinder haben Sie?										
Wie viele Personen (Sie										

selbst eingeschlossen) leben in Ihrem Haushalt?										

	Ja	Nein
Würden Sie sich selbst als einen gläubigen / religiösen Menschen bezeichnen?		

Welcher Religion gehören Sie an?

römisch - katholisch	evange-lisch	jüdisch	musli-misch	hinduis-tisch	buddhis-tisch	Zeugen Jehova	andere christliche Gemein-schaft	atheistisch	sonstige

Welches ist Ihr höchster Schulabschluss?

	BRD	DDR	anderes Land
Wenn Sie einen Schulab-schluss haben, in welchem Land haben Sie diesen erwor-ben?			

Wie viele Stunden arbeiten Sie zurzeit (letzte 3 Monate) in der Woche in Ihrem Beruf? (Berücksichtigen dabei bitte auch regelmäßig anfallende Überstunden und geben Sie die Stunden in Ziffernform an, z.B. "42")

	Bezug von Bafög/ Arbeits-losen-geld / Sozial-geld	unter 10.000 €	10.000 € - 25.000 €	25.000 € - 40.000 €	40.000 € - 55.000 €	55.000 € - 70.000 €	70.000 € - 85.000 €	85.000 € - 100.000 €	über 100.000 €
Wie hoch ist ihr Brutto-Jahresgehalt? (Gehalt ohne Abzüge)									

Berufsbezeichnung

	Ja	Nein
Sind Sie zweisprachig aufgewachsen?		

Wenn Sie zweisprachig aufgewachsen sind, welches ist Ihre Zweitsprache?

Welche Partei würden Sie wählen, wenn am nächsten Sonntag Bundestagswahlen wären?

CDU / CSU	SPD	FDP	Die Linke	Bündnis 90 / Die Grünen	NPD / DVU	Graue Panther	MLPD	Sonstige	ich würde nicht wählen gehen

Wenn Sie Fragen oder Anmerkungen zum Fragebogen haben, können Sie diese hier äußern:

Wenn Sie Informationen über Ihre Ergebnisse in diesem Fragebogen haben möchten und zudem über neue Fragebogen informiert werden möchten, so können Sie hier Ihre Mail - Adresse angeben. Die Adresse wird nicht an Dritte weitergegeben und für keine anderen Zwecke (bspw. Werbung) verwendet.

Vielen Dank, dass Sie sich die Zeit genommen haben und an der Untersuchung zur Bekanntheit von Verschwörungstheorien teilgenommen haben!

Sie haben mir und der Forschung sehr geholfen!

Sollten Sie generelle Fragen oder Anmerkungen haben, können Sie mir gerne eine Mail an verschwoerung[at]gmx.net schicken.

Dipl.-Psych. Sebastian Bartoschek

Bei Interesse finden Sie den Fragebogen zur Zustimmung zu Verschwörungstheorien unter dem Link: http://www.bartotests.de/index.php?bogen=12

Anhang E Fragebogen zur Zustimmung zu Verschwörungstheorien[75]

Vielen Dank für Ihre Teilnahme an dieser Untersuchung!

Verschwörungstheorien sind Teil unseres Alltags - verbreitet über Diskussionen mit anderen Menschen, Zeitschriften und Zeitungen, Fernsehen, das Internet und andere Medien.

Dieser Fragebogen stellt die Folgeuntersuchung zu einem Fragebogen dar, der die Bekanntheit solcher Theorien überprüft hat.

Nun geht es um das Ausmaß der Zustimmung zu Verschwörungstheorien.

Menschen glauben an Verschwörungstheorien oder lehnen sie ab:

letztendlich ist schwer zu entscheiden, ob eine Verschwörungstheorie wahr oder falsch ist.

In dem vorliegenden Fragebogen wird nur versucht zu betrachten, inwieweit bestimmten Verschwörungstheorien zugestimmt wird.

Dabei werden Sie gebeten zu beurteilen, in welchem Masse sie den einzelnen Theorien zustimmen.

Die Bearbeitung dieses Fragebogens dauert ca. 10 - 16 min.

An die Fragen zur Zustimmung der Verschwörungstheorien schließen sich einige Fragen zu Ihrer Person an, deren Beantwortung Ihnen freigestellt ist!

Natürlich werden alle gemachten Angaben anonymisiert und vertraulich behandelt, sodass Sie keine Nachteile aus einer wahrheitsgemäßen Beantwortung befürchten müssen.

---

[75]Größenverzerrung sind gegeben, um der Formatierung der vorliegenden Arbeit gerecht zu werden. Die Antwortmöglichkeiten werden nur bei ersten Items vollständig wiedergegeben, danach aus Platzgründen weggelassen.

Dies ist eine Grundlagenuntersuchung im Rahmen meiner Promotion im Fach Psychologie; diese wird durch Prof. Hell von der Westfälischen Wilhelms-Universität Münster betreut.

Sollten Sie generelle Fragen oder Anmerkungen haben, können Sie mir gerne eine Mail an verschwoerung[at]gmx.net schicken.

Dipl.-Psych. Sebastian Bartoschek

Wichtig: Bitte navigieren Sie wärend des Tests nicht mit den Browserschaltern "Vorwärts" und "Zurück"!!!

Seite 1 von 7

Das Ausmaß der Zustimmung zu einer Theorie sollen Sie jeweils auf einer Skala mit gleich großen Schritten von "0% - sicher nicht" bis "100% - sicher" angeben!

Beachten Sie, dass Sie sich keine Gedanken darüber machen sollen ob es "objektiv" richtige oder falschen Antworten gibt, sondern wir an Ihrer persönlichen Meinung interessiert sind.

Wenn Sie sich nicht in der Lage sehen, eine Theorie einschätzen zu können, weil Sie diese z.B. nicht kennen, können Sie auch "keine Einschätzung möglich / Theorie unbekannt" auswählen.

Bitte geben Sie so bei jeder Theorie eine Antwort an - die Bearbeitung des Fragebogens dauert so ca. 10 - 16 min.

Haben Sie die oben stehende Testanweisung gelesen und verstanden? Ja / Nein

Seite 2 von 7

Ich denke,...

1) ... J. F. Kennedy wurde nicht von Lee Harvey Oswald (alleine) erschossen.

keine Einschätzung möglich / Theorie unbekannt	0% - sicher nicht	10% - äußerst unwahrscheinlich	20% - sehr unwahrscheinlich	30% - unwahrscheinlich	40% - eher unwahrscheinlich	50% - unentschieden	60% - eher wahrscheinlich	70% - wahrscheinlich	80% - sehr wahrscheinlich	90% - äußerst wahrscheinlich	100% - sicher

2) ... am 2. Juli 1947 ist in Roswell, New Mexico, ein UFO abgestürzt.

3) ... Scientology besitzt großen Einfluss in der BRD; verschiedene Großunternehmen gehören zu Scientology.

4) ... in der ehemaligen UDSSR gab es mehrere schwere vertuschte Atomkraftunfälle.

5) ... E-Mails werden häufig von Nachrichtendiensten anderer Länder gelesen.

6) ... Adolf Hitler beging 1945 keinen Selbstmord in Berlin, sondern lebte an einem anderen Ort weiter.

7) ... das US-Forschungsprogramm HAARP sorgt für Naturkatastrophen bzw. hat Gedankenkontrolle über Menschen zum Ziel.

8) ... Uwe Barschel hat 1987 in Genf keinen Selbstmord begangen, sondern wurde ermordet.

9) ... Bill Gates ist der Antichrist.

10) ... der II. Weltkrieg begann mit dem polnischen Überfall auf Deutschland.

11) ... Geheimdienste waren Schuld am Sinken der Fähre Estonia im Jahr 1994.

12) ... auf dem Mond gibt es außerirdische Basen.

13) ... es gab keine Massenermordung von Juden in Auschwitz (sog. "Auschwitzlüge").

14) ... Strichcodes auf Supermarkt-Produkten haben geheime Funktionen.

15) ... es gibt keine rechtliche Grundlage für die Existenz der BRD.

16) ... Kasper Hauser war ein beiseite geschaffter Erbprinz.

17) ... hinter John Lennons Ermordung im Jahr 1980 standen amerikanische Geheimdienste.

18) ... die wahre Geschichte hinter den Anschlägen vom 11. September 2001 entspricht nicht der von der Bush - Regierung verbreiteten Version.

19) ... Kondome verhindern nicht die Übertragung von HIV bzw. AIDS beim Geschlechtsverkehr.

20) ... nach 1945 gab es noch eine Nazi-Enklave in der Antarktis (Neuschwabenland).

Seite 3 von 7

Ich denke, ...

21) ... die Mondlandung von Apollo 11 hat 1969 nicht stattgefunden, sondern war von der NASA nur inszeniert.

22) ... Robert („Bobby“) Kennedy wurde nicht von einem Einzeltäter getötet.

23) ... einflussreiche jüdische Familien kontrollieren große Bereiche des Weltgeschehens.

24) ... Lady Di (Diana von Wales) wurde ermordet.

25) ... jüdische Angestellte waren vor den Anschlägen am 11. September 2001 gewarnt worden und hatten daher frei.

26) ... die USA sind wegen des Öls im Jahr 2003 in den Irak einmarschiert.

27) ... unterschwellige Werbung existiert.

28) ... sogenannte "freie Energie" könnte als unerschöpfliches Energiereservoir benutzt werden, wenn die Forschungen hierzu nicht unterdrückt würden.

29) ... der Rapper Tupac Shakur lebt weiterhin.

30) ... die Bibel enthält verschlüsselte Botschaften (sog. Bibel-Code).

31) ... die Vatikanbank unterhält enge Verbindungen zur italienischen Mafia.

32) ... Rudolf Heß hat 1987 in Berlin keinen Selbstmord begangen.

33) ... es gibt einen Geheimbund der "Illuminaten", deren Symbole das Allsehende Auge, die Pyramide und die Zahl "23" sind.

34) ... im Bermudadreieck verschwanden überzufällig oft Flugzeuge und Schiffe auf ungeklärte Art.

35) ... die Infrastruktur terroristischer Netzwerke kann leicht mit der von Polizei und Sicherheitsdiensten mithalten.

36) ... es gibt einen islamistischen Plan zur Übernahme Europas (v.a. durch eine gezielte Geburtenvermehrung).

37) ... Jesus hat mit Maria Magdalena Kinder gezeugt, was von der Kirche vertuscht wird.

38) ... Marilyn Monroe wurde von der CIA ermordet.

39) ... Natascha Kampusch wurde nicht entführt, sondern von ihrer Mutter verkauft oder verliehen.

40) ... das World Trade Center stürzte vor allem ein, weil es von innen gesprengt wurde.

Seite 4 von 7

Ich denke, ...

41) ... Paul McCartney ist seit Ende der 1960er Jahre tot.

42) ... Kurt Cobain hat im Jahr 1994 keinen Selbstmord begangen.

43) ... es gab eine Päpstin Johanna / Johannes XX.

44) ... AIDS ist ein entwickelter Killervirus, der Homosexuelle bzw. Schwarzafrikaner dezimieren soll.

45) ... der Koran enthält verschlüsselte Botschaften (sog. Koran-Code).

46) ... es gibt verschiedene religiöse Gruppen, die Menschenopfer durchführen.

47) ... es gibt spezielle staatliche Einrichtungen, die versuchen, Zeugen von UFO-Landungen zum Schweigen zu zwingen.

48) ... die Automobilindustrie verzichtet auf den Einsatz von rostfreiem Stahl bei Auspuffanlagen nur deshalb, weil das die Umsätze mit deren regelmäßigem Austausch gefährden würde.

49) ... auf der 1-Dollar-Banknote finden sich versteckte Hinweise auf Verschwörungen.

50) ... Marinus van der Lubbe ist nicht verantwortlich für den Reichstagsbrand im Jahre 1933, sondern die Nazis.

51) ... der Graf von Saint Germain war ein Zeitreisender.

52) ... Papst Johannes Paul I - der 1978 für 33 Tage Papst war - wurde ermordet.

53) ... es gab am 11. September 2001 kein Flugzeug das ins Pentagon stieß.

54) ... die Sonne ist nicht heiß, sondern kalt - was aber von Wissenschaftlern vertuscht wird.

55) ... die katholische Kirche wird von Satanisten gelenkt.

56) ... "Al-Qaida" ist eine Erfindung von Regierungen und Nachrichtendiensten um Panik zu schüren.

57) ... es gibt religiöse Sekten, die die vollständige Kontrolle über die Psyche ihrer Mitglieder haben.

58) ... der Mythos von der vom Menschen verursachten Erderwärmung wurde von der Umwelt-Lobby erfunden.

59) ... John Dillinger wurde 1934 nicht vom FBI erschossen.

60) ... die RAF - Terroristen in Stammheim haben 1977 keinen Selbstmord begangen.

Seite 5 von 7

Ich denke, ...

61) ... Karl der Große hat nie gelebt; Geschichtswissenschaftler vertuschen dies jedoch.

62) ... hinter verschiedenen Geschehnissen der Weltgeschichte stehen in Wirklichkeit die Freimaurer.

63) ... Jürgen W. Möllemann hat keinen Selbstmord begangen.

64) ... das Trinkwasser enthält Drogen, um die Bevölkerung gefügig zu machen.

65) ... die Pharmaindustrie blockiert die Verbreitung gewisser sinnvoller Medikamente.

66) ... Jesus verfolgte vor allem politische Ziele.

67) ... das Deutsche Reich ist (juristisch) nicht untergegangen, sondern besteht fort.

68) ... Nachrichtendienste öffnen regelmäßig heimlich meine Post.

69) ... die Wissenschaft verschweigt systematisch Beweise für eine urzeitliche Landung von Außerirdischen.

70) ... Bill Gates wurde erschossen.

71) ... Marilyn Monroe hatte eine Affäre mit dem Gründer der Church Of Satan, Anton LaVey.

72) ... das RAF-Mitglied Grams wurde im Jahr 1993 gezielt in Bad Kleinen von GSG 9 - Beamten hingerichtet.

73) ... die Erde ist von innen hohl und dort existiert eine Zivilisation.

74) ... die Nazis haben im 2. Weltkrieg funktionierende Flugscheiben in UFO-Optik entwickelt.

75) ... die US-Regierung verschleiert die Landung von Außerirdischen.

76) ... es gibt einen jüdischen Plan zur Weltherrschaft, die sog. „Protokolle der Weisen von Zion".

77) ... Elvis Presley starb nicht 1977, sondern tauchte unter.

78) ... Wolfgang A. Mozart wurde ermordet.

Seite 6 von 7

Ich denke, ...

79) ... Jack The Ripper war Prinz Albert Victor.

80) ... Martin Luther King wurde von der CIA oder der Mafia ermordet.

81) ... Jim Morrison starb im Jahr 1971 nicht in seiner Badewanne an Herzversagen.

82) ... Jitzhak Rabin wurde vom eigenen Sicherheitsdienst ermordet.

83) ... George Washington wurde durch den Gründer der Illuminaten Adam Weißhaupt ersetzt.

84) ... Helmut Kohl ist in Wirklichkeit jüdischer Herkunft und trug den Namen Henoch Kohn.

85) ... Die Zarentochter Anastasia hat die Ermordung ihrer Familie überlebt.

86) ... Alternative 3 bezeichnet einen realen Plan zu einer Flucht einer Elite von der Erde.

87) ... Die Wirtschaft hält die Brenndauer von Glühbirnen künstlich kürzer als technisch machbar ("Phoebus").

88) ... In der USA gab es mehrere schwere vertuschte Atomkraftunfälle.

89) ... seit längerer Zeit haben verschiedene Regierungen Kontakt zu Außerirdischen.

90) ... eine kleine Gruppe von Personen lenkt die Geschicke der Erde.

91) ... Flugzeugkondensstreifen sind ab und an in Wirklichkeit Geheimversuche, sog. „Chemtrails“, die die Umwelt schädigen.

92) ... es gibt Nachrichtendienste, die Unterlagen über die meisten täglichen Aktivitäten unserer Bürgerinnen und Bürger haben.

93) ... wer Bücher aus einer öffentlichen Bibliothek ausleiht, läuft Gefahr, dass seine Interessen durch Geheimdienste beobachtet werden.

94) ... unter den Menschen leben - normalerweise als Menschen getarnt - Angehörige einer Reptilienrasse.

95) ... die "Prieuré de Sion" waren bzw. sind ein Geheimbund dessen Aufgabe der Schutz des heiligen Grals und seines Geheimnisses war.

Seite 7 von 7

Zunächst einmal vielen Dank für die Beantwortung dieses Teil des Fragebogens.

Nun hier noch die Bitte um einige Angaben zu Ihrer Person - alle Angaben sind freiwillig; das Auslassen von Antworten ist hier problemlos möglich!

Die folgenden Daten werden verwendet, um untersuchen zu können, ob es systematische Unterschiede bei der Bekanntheit von Verschwörungstheorien gibt.

	männlich	weiblich
Geschlecht		

Geburtsjahr (bitte als Ziffernfolge angeben, z.B.: 1953)

	ledig	Partner (aber nicht verheiratet)	verheiratet	geschieden	verwitwet	dauerhaft getrennt lebend
Familienstand						

Wohnort

Deutschland	Österreich	Schweiz	anderes Land

Postleitzahl des Wohnortes (außerhalb der BRD bitte das Land / den Staat angeben).

	Ja	Nein
Haben Sie Kinder?		

	0	1	2	3	4	5	6	7	8	9
Wie viele Kinder haben Sie?										
Wie viele Personen (Sie selbst eingeschlossen) leben in Ihrem Haushalt?										

	Ja	Nein
Würden Sie sich selbst als einen gläubigen / religiösen Menschen bezeichnen?		

Welcher Religion gehören Sie an?

römisch - katholisch	evange-lisch	jüdisch	musli-misch	hinduis-tisch	buddhis-tisch	Zeugen Jehova	andere christliche Gemein-schaft	atheistisch	sonstige

Welches ist Ihr höchster Schulabschluss?

kein Schulab-schluss	Hauptschulab-schluss / Volks-schulabschluss	Fachoberschul-reife / Mittlere Reife	Fachabitur / Fachhochschul-reife	Abitur / Allg. Hochschulreife / Matura	sonstiger Abschluss

Wie viele Stunden arbeiten Sie zurzeit (letzte 3 Monate) in der Woche in Ihrem Beruf?

(Berücksichtigen dabei bitte auch regelmäßig anfallende Überstunden und geben Sie die Stunden in Ziffernform an, z.B. "42")

	Bezug von Bafög / Arbeitslosengeld / Sozialgeld	unter 10.000 €	10.000 € - 25.000 €	25.000 € - 40.000 €	40.000 € - 55.000 €	55.000 € - 70.000 €	70.000 € - 85.000 €	85.000 € - 100.000 €	über 100.000 €
Wie hoch ist ihr Brutto-Jahresgehalt? (Gehalt ohne Abzüge)									

Berufsbezeichnung

	Ja	Nein
Sind Sie zweisprachig aufgewachsen?		

Wenn Sie zweisprachig aufgewachsen sind, welches ist Ihre Zweitsprache?

Welche Partei würden Sie wählen, wenn am nächsten Sonntag Bundestagswahlen wären?

CDU / CSU	SPD	FDP	Die Linke	Bündnis 90 / Die Grünen	NPD / DVU	Graue Panther	MLPD	Sonstige	ich würde nicht wählen gehen

Wenn Sie Fragen oder Anmerkungen zum Fragebogen haben, können Sie diese hier äußern (bitte verwenden sie dabei keine Anführungszeichen [""]):

Wenn Sie Informationen über Ihre Ergebnisse in diesem Fragebogen haben möchten und zudem über neue Fragebogen informiert werden möchten, so können Sie hier Ihre Mail - Adresse angeben.

Die Adresse wird nicht an Dritte weitergegeben und für keine anderen Zwecke (bspw. Werbung) verwendet.

Vielen Dank, dass Sie sich die Zeit genommen haben und an der Untersuchung zur Bekanntheit von Verschwörungstheorien teilgenommen haben!

Sie haben mir und der Forschung sehr geholfen!

Sollten Sie generelle Fragen oder Anmerkungen haben, können Sie mir gerne eine Mail an verschwoerung[at]gmx.net schicken.

Dipl.-Psych. Sebastian Bartoschek

Anhang F Detaillierte Darstellung der genutzten Verschwörungstheorien

Im Folgenden wird ein kurzer Abriss jeder Verschwörungstheorie gegeben.

Dabei wird unter „Die Fakten“ kurz erläutert, wie die offizielle Sichtweise zum Sachverhalt ist.

Unter „Die Theorie“ wird dann die verschwörungstheoretische Deutung dargestellt.

Eine Stellungnahme zum Wahrheitsgehalt der Theorien wird nicht abgegeben[76].

[76]Der Autor distanziert sich ausdrücklich von allen Theorien, die den Holocaust relativieren, leugnen oder apologetisch betrachten.

1) Im Bermudadreieck verschwanden überzufällig oft Flugzeuge und Schiffe auf ungeklärte Art.

Die Fakten:

Der Begriff „Bermudadreieck“ (auch „Teufelsdreieck“) ist eine Bezeichnung für ein Seegebiet, das sich im westlichen Atlantik nördlich der Karibik befindet. Die genauen Grenzen sind umstritten, im Allgemeinen werden folgende Eckpunkte des Gebietes zugrunde gelegt, deren Verbindungslinien ein Dreieck bilden: im Norden die Bermudainseln, im Südwesten die Stadt Miami im US-Bundesstaat Florida sowie im Osten die Stadt San Juan auf Puerto Rico. Das Seegebiet gehört zu den am stärksten befahrenen Seerouten der Welt.

Die US-Küstenwache kommt in einer Analyse zu dem Ergebnis, dass alle dort geschehenen Flugzeug- und Schiffsunfälle auf natürlichen Ursachen beruhen (United States Coast Guard, 2011). Die nationale Seeüberwachung verweist zudem auf Tropenstürme und schnelle Veränderungen der See durch den Golfstrom (National Ocean Service, 2011).

Explizite Widerlegungen dieser Verschwörungstheorie finden sich bei Kusche (1980).

Die Theorie:

Charles Berlitz behauptet in „Das Bermuda-Dreieck – Fenster zum Kosmos?“ (1975) ebenso wie andere Autoren, dass im benannten Seegebiet seltsame Dinge geschehen: Boote, Schiffe und Flugzeuge verschwinden hier, tauchen dann ohne Besatzung oder gar nicht mehr auf. Auch über die Sichtungen verschiedener Lichter und unerklärter Phänomene in der Luft, über und unter dem Wasser, werde berichtet, ebenso über Anomalien im Magnetfeld und uralte Baustrukturen unterhalb der Wasseroberfläche. Berlitz (1975) vermutet entweder das Einwirken einer alten (versunkenen) Kultur, z.B. des sagenhaften Atlantis, bisher unbekannte Naturgewalten, das Eingreifen von Zivilisationen, die in den Tiefen des Meeres beheimatet, aber noch nicht entdeckt sind oder von Außerirdischen.

2) Die USA sind wegen des Öls im Jahr 2003 in den Irak einmarschiert.

Die Fakten:

Nachdem US-Präsident George W. Bush am 28. Januar 2003 bekannt gegeben hatte, dass die Vereinigten Staaten willens seien, den Irak auch ohne UN-Resolution anzugreifen, folgte am 17. März ein Ultimatum an den irakischen Staatschef Saddam Hussein, innerhalb von 48 Stunden den Irak zu verlassen, da es ansonsten zu einem Angriff käme. Nach Husseins Weigerung begann am 19. März der Krieg durch eine US-geführte Allianz von Nationen, die die US-Regierung als „Koalition der Willigen" („coalition of the willing") bezeichnete und der insgesamt 43 Staaten angehörten. Als Begründung für den Einmarsch in den Irak gaben die USA sowie Großbritannien die Gefahr einer Bedrohung durch den Irak an, u.a. durch mögliche Atomwaffen, allgemeiner durch Massenvernichtungswaffen. Zudem verwiesen US-Stellen auf eine Unterstützung des Terrornetzwerks Al-Qaida durch den Irak. Der Irakkrieg endete am 1. Mai 2003. Saddam Hussein wurde am 30. Dezember 2006, nach Verurteilung durch ein Sondertribunal, durch Erhängen hingerichtet (Aust & Schnibben, 2003).

Im September 2005 bedauerte der ehemalige US-Außenminister Powel seine Aussagen im UN-Sicherheitsrat zu den Massenvernichtungswaffen als unzutreffend (FAZ-online, 2005). Bis heute[77] wurden keinerlei größere Mengen an Massenvernichtungswaffen im Irak gefunden.

Die Theorie:

Verschiedene Verschwörungstheoretiker sehen den Grund für den Irakkrieg weder in dem Wunsch nach Befreiung des irakischen Volkes noch in der Zerstörung von Massenvernichtungswaffen oder der Zerschlagung der Unterstützung von Al-Qaida.

Vielmehr war ihrer Meinung nach der US-amerikanische Wunsch nach Kontrolle der irakischen Ölvorräte handlungstreibend. Diese sei notwendig geworden, da seit dem 11. September 2001 der bisherige US-Hauptöllieferant Saudi-Arabien nicht mehr klar als Verbündeter der USA gelten könne, da viele der Attentäter Saudis seien und auch das Königshaus Saud selbst in die Terroranschläge verwickelt sein könne. Solche Argumentationsketten finden sich vorzugsweise im Internet (z.B. Eroglu, 2011). Eine ähnliche Meinung vertritt Hans von Sponeck,

[77] Juni 2012

der ehemalige Leiter des UN-Hilfsprogramms in Bagdad, der behauptet, die USA wollten letztlich die „volle Kontrolle über die Energiequellen im Mittleren Osten und ihre Nutzung erlangen." (von Sponeck & Zumach, 2003)

3) Unterschwellige Werbung existiert.

Dieses Item wurde dem Fragebogen von Bruder (2010; vgl 5.1.1.2) entnommen.

Die Fakten:

Die Wahrnehmungspsychologie kennt eine sog. Wahrnehmungsschwelle, unterhalb derer ein Reiz nicht mehr bewusst wahrnehmbar ist. Im Bereich der visuellen Wahrnehmung wird diese u.a. durch die Darbietungsdauer determiniert (Guski, 1996). Empirische Belege, dass unterschwellige (auch: subliminale) Werbung, überhaupt oder sogar besser einen Konsumenten zu Kaufentscheidungen bringen kann, existieren nicht (Schneider, 1997). Eine angebliche Studie, nach der die subliminale Einblendung von Werbung im Kino zu erhöhtem Absatz geführt habe („Iß Popcorn/ Trink Cola"-Studie), enttarnte der Verbreiter James Vicary selbst als Marketing-Unternehmung ohne reale Grundlage (Harder, 1996).

Die Theorie:

Trotz der Auflösung durch Vicary selbst (Harder, 1996), wird nach wie vor die Theorie verbreitet, nach der subliminale Werbung wissenschaftliche Realität sei und genutzt werde, um den Menschen heimlich zu beeinflussen. Neben dem Ziel der Absatzsteigerung von Konsumgütern kommt in solchen Theorien oft die Idee einer unterschwelligen Kontrolle der Menschen durch große Institutionen zur Sprache, wobei dem Fernsehen hier eine zentrale Rolle zukomme (Seiler-Spielmann, 1995).

4) Lady Di (Diana von Wales) wurde ermordet.

Die Fakten:

„Lady Di" oder „Lady Diana" war der gebräuchliche Name für Diana Frances Mountbatten-Windsor (geboren 1. Juli 1961), Kronprinzessin von Großbritannien und Nordirland, Fürstin von Wales. Diese war seit 1981 mit dem britischen

Thronfolger Prinz Charles verheiratet. Nach Eheproblemen wurde die Trennung der Beiden am 9. Dezember 1992 offiziell bekannt gegeben, die Scheidung erfolgte am 28. August 1996. Diana genoss weltweit große Sympathien für ihr karitatives Engagement. Sie verunglückte am 31. August 1997 bei einem Autounfall tödlich mit ihrem Lebensgefährten Dodi Al-Fayed, Sohn des Geschäftsmanns Mohammed Al-Fayed, dem Inhaber der Kaufhauskette „Harrods" sowie dem Chauffeur Henri Paul, der 1,75 ‰ Alkohol und verschiedene Psychopharmaka im Blut hatte. Auf der Flucht vor aufdringlichen Fotoreportern raste der Chauffeur in Paris mit hoher Geschwindigkeit gegen einen Tunnelpfeiler. Der Leibwächter Trevor Rees-Jones überlebte den Unfall schwer verletzt (Brown, 2007).

Die Theorie:

Insbesondere der Vater des Verstorbenen Dodi Al-Fayed behauptet, der Tod seines Sohnes und dessen Partnerin Lady Di sei kein Unfall, sondern ein geplanter Mord gewesen. Die Täterschaft vermutet er beim britischen Nachrichtendienst MI6. Der Fahrer Henri Paul sei von einer Stroboskopwaffe geblendet oder einem Fiat Uno gezielt abgedrängt worden. Hintergrund für die Ermordung soll eine angebliche Schwangerschaft Dianas gewesen sein, die dem britischen Königshaus untolerierbar erschienen sein soll, da Al-Fayed ein Muslim war (Brown, 2007).

In Folge der Anschuldigungen Al-Fayeds wurden verschiedene Variationen der Mordtheorie, insb. im Internet, verbreitet. Diese differieren meist im genauen Tatablauf, teilweise wird ein Killernetzwerk hinter der Ermordung vermutet (Hills, 2005).

Eine britische Untersuchungskommission verwarf nach mehrjähriger Prüfung Al-Fayeds Idee eines Mordkomplotts sowie der Schwangerschaft Dianas (Brown, 2007).

5) Die wahre Geschichte hinter den Anschlägen vom 11. September 2001 entspricht nicht der von der Bush-Regierung verbreiteten Version.

Die Fakten:

Am 11. September 2001 entführten islamistische Terroristen vier Verkehrsflugzeuge auf Inlandsflügen in den USA. Zwei der Flugzeuge lenkten sie in die beiden Haupttürme des World Trade Center-Komplexes in New York. Ein Flugzeug wurde in den Sitz des US-amerikanischen Verteidigungsministeriums, das Pentagon (Arlington, Bundesstaat Virginia) gesteuert. Das vierte Flugzeug stürzte bei Shanksville in der Nähe von Pittsburgh (Bundesstaat Pennsylvania) ab. Bei den Terroranschlägen starben insgesamt ca. 3000 Personen (darunter alle 19 Entführer), die meisten in Gebäuden des World Trade Center -Komplexes. Hier kam es zum Einsturz der beiden Haupt- sowie eines Nebenturmes. Keines der entführten Flugzeuge wurde durch Boden-Boden- oder Boden-Luft-Raketen abgeschossen. Verantwortlich für die Anschläge wird von Seiten der US-Regierung das Terrornetzwerk Al-Qaida gemacht, meist personifiziert durch Osama bin Laden, der sich zur Urheberschaft bekannte (Wienecke, 2001).

Infolge der Anschläge verschärfte die US-Regierung die Anti-Terror-Gesetze. Zudem trat die sog. „Bush-Doktrin“, benannt nach US-Präsident George W. Bush, in Kraft, nach der die USA ein Recht zu Präventivkriegen gegen solche Länder hätten, die den Terrorismus unterstützen (Schley, 2002).

Die Theorie:

Den verschiedenen Verschwörungstheorien zum 11. September ist gemeinsam, dass sie zumindest nicht die volle Verantwortung für die Anschläge dem Terrornetzwerk Al-Qaida geben. Demnach sollen Geheimdienste und Behörden der USA (und Israels) entweder von den Anschlägen gewusst und diese nicht verhindert haben („Let it happen“) oder sogar aktiv („Made it happen“) an diesen beteiligt gewesen sein. Hintergrund soll die Rechtfertigung für Angriffskriege in der arabischen Welt gewesen sein. Die prominentesten Verschwörungstheoretiker sind dabei im deutschsprachigen Bereich der ehemalige Staatssekretär Andreas von Bülow (2003) und der taz-Journalist Mathias Bröckers (2002).

Im amerikanischen Raum sind besonders der rechtsgerichtete Radiojournalist

Alex Jones und der liberale Filmemacher Michael Moore mit Theorien zu Versäumnissen und Verschwörungen in die Öffentlichkeit getreten, wobei diese v.a. auch den Aspekt einer gezielten Radikalisierung und Verunsicherung der US-Bürger in den Fokus stellen (Moore, Czarnecki, Glynn, Hampton, Weinstein & Weinstein, 2004).

6) Die Mondlandung von Apollo 11 hat 1969 nicht stattgefunden, sondern war von der NASA nur inszeniert.

Die Fakten:

Am 25. Mai 1961 kündigte US-Präsident John F. Kennedy an, die USA würden vor Ende des Jahrzehnts einen Menschen zum Mond und wieder sicher zurück zur Erde zu bringen. Das daraufhin begonnene „Apollo"-Weltraumprogramm gipfelte am 20. Juli 1969 in einer erfolgreichen Landung auf dem Mond mit einer Landeeinheit, die den Namen „Eagle" trug. Die drei beteiligten Astronauten waren Neil Armstrong, der den Mond als Erster betrat, Edwin („Buzz") Aldrin sowie Michael Collins, der den Mond jedoch nicht betrat, sondern an Bord des Rückflugmoduls in einer Umlaufbahn auf die Rückkehr der beiden Astronauten wartete. Ein ausgesetzter Reflektor wird seitdem zur Bestimmung der Distanz von Mond und Erde genutzt (von Puttkammer, 2009).

Die Theorie:

Verschwörungstheoretiker meinen, die gesamte Mondlandung sei auf der Erde nachgestellt worden und habe nicht real stattgefunden. Wegbereiter dieser Theorie waren Kaysing und Reid (1976) mit ihrem Buch "We never went to the moon. America's Thirty Billion Dollar Swindle". Durch den in der Folge erschienen Film „Capricorn One"[78] (Lazarus III, 1977) gewann die Theorie an zusätzlicher Popularität und wird mit dem Begriff „Apollo-Hoax"[79] umschrieben. Befürworter dieser Theorie wollen beweisen, dass verschiedene Aufnahmen, Mitschnitte und Fotos der Apollo-Missionen nicht von einer echten Mondlandung stammen können. Überdies hinaus werden Probleme im Apollo-

[78] dt. Titel: „Unternehmen Capricorn"

[79] „Hoax" ist dabei die englische Bezeichnung für eine Fehlmeldung, einen Schwindel oder Scherz.

Programm (v.a. bei dem rückwirkend als „Apollo 1“ bezeichneten Programm „AS-204“, bei dem drei Astronauten ums Leben kamen) dahingehend gewertet, dass die USA nicht dazu in der Lage waren, innerhalb von 8 Jahren ein erfolgreiches Mondlandeprogramm auf die Beine zu stellen, dies jedoch nicht zugeben konnten und folglich eine Landung inszenieren mussten.
In Varianten zum Apollo-Hoax gab es zwar eine Mondlandung oder einen Mondflug, doch würde das „echte“ Material nicht veröffentlicht, da es Beweise außerirdischen Lebens enthalte (Steckling & Steckling (2002)).

7) Es gibt einen Geheimbund der "Illuminaten", deren Symbole das Allsehende Auge, die Pyramide und die Zahl "23" sind.
Die Fakten:
Die Illuminaten waren ein hierarchisch aufgebauter Geheimbund mit verschiedenen Einweihungsgraden, der von Adam Weishaupt[80] im Jahr 1776 gegründet wurde und Ziele der Aufklärung verfolgen sollte. Bis zu seinem Verbot 1785 gehörten ihm einige Prominente wie Goethe oder Knigge an. Als einziges überliefertes Symbol trug der Orden die „Eule der Minerva“ (Grüter, 2006). Die tatsächliche politische Bedeutung des Ordens war eher gering und nach seiner Auflösung verschwand er vollends (Pfahl-Traughber, 2002).
Das allsehende Auge und die Pyramide sind gern verwendete Symbole der Freimaurer (Pöhlmann, 2008).
Die Zahl „23“ wurde erst seit der 2. Hälfte des 20. Jahrhunderts mit den Illuminaten verbunden, maßgeblich hierfür waren die US-Autoren Robert Anton Wilson (Wilson & Shea, 1975, 1977, 1978) sowie William S. Burroughs (Kirsch, 1993).

Die Theorie:
Verschwörungstheoretiker glauben, dass der Illuminatenorden nicht im Jahre 1785 aufgelöst und in seiner Folgezeit zerschlagen wurde, sondern in unter-

[80] Nochmals sei hier erklärt, dass sich beim Autor dieser Arbeit der Schreibfehler von Adam Weishaupt mit „ß“ in seine Fragebogen einschlich. Dies wurde ihm sehr spät gewahr. Deswegen wurde die Schreibweise mit „ß“ überall dort beibehalten, wo es um das (falschgeschriebene) VT-Item geht. Im Fließtext wird die korrekte Schreibweise (Weishaupt) genutzt.

schiedlicher Form fortbestand, u.a. in den amerikanischen Freimaurergruppen sowie der Geheimgesellschaft Skull and Bones an der Eliteuniversität Yale. Diese Nachfolger der Illuminaten seien bis heute aktiv und hätten, im Sinne einer Weltverschwörung, die wahre Macht über die Menschheit inne. Um die Menschen zu verspotten, die nicht in der Lage seien, die von den Illuminaten immer wieder verbreiteten Symbole zu erkennen, würden sie bis heute die Symbole der Pyramide, des allsehenden Auges sowie der Zahl 23 benutzen (de Ruiter, 2000, von Retyi, 2004).

Der Begriff „Illuminaten" wird auch in rechtsextremistischer, esoterischer Literatur synonym zum Begriff „Juden" benutzt (Bundesamt für Verfassungsschutz, 2005).

8) Es gab keine Massenermordung von Juden in Auschwitz (sog. "Auschwitzlüge").

Die Fakten:

Während der nationalsozialistischen Diktatur in Deutschland war eine Rassenlehre Teil der Staatsideologie, nach der Juden einer qualitativ schlechteren Rasse angehörten als deutsche „Arier". Ziel der Staatspolitik war die Auslöschung/ Ermordung „niederer" Rassen, zu denen neben den Juden auch Slawen, Sinti und Roma gehörten. Eine besondere Rolle bei der Umsetzung dieser Politik kam den Konzentrationslagern zu. Während zu Beginn der Diktatur hier v.a. politische Widersacher der Nationalsozialisten getötet wurden, wurden die Konzentrationslager spätestens seit den Pogromen im November 1938 zur gezielten Ermordung von Menschen, insb. jüdischen Glaubens, genutzt. Zusätzlich zu den Konzentrationslagern, in denen „Vernichtung durch Arbeit" als Leitziel galt, gab es sog. „Vernichtungslager", die im Rahmen der „Aktion Reinhardt" eingerichtet wurden, was der Tarnname für die systematische Ermordung aller Juden sowie Sinti und Roma des deutsch besetzten Polens war. Typisch für die Vernichtungslager war die Einrichtung von Gaskammern. Obwohl das KZ Auschwitz-Birkenau nicht zu den „Vernichtungslagern" gezählt wurde (diese waren Treblinka, Sobibor und Belzec), wurden hier trotzdem Gaskammern eingerichtet (Pohl, 2000).

Die genaue Zahlen der in Auschwitz ermordeten Menschen schwankt. Zwischen 1940 bis 1945 starben über 1 Millionen Juden sowie 140000 Polen, 20000 Sinti und Roma und mehr als 10000 sowjetische Kriegsgefangene im KZ Auschwitz-Birkenau. Über 400000 Häftlinge wurden offiziell registriert, mehr als die Hälfte von ihnen verstarb. Hinzu kamen ca. 900.000 nicht-registrierte Deportierte, die sofort nach der Ankunft im KZ vergast wurden (Wikipedia, 2011).

Die Leugnung des Massenmordes an den Juden zur Zeiten der nationalsozialistischen Diktatur, des Holocaust oder der Shoah, ist in vielen Ländern der Welt strafbewehrt, so auch in der Bundesrepublik Deutschland in den §§ 130 und 189 StGB; dies beinhaltet die Leugnung des Massenmordes im KZ Auschwitz-Birkenau (Tröndle, 1997).

Die Theorie[81]*:*

Seit 1945 gibt es Personen, die den Holocaust oder spezielle Aspekte desselben, relativieren, abstreiten, leugnen oder in Frage stellen. Maurice Bardeche (1949) behauptete einige der Beweisdokumente der Anklage der Nürnberger Prozesse für den Holocaust seien von den Alliierten gefälscht worden. Die Gaskammern seien in Wahrheit Desinfektionskammern zur Entlausung gewesen.

Seitdem haben verschiedene Autoren gemutmaßt, dass es keine Massenermordung von Juden gegeben habe. Einige Autoren fokussieren dabei Auschwitz, andere stellen den Genozid an den Juden während der Nazidiktatur als solchen in Frage, wieder andere stellen die Opferzahlen oder technische Details in den Vordergrund. Dabei ist auch die Motivation der Autoren unterschiedlich: Neben eindeutigen Neo-Nazis, wie Ernst Zündel (Shermer, 2002), finden sich unter den führenden Theoretikern auch Personen wie David Irving (Menasse, 2000), der bei ultrarechten Veranstaltungen auftritt, aber eher Geschichtsrevisionist als Rechtsextremer ist, oder David Cole[82], dessen Mutter Jüdin ist, und der sich als Atheist und Rebell gegen das System sieht und den Holocaust insgesamt leugnet (Shermer, 2002).

Aufgrund der Strafbewährung der Holocaustleugnung (s.o.) gestaltet sich die Debatte über die Thematik in der BRD schwierig, sodass hier auch auf eine

---

[81] Der Autor betont, dass er sich von der hier wiedergegebenen Theorie ausdrücklich distanziert.

[82] Nicht zu verwechseln mit dem gleichnamigen Professor für Jura

ausführliche Darstellung der Argumente der Holocaustleugner verzichtet werden soll.
Eine gute Analyse derselben findet sich bei Shermer (2002).
Angemerkt sei, dass David Irving im Jahr 1999 einen Prozess wegen Rufmords gegen eine Historikerin anstrengte, die ihn als „Holocaustleugner“ bezeichnete. Aufgrund des britischen Rechtssystem muss bei einer Klage wegen Rufmord die Verteidigung die Unschuld des Angeklagten beweisen: eine Beweislastumkehr. Der Prozess endete in einem Freispruch der Beklagten. Der vorsitzende Richter stellte nach Prüfung aller von Irving eingebrachter Belege für das Nicht-Stattfinden des Holocaust fest, dass er zwar Verdienste als Historiker habe, bezüglich des Holocaust aber Quellen bewusst verfälsche, gezielt vernachlässige, falsch interpretiere sowie Aussagen Überlebender unzulässig generell abqualifiziere, nur weil diese fehlerhafte Details enthielten (Menasse, 2000).

9) J. F. Kennedy wurde nicht von Lee Harvey Oswald (alleine) erschossen.
Die Fakten:
John Fitzgerald Kennedy (auch: John F. Kennedy oder „JFK“), geboren am 29. Mai 1917, wurde am 20. Januar 1961 zum 35. Präsidenten der USA gewählt. Er war irischer Herkunft und bisher der einzige Katholik in diesem Amt. Mit 43 Jahren war er einer der jüngsten US-Präsidenten. In seine Amtszeit fallen viele wichtige politische Ereignisse und Weichenstellungen, so die erste Mondlandung, die Kubakrise, die Integration der Afroamerikaner, die berühmte Berliner Rede („Ich bin ein Berliner“) oder der eskalierende Vietnamkonflikt. Kennedy pflegte engen Kontakt zu Größen aus dem Show- und Filmgeschäft wie der Schauspielerin Marilyn Monroe (Heideking & Mauch, 2005).
Im Rahmen der Vorbereitung für den anstehenden Wahlkampf reiste Kennedy 1963 durch den Bundesstaat Texas. Am 22. November 1963 besuchte er dabei Dallas. In einem offenen Lincoln-Cabriolet durchfuhr er die Stadt; zusammen mit ihm im Fahrzeug waren seine Frau Jacqueline Bouvier-Kennedy („Jackie Kennedy“), der Gouverneur von Texas John Connally, dessen Frau Nellie sowie die Secret-Service-Agenten Kellerman und Greer, der zudem Chauffeur war. Gegen 12:30 Uhr fielen mehrere Schüsse. Kennedy wurde schwer verletzt und

ins Parkland Memorial Hospital gebracht, wo um 13.00 Uhr sein Tod festgestellt wurde. Bereits wenige Stunden nach dem Attentat wurde Lee Harvey Oswald als mutmaßlicher Täter im Texas Theatre in Dallas verhaftet. Verhörprotokolle sind nicht erhalten. Zwei Tage später, am 24. November 1963, wurde Oswald gegen 11.30 Uhr von Jack Ruby bei der Überführung in das Staatsgefängnis von Dallas erschossen. Der Mord geschah vor laufenden Kameras (Etges, 2003).

In der Folge gab es eine offizielle Untersuchung des Mordfalls durch die sogenannte Warren-Kommission (nach dem Vorsitzenden, Richter Earl Warren, eigentlich: Kommission des Präsidenten über die Ermordung von Präsident Kennedy).

Die Einsetzung der Kommission erfolgte am 29. November 1963 durch Präsident Johnson. Im September 1964 wurde der Abschlussbericht vorgelegt (Etges, 2003).

Die Kommission kam darin zu dem Ergebnis, dass das Attentat das Werk des Einzeltäters Lee Harvey Oswalds gewesen sei. Mitverantwortlich für das Gelingen des Anschlages seien Schwachstellen im Personenschutz für den Präsidenten gewesen. Oswald habe von hinten aus dem sechsten Stock eines Schulbuchlagers drei Schüsse auf die Limousine abgegeben, die für alle Verletzungen verantwortlich seien (Kemper, 1964).

Die Theorie:

Zu kaum einem Ereignis der Welt

ichte gibt es so viele unterschiedliche Argumentationsstränge und Erklärungsansätze wie zur Ermordung Kennedys. Ihnen ist gemeinsam, dass sie die Einzeltäter-Hypothese[83] ablehnen, nach der Lee Harvey Oswald alleine für das Attentat verantwortlich war.

Besondere Popularität erlangten dabei die Untersuchungen des Staatsanwalts Jim Garrison durch den Spielfilm „JFK"[84] von Regisseur Oliver Stone (Stone, Milchan, Ho, 1991), in dem authentisches Material, so der „Zapruder-Film"[85],

[83]Im Englischen meist als „lone gunman"-Hypothese bezeichnet

[84]dt. Titel: „ JFK – Tatort Dallas"

[85]Privatvideo von Abraham Zapruder, der Zeuge des Attentats war

eingewoben wird. Der Film unterstützt parteilich die Sicht von Verschwörungstheoretikern. Hintergrund ist der Prozess, den Garrison von 1967 bis 1969 in der Hauptsache gegen den Geschäftsmann Clay Shaw wegen des Verdachts der Verschwörung zum Mord an John F. Kennedy führte. Der Prozess endete am 1. März 1969 mit einem einstimmigen Freispruch durch die Jury. Allerdings sollte sich 1979 herausstellen, dass Garrison zumindest mit der These, dass Shaw CIA-Mitarbeiter gewesen war, recht hatte (Prouty, 1993).

Viele Verschwörungstheoretiker bauen auf Argumenten von Garrison eigene Theorien auf. Als vermeintliche Ungereimtheiten (Tuckett, 2001, McConnachie & Tudge 2005, Wilson, 2007), die gegen die Einzeltäter-Hypothese sprächen, benennen sie u.a. dabei, dass

- Oswald bereits wenige Minuten nach dem Attentat zur Fahndung ausgeschrieben wurde,
- über 50 Zeugen aussagten, Schüsse gehört zu haben, die von einem Grashügel vor der Limousine abgegeben wurden, diese Aussagen aber von der Warren-Kommission nicht weiterverfolgt wurden,
- Zeugen berichteten, sie hätten zwei Schüsse nahezu gleichzeitig gehört, obwohl das Nachladen rund zwei Sekunden dauert,
- die Größe der Hinterkopfwunde, die von Zeugen beschrieben wurde, nahelege, dass es sich um eine Austrittswunde handele,
- die Präsidenten-Limousine auf Befehl von Präsident Johnson sofort gesäubert und wiederhergestellt wurde statt sie als Beweisstück für Untersuchungen zu sichern.

Gruppen und Personen, über die als Teil einer Verschwörung zur Ermordung von Präsident Kennedy spekuliert wird, sind (nach Tuckett, 2001, McConnachie & Tudge 2005, Wilson, 2007):

- Lyndon B. Johnson: Nutznießer der Ermordung, wurde zunächst Interims-, dann „ordentlicher“ Präsident. Johnson führte eine Änderung der Vietnam-Politik Kennedys durch und soll über texanische Firmenbeteiligungen daran eine Milliarde US-Dollar verdient haben.
- der militärisch-industrielle Komplex: Bereits Eisenhower hatte vor dessen wachsendem Einfluss gewarnt. Kennedy sei durch Rückzugpläne aus

Vietnam sowie seine Kubapolitik zum Problem geworden.

- die CIA: Kennedy verweigerte dem Nachrichtendienst die Möglichkeit die Schweinebuchtinvasion zu unterstützen und entließ Direktor Dulles, der später der Warren-Kommission angehörte.
- das organisierte Verbrechen/ die Mafia: Ein Mordmotiv soll die steigende Zahl von Razzien und Aktivitäten des FBI gewesen sein. Viele der involvierten Personen (z.B. Jack Ruby) hatten Verbindungen zur Mafia.
- Kuba/ Castro: die US-Regierung hatte bis 1962 mehrere Mordanschläge auf Castro verüben lassen und zudem im Rahmen verdeckter Operationen der Nachrichtendienste mehrere Kubaner getötet.
- sonstige: Verschiedentlich kursieren Theorien, die die Freimaurer, die Illuminaten (de Ruiter, 2000), den Fahrer Kennedys oder die Federal Reserve Bank verantwortlich machen. Auch gibt es Theorien, nach denen Kennedy sterben musste, da er die Wahrheit über UFO-Landungen offen machen wollte (diese VT sind v.a. im Internet zu finden (Elies, 2009).

10) Es gibt religiöse Sekten, die die vollständige Kontrolle über die Psyche ihrer Mitglieder haben.

Dieses Item wurde dem Fragebogen von Bruder (2010; vgl. 5.1.2.2) entnommen.

Die Fakten:

Verschiedene Sekten und Psychokulte, wie beispielsweise die Scientology-Sekte, haben einen nachhaltigen und massiven Einfluss auf das Handeln und Denken ihrer Mitglieder. Deswegen sind verschiedene staatliche und kirchliche Stellen damit beauftragt, Menschen dabei zu unterstützen, den Ausstieg aus diesen Kulten zu gestalten sowie die Öffentlichkeit präventiv über mögliche Gefahren, die von diesen Weltanschauungsgruppen ausgehen, zu informieren (Sekten-Info Nordrhein-Westfalen, 2010).

Die Theorie:

Noch weiter gehen Verschwörungstheoretiker, die davon ausgehen, dass Psychokulte vollständige Bewusstseinskontrollen über ihre Mitglieder erlangen können. Sie sollen sich dabei entweder bestimmter „religiöser Rituale" bedienen oder über besondere Techniken verfügen, die ihnen die Kontrolle über die Psyche ihrer Mitglieder erlaubt. So sei es diesen Gruppen auch möglich, ihre Mitglieder gewissermaßen zu „programmieren", sodass sie zu einem späteren Zeitpunkt zu Mördern werden, die im Moment der Tat jedoch keinerlei Kontrolle über ihre Taten haben. Diese religiösen Sekten hätten sich dabei dazu verschworen, die Gesellschaft zu unterwandern, um so in Schlüsselpositionen in Politik und Wirtschaft zu gelangen (z.B. de Ruiter, 2000).

11) Die US-Regierung verschleiert die Landung von Außerirdischen.
Dieses Item wurde dem Fragebogen von Bruder (2010; vgl. 5.1.2.2) entnommen.

Die Fakten:
Da es bisher keine nachweisbare Landung intelligenter außerirdischer Wesen auf der Erde gab, kann folglich keine Regierung, so auch die US-Regierung, eben diese Landung verschleiern. Allerdings gab es in den USA verschiedene staatliche Projekte, wie die Projekte „Bluebook" oder „Majestic 12", in denen zumeist Militärs oder Nachrichtendienste vermeintlichen UFO-Sichtungen nachgingen. Dies findet sich recht objektiv bei Berlitz (1975) dargestellt.

Die Theorie:
Die Bandbreite der Verschwörungstheorien, die der US-Regierung systematische Verschwörung zur Verschleierung der Landung von Außerirdischen vorwirft, ist sehr groß. Ausgangspunkt sind oft tatsächliche militärische Projekte (s.o.), verknüpft mit der Überzeugung, dass es schwarz gekleidete Personen gibt, die sich oft einer nicht zeitgemäßen Sprache bedienen und in die Vertuschungen der UFO-Landungen involviert sind, die sogenannten „Men in Black" (Keel, 2002).
Einige Autoren berichten auch von angeblichen Regierungsabkommen zwischen US-Regierungen und Außerirdischen, wobei den USA außerirdische Technologie überlassen werde, und im Gegenzug die USA für die Geheimhal-

tung dieser Kontakte sorgen, um den Aliens die Möglichkeit zu geben, weiterhin unbemerkt Menschen entführen zu können (Armstrong[86], 1993).

12) Am 2. Juli 1947 ist in Roswell, New Mexico, ein UFO abgestürzt.

Die Fakten:

Im Sommer 1947 fand der Farmer MacBrazel auf seiner Farm ungewöhnliche Trümmerteile. Er vermutete, Teile eines Wetterballons gefunden zu haben und meldete diesen Fund dem Sheriff der Stadt Roswell, New Mexico, USA. Danach wurden die Wrackteile wohl von Militärpersonal eingesammelt und zum Armeeflugplatz gebracht. Unklar ist, was genau gefunden wurde. Am 8. Juli 1947 sprach der Pressesprecher des Roswell-Militärstützpunktes davon, dass ein unbekanntes fliegendes Objekt (UFO) gefunden worden sei. Diese Aussagen widerrief er jedoch später. Wahrscheinlich handelte es sich um einen Spionageballon des US-Militärs und bei der UFO-Meldung um eine gezielte Fehlinformation, da das Spionageballonprogramm zu jener Zeit höchste Sicherheitsstufe hatte. Zwei gründliche Untersuchungen der US-Air Force kamen zu dem Ergebnis, dass in Roswell kein UFO abgestürzt sei, dies folglich nicht vom Militär verheimlicht werde und unterstützen dabei die Version des vertuschten Spionageballonabsturzes (United States Air Force, 1995, 1997).

Die Theorie:

Die Theorie vom Absturz eines UFO in Roswell stammt aus den späten siebziger Jahren. Anfang der achtziger Jahre wurde erstmals behauptet, dass tote Aliens an der vermeintlichen Absturzstelle gefunden wurden und in die Militärbasis „Area 51“ gebracht worden seien (Berlitz & Moore, 1993).

Die Theorie vom UFO-Absturz in Roswell und der anschließenden Vertuschung durch das US-Militär hat Eingang in viele Spiele, Filme und Bücher gefunden.

13) Es gab eine Päpstin Johanna/ Johannes XX.

Die Fakten:

---

[86]Es handelt sich um den Verschwörungsautor Virgil Armstrong, nicht den Astronauten Neil Armstrong.

Das Oberhaupt der römisch-katholischen Kirche ist der Papst. Dieser leitet seine Befugnisse von der Ernennung von Petrus zum Nachfolgers von Jesus durch denselben. Insgesamt gab es bis zum heutigen Tag 264 kirchenhistorisch legitimierte Päpste. „Johannes“ ist der am meisten gewählte Papstname. Aufgrund eines Zählfehlers bzw. unklarer Dokumentation gibt es einen Johannes XIX, der von 1024 bis 1032 Papst war, einen Johannes XXI, der von 1276 bis 1277 Papst war, jedoch keinen Johannes XX. Es gibt keine Lücke in der Papstfolge, die unerklärt wäre oder Dokumente, die eine weibliche Päpstin belegen würden (Fuhrmann, 1998).

Die Theorie:

Bereits seit dem 13. Jahrhundert ist die Legende um eine Päpstin Johanna überliefert, bei der es sich um eine Frau gehandelt haben soll, die sich als Mann ausgab und schließlich als Papst Johannes XX. regierte. Die Päpstin soll 853 in ihr Amt gekommen und bei einer Geburt 855 entlarvt und abgesetzt worden sein. Im Rahmen der Verschwörungstheorie wird davon ausgegangen, dass die katholische Kirche nach wie vor diese Wahrheit vertusche, wobei auf die Vielzahl der Erwähnungen Johannas über die Jahrhunderte verwiesen wird (Stanford, 1998).

In jüngerer Zeit wurde diese VT durch die literarische Bearbeitung von Donna Cross (2001) sowie deren Verfilmung „Die Päpstin“ (Moszkowicz & Berben, 2009) bekannt gehalten.

14) Es gibt verschiedene religiöse Gruppen, die Menschenopfer durchführen.

Dieses Item wurde dem Fragebogen von Martin Bruder (2010; vgl. 5.1.1.2) entnommen.

Die Fakten:

Heutzutage sind in allen Staaten Menschenopfer verboten. Sie werden als Mord eingestuft.

Das rituelle Menschenopfer war in vielen Regionen und Religionen bekannt, so im Glaubenssystem der Kelten (Meehan, 2006) oder bei den Maya und Azteken (Burland & Forman, 1986). Die Behauptung, dass sich bestimmte, vornehmlich kleine Religionsgemeinschaften zum Menschenraub und zur Menschenopferung verschworen hätten, ist ein Erzählmotiv, das zur Diskreditierung der Religionsanhänger genutzt wird. Es findet sich bei der Diskreditierung der Christen durch die Römer und der Juden durch die Christen. Der Soziologe Jeffrey S. Victor findet dieses Motiv in der Angst vor dem Satanismus wieder (Victor, 1993).

Die Theorie:
In neuerer Zeit wurden solche Vorwürfe vor allem gegen sogenannte „satanistische“ Gruppierungen erhoben, wie der Soziologe Jeffrey Victor[87] berichtet, wobei einzelne Mörder, die in Kontakt zu satanistischen Gruppierungen standen, als Prototypen von Satanisten angesehen werden (Victor, 1993). Verschwörungstheoretiker gehen soweit, eine große satanistische Verschwörung zu vermuten, bei der Mord als Teil der Religion praktiziert werde und geheimen magischen Zwecken diene (de Ruiter, 2000).

15) Hinter verschiedenen Geschehnissen der Weltgeschichte stehen in Wirklichkeit die Freimaurer.

Die Fakten:
Die Freimaurer sind eine logenartig aufgebaute Vereinigung, die am ehesten an die Tradition der alten Mysterienkulte anknüpft. Sie sind heutzutage kein Geheimbund, denn ihre Treffpunkte und Statuten sind öffentlich bekannt und zugängig. Die historischen Ursprünge der Freimaurerei können in den Dombauhütten des Mittelalters gesehen werden. Nach eigener Erzähltradition geht die Freimaurerei auf den Tempelbau Salomos zurück, wofür jedoch geschichtliche Belege fehlen (Terhart, 2004).
Ziel der Freimaurerei ist die Selbsterkenntnis, wobei Initiationsrituale helfen sollen, auf diesem Weg weiterzukommen. Als Ideale vertreten die Freimaurer ein aufgeklärtes, aber deistisches Weltbild, was immer wieder zu Konflikten insbesondere mit der katholischen Kirche und der staatlichen Obrigkeit führte. In der

[87]kein Verschwörungstheoretiker

Zeit der Nazidiktatur waren Freimaurer in Deutschland politischer Verfolgung ausgesetzt, die Freimaurerei wurde verboten, bekennende Freimaurer wurden in Konzentrationslager deportiert, in denen es ein eigenes Zeichen (analog zum David-Stern) für Freimaurer gab (Pöhlmann, 2008).

Die Theorie:

Der logenartige Aufbau in Kombination mit der Geheimhaltung ihrer Initiationsrituale sowie den aufklärerischen Idealen machen die Freimaurer seit Jahrhunderten zum Ziel von Verschwörungstheorien.

Dabei wird ihnen unterstellt, sie strebten eine „neue Weltordnung" an, bei der alle Menschen unter der Kontrolle der Freimaurer stünden. Besonders aktiv seien dabei Freimaurer höherer Einweihungsränge, sog. „Hochgradfreimaurer" (van Helsing, 2010).

Auch die Tatsache, dass es viele prominente Freimaurer in der Geschichte gab, wie George Washington, wird den Freimaurern oft zum Nachteil gereicht und als Indiz für das Bestehen der Verschwörung gewertet. Öffentlichkeitswirksam griff zuletzt der Romanautor Dan Brown (2009) dieses Thema in seinem Roman „Das verlorene Symbol" auf.

Eine gute Übersicht über die Herkunft antifreimaurerischer VT, ihrer Bedeutung für den Nationalsozialismus, dessen Theoretiker an eine „jüdisch-kommunistisch-freimaurerische" Weltverschwörung glaubten, und die Wiederkehr solcher Theorien in den Werken moderner Autoren, findet sich bei Pfahl-Traughber (2002b).

16) Die Pharmaindustrie blockiert die Verbreitung gewisser sinnvoller Medikamente.

Die Fakten:

Nach Angaben des Verbandes Forschender Arzneimittelhersteller in Deutschland (VFA) lagen die Investitionen im Jahr 2009 allein der deutschen Pharmaunternehmen in den Bereichen Forschung und Entwicklung bei 5,2 Milliarden Euro, weltweit (Europa, Japan, Deutschland und USA) bei 87,1 Milliarden

Euro (VFA, 2011). Im Jahr 2009 wurden zudem 10289 Patente für neue Medikamente erteilt, wobei die Erteilung eines Patents die Offenlegung von Zusammensetzung und Herstellungsweise erforderlich macht (VFA, 2011b).

Die Theorie:

Verschwörungsgläubige gehen davon aus, dass es zwischen den Pharmakonzernen Absprachen gäbe, bereits gefundene Medikamente zur Heilung, insb. tödlicher Erkrankungen, nicht zu verbreiten bzw. sogar deren Verbreitung zu verhindern. Dies beträfe vor allem solche Krankheiten, die bisher als unheilbar eingestuft würden, wie z.B. Krebs (Bollinger, 2011). Hintergrund sei, dass die Konzerne durch den Verkauf der Heilmittel weniger verdienen würden als sie durch den Verkauf von Medikamenten verdienten, die nicht heilend, aber die Symptome kurierend sind, wie z.B. Schmerzmittel (Kroiss, 2007).

17) Die Bibel enthält verschlüsselte Botschaften (sog. Bibel-Code).

Die Fakten:

Die Bibel ist die Heilige Schrift des Christentums. Ihre älteren Teile, das sogenannte „Alte Testament“, finden sich zudem in der Tora des Judentums wieder (Hattstein, 1997). Die Suche nach geheimen Botschaften in der Bibel ist unter Mystikern verbreitet, wobei insbesondere eine Codierung von Buchstaben in Zahlenwerte erfolgte. So weist bspw. die Zahl 666 für den Antichristen auf den Römischen Kaiser Nero hin.

Die Idee eines prophetischen Textes, der auch noch zutreffend ist, wird von den meisten Fachleuten zurückgewiesen. Diese weisen darauf hin, dass sich in einem hinreichend langen Text immer zufällige Übereinstimmungen zu realen Begriffen finden (Schmeh, 2006).

Die Theorie:

Hauptverbreitung erfuhr diese VT durch die Bücher von Drosnin (1997, 2002). Dieser betrachtete im selben Abstand (Äquidistanz) Buchstaben der Bibel, wobei er so aneinander gefügt Begriffe wie „Adolf Hitler“ oder „Winston Churchill“ fand. Nach Drosnins Meinung weist der Urtext der Bibel auf Ereignisse der Weltgeschichte hin, auch auf zukünftige apokalyptische Ereignisse (Drosnin, 2002).

18) Jesus hat mit Maria Magdalena Kinder gezeugt, was von der Kirche vertuscht wird.

Die Fakten:

Weder der Koran noch der Talmud oder die Bibel berichten von einer Familie des Jesus von Nazareth. Die katholische Kirche leitet den Zölibat letztendlich von der Kinderlosigkeit Jesu ab. Zwar wird in apokryphen Schriften davon berichtet, dass es eine Frau gab, die Jesus besonders nahe stand, doch wird auch hier nicht davon gesprochen, dass sie seine Lebensgefährtin oder Ehefrau gewesen sei oder Kinder mit ihm gehabt habe (Schindler, 1998). Folglich wird die Nachfolge Jesu nicht per Blutsrecht, wie bei Monarchen, hergeleitet, sondern durch Berufung (hier gewöhnlich der Apostel Petrus).

In der Person der Maria Magdalena vermischen sich im Volksglauben verschiedene Episoden des neuen Testamentes, so eine Frau, die Jesus mit ihren Haaren die Füße trocknete, eine Hure, die Jesus vor der Steinigung rettete, und „Maria aus Magdala“. Diese drei Figuren sind dem biblischen Kontext nach jedoch nicht als ein und dieselbe Person anzusehen.

Die Theorie:

Die Erzählung einer intimen Verbindung zwischen Maria Magdalena und Jesus ist seit langem Teil des christlichen Volksglaubens. Zur größeren Bekanntheit gelangte diese Theorie sowie die Annahme der systematischen Vertuschung dieser „Wahrheit“ durch eine Verschwörung der katholischen Kirche durch das Werk „Der heilige Gral und seine Erben“ (Lincoln, Baigent & Leigh, 2002). Dieses Buch wurde belletristisch durch Dan Brown in seinem Buch „Sakrileg“

(Brown, 2004) verarbeitet.

Lincoln et al. (2002) gehen davon aus, dass das Geheimnis des heiligen Grals in Wirklichkeit das Geheimnis um die Blutlinie Jesu sei. Jesus und Maria Magdalena seien ein Paar gewesen, das Kinder gezeugt habe, deren Blut über einige Zwischenstationen dann letztendlich im Herrschergeschlecht der Merowinger aufgegangen sei. Da die katholische Kirche Angst habe zuzugeben, dass sie nicht in der rechtmäßigen Nachfolge Jesu stehe (was bei seinen Kindern der Fall sei), habe man sich verschworen, um die Wahrheit über die Nachfolge Jesu zu vertuschen (Lincoln et al., 2002).

19) Einflussreiche jüdische Familien kontrollieren große Bereiche des Weltgeschehens.

Die Fakten:

Historisch betrachtet war es Christen lange Zeit verboten, Zinsen auf das Verleihen von Geld zu nehmen, während parallel die Juden mit Berufsverboten in vielen Bereichen belegt waren. Beides wurde religiös begründet (Grüter, 2006). So erklärt sich, dass der Beruf des Geldverleihers, der von Christen nicht wahrgenommen werden durfte, schnell zu einer der Haupttätigkeiten der Juden wurde. Zudem herrscht unter Juden ein hohes Maß an Zusammengehörigkeit, das die Weitergabe beruflicher Traditionen beinhaltet.

Die Theorie:

Besonders die jüdische Bankiersfamilie Rothschild ist durch ihre guten Verbindungen in die Politik immer wieder Gegenstand antijüdischer Verschwörungstheorien geworden. Da offen antisemitische Schriften weltweit zunehmend verboten werden, wird in der einschlägigen Verschwörungsliteratur auch auf die Termini „Die Ostküste“, „Die Illuminaten“ bzw. „Das Hochkapital“ (van Helsing, 1993) ausgewichen[88].

[88]Dies ist problematisch, da dies einem uneingeweihten und nicht rechtsextremen/ antisemitischen Leser dies nicht bewusst sein muss. Auf genauere Ausführung der strafrechtlich relevanten Theorien wird verzichtet.

20) Elvis Presley starb nicht 1977, sondern tauchte unter.

Die Fakten:

Elvis Aaron Presley, geboren am 8. Januar 1935, war ein US-amerikanischer Sänger und Schauspieler. Wegen seines großen Einflusses auf das Rock- und Popgenre trug er den Beinahmen „The King“. Zum Ende seiner Karriere hin hatte Elvis massive Ernährungs- und Drogenprobleme, die am 16. August 1977 zu einem plötzlichen Herztod führten (Robertson, 2006).

Die Theorie:

Der relativ frühe Tod im Alter von 42 Jahren und die vergleichsweise spärlichen Informationen über die Ablebenssituation führten zu Gerüchten, nach denen Elvis Presley selbst seinen Tod vorgetäuscht habe, um sich dem Trubel des Showbusiness zu entziehen. Besonders große Bekanntheit erhielt diese VT durch unterschiedliche „Sichtungen“ des Verstorbenen. Eine Aufbereitung dieser VT aus skeptischer Sicht findet sich bei Harder (2010).

21) Adolf Hitler beging 1945 keinen Selbstmord in Berlin, sondern lebte an einem anderen Ort weiter.

Die Fakten:

Adolf Hitler, geboren am 20. April 1889 in Braunau (Österreich), herrschte als Diktator über das Deutsche Reich von 1933 bis 1945. In dieser Zeit begann Hitler den Zweiten Weltkrieg (mit dem Überfall auf Polen) und versuchte, ganze Bevölkerungsschichten, wie Juden oder Sinti und Roma, systematisch zu vernichten. In den letzten Tagen des Zweiten Weltkrieges, der mit der deutschen Kapitulation Anfang Mai 1945 endete, verschanzte sich Hitler mit einigen Gefolgsleuten in einer Bunkeranlage im umkämpften Berlin. Dort vermählte er sich mit seiner Lebensgefährtin Eva Braun am 29. April 1945. Am Tag darauf beging Adolf Hitler mit seiner Ehefrau Selbstmord durch Erschießen. Ihre Leichen wurden anschließend verbrannt (Steffahn, 1983).

Die sterblichen Überreste wurden zwar eindeutig identifiziert, jedoch lange durch die UDSSR geheimgehalten (Argunova, 2011).

Die Theorie:

Da sich einige hohe Nationalsozialisten in den letzten Kriegstagen nach Südamerika absetzen konnten, vermuten Verschwörungstheoretiker bis heute, dass dies auch Adolf Hitler gelungen sei (Argunova, 2011).

Bizarrere Theorien postulieren ein Entkommen Hitlers im Rahmen eines Bündnisses mit Außerirdischen oder durch Zeitreisen.

22) Uwe Barschel hat 1987 in Genf keinen Selbstmord begangen, sondern wurde ermordet.

Die Fakten:

Uwe Barschel, geboren am 13. Mai 1944, war von 1982 bis 1987 Ministerpräsident des Landes Schleswig-Holstein. Am 31. Mai 1987 stürzte ein Flugzeug ab, in dem sich Barschel befand und als Einziger überlebte. Im selben Jahr verstrickte Barschel sich im Landtagswahlkampf in eine Abhöraffäre. Zur Beteuerung seiner Unschuld gab Barschel eine öffentliche Erklärung ab, in der er versprach, nichts mit dem Vorgängen zu tun zu haben („Ehrenwort-Konferenz"). Es verdichteten sich jedoch die Hinweise auf ein Zutreffen der Anordnung der Bespitzelung der politischen Gegner durch Barschel (Wikipedia, 2011c).

Am 11. Oktober 1987 wurde Barschel im Genfer Hotel „Beaurivage" von einem Fotografen des Magazins „Stern" ertrunken in seiner Badewanne gefunden. Schleswig-Holsteins Generalstaatsanwalt Erhard Rex kam zu dem Schluss, dass es sich um einen Selbstmord gehandelt haben müsse (Rex, 2007).

Die Theorie:

Die unterschiedlichen politischen Verwicklungen Barschels (so zu Waffenlieferungen in den Iran) führten zum Aufkommen von Verschwörungstheorien zu einem angeblichen Mordkomplott (Wilson, 2007). Gestützt wird diese These insbesondere auf die Art des eingesetzten Giftes sowie auf angebliche Ermitt-

lungsfehler der Behörden (Mergen, 1988).
Zudem glaubt auch die Witwe des verstorbenen Ministerpräsidenten nicht an einen Selbstmord und trat damit an die Öffentlichkeit, zuletzt 2010 im Rahmen der RTL-Fernsehshow „Das Medium". Dabei behauptete ein Medium, Kontakt zu dem verstorbenen Uwe Barschel aufzunehmen und die Richtigkeit der Mordtheorie zu bestätigen.

23) Scientology besitzt großen Einfluss in der BRD; verschiedene Großunternehmen gehören zu Scientology.
Die Fakten:
Scientology ist eine Organisation, deren Gründer der US-Amerikaner Lafayette Ronald Hubbard war. Scientology beansprucht den Status einer Religion bzw. Kirche. Seit 1996 steht Scientology u.a. in NRW wegen verfassungsfeindlicher Bestrebungen unter Beobachtung des Verfassungsschutzes (Innenministerium des Landes Nordrhein-Westfalen, 1996, 1997). Dieser stellte zuletzt fest, dass die „Scientology Organisation" in Deutschland bis zu 6000 Mitglieder habe (Ministerium für Inneres und Kommunales des Landes Nordrhein-Westfalen, 2010). Die Organisation verfüge über

> „Strukturen mit totalitärem Anspruch und menschenverachtenden Tendenzen. Mit Hilfe ihrer offiziellen Niederlassungen und zahlreichen Tarnorganisationen strebt „Scientology" durch Infiltration die Führung von Politik, Wirtschaft und Gesellschaft an." (Ministerium für Inneres und Kommunales des Landes Nordrhein-Westfalen, 2010)

Um dem entgegenzuwirken, informiere der Verfassungsschutz aktiv präventiv Unternehmen und Personen. Diese Information erfolge zunehmend über moderne Medien, aber auch über öffentliche Stellen, wie die weltanschaulich neutrale „Sekteninfo NRW". Auf Nachfrage teilte diese mit, dass in der Tat in einigen mittelständischen Unternehmen Scientologen tätig seien, aber dieser Einfluss nicht bis zur Kontrolle großer deutscher Unternehmen reiche (Sekteninfo NRW, persönliche Kommunikation). Um eine gezielte Unterwanderung des öffentlichen Lebens durch Scientologen zu verhindern, gibt es bei der Vergabe öffentlicher Aufträge mittlerweile die sogenannte „Scientology-Klausel“, in der teilnehmende Unternehmen versichern müssen, nicht scientologisch zu sein.

Die Theorie:

Insbesondere im Internet kursieren immer wieder Behauptungen, nach denen einzelne oder mehrere Großunternehmen vollständig in Scientology-Hand seien. Dazu zählen große Brauereien, Schuhhersteller oder Zirkusfamilien[89]. Keine dieser Behauptungen konnte bisher bewiesen werden.
Gleichwohl erhalten solche Theorien immer wieder Nahrung durch reale Verstrickungen Scientologys in Wirtschaftsunternehmen (Hartwig, 1994).

24) Auf der 1-Dollar-Banknote finden sich versteckte Hinweise auf Verschwörungen.

Die Fakten:

Der Dollar ist das gesetzliche Zahlungsmittel der Vereinigten Staaten von Amerika, wobei Dollarnoten seit dem Jahr 1861/ 1862 im Umlauf sind. Seit 1913 ist die „Federal Reserve Bank“ (FED) als Zentralbank für die Herstellung der Dollarnoten verantwortlich. Die Ein-Dollar-Note ist grün und zeigt das große Siegel der Vereinigten Staaten, das das offizielle Hoheitszeichen der USA ist. Dieses Siegel wurde 1782 eingeführt und beinhaltet eine tiefere Symbolik, die sich teilweise an freimaurerischen Idealen von Aufklärung und Selbstverwirklichung orientiert. Sie trägt zudem die lateinischen Schriftzüge „Annuit Coeptis“[90] und „Novus Ordo Seclorum“[91] (Harder, 2010; U.S. Department of the Treasury, 2012).

Die Theorie:

Verschiedene Verschwörungstheorien bringen die Pyramide und das allsehende Auge (fälschlicherweise) mit dem Illuminatenorden in Verbindung, der über

[89]Die hier nicht namentlich genannt werden, um keinen Rufmord zu begehen.

[90]dt.: „Er [Gott] hat das Begonnene gesegnet“

[91]dt.: „Eine Neuordnung der Zeit“

das Finanzsystem bis heute die USA kontrolliere. Zudem wird der Schriftzug „Novus Ordo Seclorum“ oft (ebenso fälschlich) als „Neue Weltordnung“ übersetzt, was dafür sprechen solle, dass es eine globale Verschwörung gäbe, die versuche, eine Weltdiktatur zu errichten (von Retyi, 2004, Icke, 2010).

25) Die Infrastruktur terroristischer Netzwerke kann leicht mit der von Polizei und Sicherheitsdiensten mithalten.

Dieses Item wurde dem Fragebogen von Martin Bruder (2010; vgl. 5.1.1.2) entnommen. Es ist weniger Ausdruck einer konkreten Verschwörungstheorie, als einer allgemeineren Angst, dass es Verschwörungen im Rahmen der organisierten Kriminalität gibt, deren Möglichkeiten zumindest den staatlichen Organisationen gegenüber ebenbürtig sind.

26) Eine kleine Gruppe von Personen lenkt die Geschicke der Erde.

Dieses Item stellt eine Verdichtung verschiedener Verschwörungstheorien dar, die alle davon ausgehen, dass es so etwas wie eine „illegitime Weltregierung“ gebe. Dabei differieren sie oft deutlich darin, ob diese Regierung bereits tätig (de Ruiter, 2000) oder kurz vor der Machtübernahme (von Retyi, 2004) ist. Einige Autoren glauben, dass diese Gruppe im Kern außerirdisch sei (Icke, 2010). Es finden sich aber auch Herleitungen mit antisemitischen Motiven (van Helsing, 2004). Gemeinsam ist diesen Theorien die besondere Betonung übernationaler Organisationen, wie der Trilateralen Kommission, der Bilderberger oder der G8-Gipfel.

27) Es gab am 11. September 2001 kein Flugzeug, das ins Pentagon stieß.

Die Fakten:

Im Rahmen der Terroranschläge vom 11. September 2001 wurde eines der vier entführten Flugzeuge in den Sitz des US-Verteidigungsministeriums, das Pentagon in Arlington, gelenkt. Dieses war das dritte Flugzeug, wobei die ersten beiden Flugzeuge ins World Trade Center einschlugen und das vierte Flugzeug bei Shanksville abstürzte. Dieses Flugzeug führte zu einem Großbrand des Verteidigungsministeriums und einer folgenden Sperre des gesamten US-Luftraums (Wienecke, 2001).

Die Theorie:

Verschiedentlich wird behauptet, dass das Pentagon in Wirklichkeit von einem sogenannten „Marschflugkörper", einer gesteuerten Rakete, getroffen worden sei und nicht von einem Flugzeug. Maßgeblich zur Stützung dieser Hypothese wird herangezogen, dass der Luftraum über dem Pentagon als am besten geschützter Luftraum der Welt galt, dass (angeblich) Videoaufzeichnungen vom Einschlag vollständig fehlen sowie die strikte Geheimhaltungspolitik, was die verbleibenden Teile des eingeschlagenen Flugzeuges angeht (Elies, 2012).

28) Es gibt spezielle staatliche Einrichtungen, die versuchen, Zeugen von UFO-Landungen zum Schweigen zu zwingen.

Die Fakten:

Bisher sind keine UFO-Landungen dokumentiert. Dementsprechend ist auch der Aufbau staatlicher Einrichtungen, die UFO-Landungszeugen zum Schweigen bringen, sinnlos. Hingegen gibt es Netzwerke von Privatpersonen, die UFO-Sichtungen dokumentieren und auswerten, und dies auch im Internet ungestört tun.

Die Theorie:

Unter UFO-Gläubigen wird teilweise davon ausgegangen, dass es eine Verschwörung offizieller Stellen gebe, mit dem Ziel, die Wahrheit über UFO-Landungen zu vertuschen. Dazu gehören meist nachrichtendienstliche Stellen, die damit beauftragt werden, durch Androhung von Gewalt oder ähnliche Techniken Zeugen von UFO-Landungen zum Schweigen zu bringen (Armstrong, 1993).

Im nordamerikanischen Bereich sind vor allem die sogenannten „Men in Black" zu nennen, über deren Auftreten seit den 50er Jahren berichtet wird. Dabei sind sich jedoch nicht alle UFO-Gläubigen einig, ob diese „Men in Black" zu staatlichen Stellen gehören oder selbst Außerirdische sind (Keel, 2002).

29) Der Mythos von der vom Menschen verursachten Erderwärmung wurde von der Umwelt-Lobby erfunden.

Die Fakten:

Um die wissenschaftliche Untermauerung des Klimawandels kümmert sich das Intergovernmental Panel on Climate Change (IPCC), eine übernationale Einrichtung der Vereinten Nationen, die hierzu auch regelmäßig Berichte vorlegt und diese im Internet veröffentlicht. Als globale „Erderwärmung" wird der Anstieg der Durchschnittstemperatur der Erdatmosphäre bezeichnet. Dabei wird mittlerweile davon ausgegangen, dass diese Erderwärmung durch das Handeln des Menschen verursacht wird, insbesondere der Ausstoß des Treibhausgases Kohlendioxid sei für das Aufheizen des Erdklimas verantwortlich. Die Erderwärmung führe zu massiven Veränderungen, z.B. dem Ansteigen der Meere oder dem Aussterben von Tierarten und ist eines der derzeit größten Probleme der Menschheit. Mittlerweile erkennt die Mehrheit der Staaten die Problematik der Erderwärmung und verpflichtet sich zu Zielen wie der Kohlendioxidreduktion (IPCC, 1995, 2001, 2007).

Die Theorie:

Verschwörungsgläubige zweifeln an einer durch den Menschen verursachten Veränderung des Weltklimas. Vielmehr machen sie normale Schwankungen des Klimas für die Wetterphänomene der letzten Jahre verantwortlich. Als Hintergrund nehmen sie eine sogenannte „Umwelt-Lobby" an, die durch die Verbreitung der These von der Weltklimaveränderung eigene wirtschaftliche Interessen durchzusetzen versucht (Thüne & Helmes, 2010).

Ein mediales Echo fand diese Verschwörungstheorie in der Dokumentation „The Great Global Warming Swindle" (Durkin, 2007).

30) Die Wissenschaft verschweigt systematisch Beweise für eine urzeitliche Landung von Außerirdischen.

Die Fakten:

Bisher gibt es keine Belege für eine Landung von außerirdischen Wesen auf der Erde, somit auch nicht für eine urzeitliche.

Himmlische Wesen spielen in vielen Religionen eine Rolle. Auch ähneln sich die Beschreibungen einiger religiöser Schriften. So finden sich Sintflutbeschreibungen sowohl in der Bibel als auch im Hinduismus (Hattstein,

1997). Die Wissenschaft vertuscht jedoch diese Übereinstimmungen nicht, sondern geht viel mehr darauf ein, bspw. im Rahmen von Archäologie oder vergleichender Religionswissenschaften.
Einige Wissenschaftler gingen sogar gerade auf die von Erich von Däniken ins Feld geführten Argumente ein, so Markus Pössel auf das angebliche Wissen eines afrikanischen Stammes über unbekannte Himmelskörper, das er jedoch nicht bestätigt fand (Pössel, 2000).

Die Theorie:
Bekannt wurde die Theorie, dass hinter dem Götterglaube verschiedener Kulturen letztendlich die ferne Erinnerung an die Besuche außerirdischer Lebensformen auf der Erde steht, vor allem durch den Schweizer Buchautor Erich von Däniken. Von Däniken und Andere weisen dabei zunächst auf Parallelen in den Heiligen Schriften verschiedener religiöser Gruppen hin. In einer wortwörtlichen Auslegung dieser Schriften bzw. in umstrittenen Übersetzungen derselben finden sie ihres Erachtens Hinweise auf Hochtechnologien, mit denen der frühzeitliche Mensch in Kontakt geriet. Diese Technologien sollen dann von den damals lebenden Menschen als Magie oder göttliches Handeln interpretiert worden sein. Gerne wird dabei auf archäologische Artefakte verwiesen, denen ein, von der Lehrmeinung abweichender, Bedeutungshorizont zugewiesen wird, der zumeist mit technischen Geräten oder Wissen zu tun hat, das zu der damaligen Zeit nicht verfügbar gewesen sein soll (von Däniken, 1968, 1969, 1972; Ercivan, 2001).
Solche Theorien werden von Seiten der Gläubigen oft mit den Begriffen „Prä-astronautik" oder „Paläo-SETI" belegt, in der Hoffnung, dass sich hieraus eine wissenschaftliche Forschungsrichtung etablieren könnte.

31) Es gibt Nachrichtendienste, die Unterlagen über die meisten täglichen Aktivitäten unserer Bürgerinnen und Bürger haben.
Dieses Item wurde dem Fragebogen von Martin Bruder (2010; vgl. 5.1.1.2) entnommen und stellt keine spezifische Theorie im eigentlichen Sinne dar, sondern rückt vielmehr ein allgemein verschwörungstheoretisches Denken in den Fokus. Die Sammlung von Unterlagen über die täglichen Aktivitäten seiner Bürger ist

ein typisches Zeichen totalitärer Staatssysteme. Die Idee der völligen Überwachung des Bürgers durch den Staat findet sich in vielen Dystopien, am bekanntesten wohl in George Orwells Buch „1984“ (Orwell, 2004). In einem demokratischen Rechtsstaat, wie der Bundesrepublik Deutschland, sind hingegen der Überwachung des Bürgers durch den Staat enge Grenzen gesetzt, die u.a. ein Eindringen in die Privatsphäre nur bei einem begründeten Anfangsverdacht erlauben.

32) Die "Prieuré de Sion" waren ein Geheimbund dessen Aufgabe der Schutz des heiligen Grals und seines Geheimnisses war.

Die Fakten:

In der christlichen Tradition ist der „Heilige Gral“ sowohl der Kelch, der beim letzten Abendmahl Christi gereicht wurde als auch das Gefäß, in dem das Blut des am Kreuz hängenden Jesus aufgefangen wurde. Das Trinken aus diesem soll zu wundersamen Effekten wie der Heilung von Wunden führen. Gralslegenden tradierten über die Jahrhunderte hinweg und führten im Mittelalter zu einer ausgeprägten Gralsdichtung, bei der der Gral verstärkt allegorisch verstanden wurde und Inbegriff der Rittertugenden war (Burstein, 2004).

Die Geschichte des Geheimbundes „Prieuré de Sion“ ist die Erfindung des Betrügers Pierre Plantard, der mit der Geschichte eines hinter den Tempelrittern stehenden Geheimbundes die Autoren Lincoln, Baigent und Leigh täuschte, was er 1989 eingestehen musste (Wörther, 2006).

Die Theorie:

Trotz Plantards Eingeständnis bei der Polizei 1989 (Wörther, 2006) wird diese VT nach wie vor verbreitet, so bspw. durch den Roman „Sakrileg“ (Brown, 2004).

Das Geheimnis des Grals soll dabei das Wissen um die Fortführung der Blutlinie Jesu Christi sein, wobei der Gral allegorisch für einen aufnehmenden Aspekt, das Weibliche, stehen soll. Der Geheimbund „Prieuré de Sion“ sei eng mit den Tempelrittern verbunden und hätte diese Wahrheit bei Ausgrabungen auf dem Tempelberg in Jerusalem gefunden. Ebenso wie die Wahrheit über

Kinder Jesu Christi (vgl. Magdalena-VT) werde auch diese Wahrheit von einer Verschwörung der Kirche unterdrückt, um ihren Herrschaftsanspruch nicht zu gefährden (Lincoln, Baigent & Leigh, 2002).

33) Die Zarentochter Anastasia hat die Ermordung ihrer Familie überlebt.
Die Fakten:
Anastasia Nikolajewna Romanowa (geboren im Juni 1901) war die jüngste Tochter der russischen Zarenfamilie Romanow. Im Umfeld des russischen Bürgerkriegs von 1917 bis 1920 ermordeten die sogenannten Bolschewiki die gesamte Zarenfamilie. Anastasia wurde in der Nacht zum 17. Juli 1918 bei Jekaterinburg ermordet. Im Jahr 2000 wurden alle ermordeten Romanows von der Russisch-Orthodoxen Kirche heilig gesprochen.

Die Theorie:
Den verschiedenen Verschwörungstheorien ist gemeinsam, dass Anastasia die Ermordung überlebt habe, ihr aber nicht ermöglicht werde, ihr rechtmäßiges Erbe anzutreten. Dabei stand vor allem Anna Anderson (alias Anastasia Manahan) im Fokus der Wahrnehmung, deren Fall sogar 1956 mit Ingrid Bergman in der Hauptrolle in dem Kinofilm „Anastasia“ verarbeitet wurde (Adler, 1956). Anderson führte vor deutschen Gerichten mehrere Prozesse über die Anerkennung ihrer Person als Zarentochter, da deutsche Adlige als Erben des Zaren begünstigt worden waren, die sie jedoch verlor (Kurth, 1988). Ein DNA-Test widerlegte zudem im Jahr 1994 Andersons Behauptung.

34) E-Mails werden häufig von Nachrichtendiensten anderer Länder gelesen.
Dieses Item wurde dem Fragebogen von Martin Bruder (2010; vgl. 5.1.1.2) entnommen und stellt keine spezifische Theorie im eigentlichen Sinne dar, sondern vielmehr ein allgemein verschwörungstheoretisches Denken.

35) In der ehemaligen UDSSR gab es mehrere schwere vertuschte Atomkraftunfälle
Die Fakten:
Die UDSSR bestand als Staat von 1918 bis 1991 (Schwachulla, 1996). Auf ih-

rem Staatsgebiet ereignete sich der bisher schwerste atomare Unfall weltweit, und zwar am 26. April 1986 im Atomkraftwerk Tschernobyl in der heutigen Ukraine (Schwachulla, 1996b).

Die Theorie:

Das kommunistische Regime in Moskau war für seine mangelnde Offenheit bekannt. So soll es auch systematisch Berichte über Vorfälle in anderen Kernkraftwerken vertuscht haben (Elies, 2012b). Bei einem solchen Unfall im Südural 1957 sei es zu Tausenden Verletzten und Hunderten Toten gekommen (Medwedjew, 1979).

Hintergrund der Vertuschungen soll der Wunsch gewesen sein, vor den westlichen Staaten und dem eigenen Volk nicht schlecht dazustehen.

36) Kasper Hauser war ein beiseite geschaffter Erbprinz.

Die Fakten:

Am 26. Mai 1828 tauchte Kaspar Hauser im Alter von ca. 16 Jahren in Nürnberg auf. Er war geistig zurückgeblieben und redete wenig. Seinen eigenen Aussagen nach soll er bis dahin ganz allein im Dunkeln herangewachsen sein. Der Fall wurde weltbekannt, Hauser lebte bei wechselnden Pflegeeltern. Am 17. Oktober 1829 fand man ihn mit einer ungefährlichen Schnittwunde, am 14. Dezember 1833 kam er mit der letztendlich tödlichen Stichwunde nach Hause. Beide Male behauptete er, Opfer eines Attentats zu sein. Es wird vermutet, dass er sich die Wunden aus Enttäuschung über das nachlassende öffentliche Interesse an seiner Person selbst zufügte. Hauser verstarb am 17. Dezember 1833 (Wikipedia, 2012c).

Aufgrund der Besonderheiten des Falls, insbesondere der selbst behaupteten Sinnesdeprivation, wurde der Fall oft pädagogisch, medizinisch und psychologisch diskutiert. Bekanntheit erlangte u.a. das Theaterstück „Kaspar", das von den Vorkommnissen inspiriert ist (Handke, 1998).

Die Theorie:

Bereits zu Hausers Lebzeiten kursierte das Gerücht, er sei ein Erbprinz von Baden, der gegen einen sterbenden Säugling ausgetauscht worden sei. Diese

Theorie hält sich bis in unsere Tage (Mehle, 1994) trotz genanalytischer Befunde, die diese Vermutung nicht stützen (Weichhold, Bark, Korte, Eisenmenger & Sullvian, 1998).

37) Marinus van der Lubbe ist nicht verantwortlich für den Reichstagsbrand im Jahre 1933, sondern die Nazis.

Die Fakten:

Am 27. Februar 1933 brannte der Reichstag in Berlin. Als Brandstifter wurde der Kommunist Marinus van der Lubbe verhaftet. Die Nazis nutzten das Feuer, um gegen den politischen Gegner zu agitieren und eine Verschärfung ihrer Handlungsweise zu rechtfertigen. So erließen sie bereits am nächsten Tag ein Gesetz, das die Grundrechte des Volkes größtenteils außer Kraft setzte (Hey, Pandel & Radkau, 1992).

Geschichtswissenschaftler sind sich heute größtenteils einig, dass der Reichstagsbrand die Tat von Marinus van der Lubbe war (Backes, Janßen, Jesse, Köhler, Mommsen & Tobias, 1987).

Die Theorie:

Bis heute wird, vor allem in politisch linken Kreisen, die Theorie vertreten, nach der die Nationalsozialisten den Reichstagsbrand selbst gelegt hätten, um diesen Marinus van der Lubbe und im Folgenden linken Parteien anzuhängen. Dabei wird auf die positive Wirkung des Reichstagsbrands für die Zwecke der NSDAP verwiesen und ein zufälliges Zusammenfallen dieser Vorgänge mit der Machtergreifung der Nazis zurückgewiesen (van Soer, 1983).

38) Die RAF-Terroristen in Stammheim haben 1977 keinen Selbstmord begangen.

Die Fakten:

1977 befanden sich in der JVA Stuttgart-Stammheim führende Köpfe der Terrorvereinigung Rote Armee Fraktion (RAF) in Haft. Andere Mitglieder der RAF versuchten, diese ab dem 5. September 1977 durch die Entführung des damaligen Arbeitgeberpräsidenten Hans-Martin Schleyer freizupressen. Als sich die Verhandlungen hinzogen, entführten Terroristen am 13. Oktober 1977 das

Flugzeug „Landshut“ und landeten damit in der somalischen Hauptstadt Mogadischu. Am 18. Oktober stürmte eine Sondereinheit des Bundesgrenzschutzes, die GSG 9, die Maschine und befreite alle Geiseln. Am selben Tag ermordeten die Entführer Schleyer. Zudem wurden am 18. Oktober die RAF-Terroristen Andreas Baader, Gudrun Ensslin und Jan-Carl Raspe in ihren Zellen tot aufgefunden. Während Baader und Raspe sich mit eingeschmuggelten Waffen erschossen hatten, hatte sich Ensslin erhängt. Irmgard Möller wurde mit zahlreichen Messerstichen in die Chirurgische Klinik Tübingen geflogen, notoperiert und überlebte als einzige der RAF-Gefangenen die sog. „Todesnacht von Stammheim“ (Aust, 2010).

Die Theorie:
Zu den Vorgängen der „Todesnacht von Stammheim“ gibt es ein breites Spektrum von Verschwörungstheorien, das von einem Nicht-Eingreifen deutscher Behörden beim Selbstmord der Terroristen bis zu einem Mordkomplott offizieller Stellen reicht.
Nach der Mordtheorie tötete ein Kommando des israelischen Auslandsnachrichtendienstes Mossad unter Beteiligung des deutschen Bundesnachrichtendienstes auf Geheiß des Krisenstabs der Bundesregierung, und somit letztlich des Bundeskanzlers Helmut Schmidt, die Häftlinge. Ziel soll gewesen sein, sich der Terroristen zu entledigen, u.a. um weitere Entführungsaktion zur Freipressung der Gefangenen zu verhindern (Weidenhammer, 1988).
Nach der Theorie des tolerierten Selbstmords hätten Geheimdienstbehörden die Kommunikation der Häftlinge über deren heimliche Wechselsprechanlage abgehört. Diese hätten dann beim Selbstmord der Gefangenen nicht eingegriffen.
Die überlebende RAF-Terroristin Irmgard Möller bestreitet bis heute die Version eines kollektiven Suizids und spricht von staatlich angeordneten Morden (Tolmein, 2005).

39) Jürgen W. Möllemann hat keinen Selbstmord begangen.
Die Fakten:

Am 5. Juni 2003 starb der FDP-Politiker Jürgen Wilhelm Möllemann im Alter von 57 Jahren tödlich bei einem Fallschirmsprung in Marl-Loemühle. Möllemann bekleidete in den 1990er-Jahren verschiedene Bundesministerposten und war Vizekanzler, bis er wegen der sog. „Briefbogen-Affäre" im Jahr 1993 von seinen Ämtern zurücktrat. Von 1981 bis 1991 sowie von 1993 bis zu seinem Tod war er Präsident der Deutsch-Arabischen Gesellschaft. Im Jahr 2000 gelang Möllemann ein politisches Comeback. Allerdings geriet er durch verschiedene Aktionen und Finanzierungen derselben unter Druck, u.a. wegen eines Flugblattes, das den Staat Israel kritisierte. Am Tage seines Todes wurde seine Immunität als Abgeordneter aufgehoben. Kurz darauf wurden Geschäftsräume Möllemanns durchsucht. Bei einem Sprung am 5. Juni 2003 trennte der erfahrene Fallschirmspringer den vollständig geöffneten und steuerbaren Hauptfallschirm ab, öffnete jedoch nicht den Reserveschirm, was zu einem ungebremsten Aufschlag auf einem Feld nahe des Flugplatzes Marl-Loemühle führte (Wikipedia, 2010d). Laut Aussagen seiner Kameraden hatte sich Möllemann der gegenseitigen Kontrolle des Notsystems entzogen, indem er ein Glas Wasser holen wollte (Spiegel-online, 2007). Nach Möllemanns Tod wurden die Ermittlungen im Strafverfahren eingestellt.
Ende Juni 2007 wurden Filmaufnahmen eines Fallschirmspringerkameraden veröffentlicht, die die ermittelnde Staatsanwaltschaft Essen in ihren Abschlussbericht miteinbezog. Am 9. Juli 2007 legte diese den Abschlussbericht vor und schloss Fremdverschulden als Todesursache aus (Imöhl, Koch & Engelberg, 2007).

Die Theorie:
Möllemann selbst nährte zu Lebzeiten Verschwörungstheorien, in denen er eine Verfolgung seiner Person durch den israelischen Auslandsnachrichtendienst Mossad postulierte (Möllemann, 2003). Dies sei in seinem Engagement gegen die Politik Israels begründet. Nach seinem Tod fanden diese Theorien im Internet großen Anklang. Der Autor Frank Hills (2005) mutmaßt über ein Netzwerk von Auftragskillern, die neben Möllemann auch andere Persönlichkeiten wie Lady Di getötet haben sollen.

40) Die Vatikanbank unterhält enge Verbindungen zur italienischen Mafia.

Die Fakten:

Die sogenannte „Vatikanbank" (eigentlich: Istituto per le Opere di Religione[92]), erfüllt die Aufgaben einer Staatsbank für den Vatikan. Seit den 1980ern gibt es verschiedene Mutmaßungen über verdeckte und unlautere Praktiken der Vatikanbank. Zuletzt wurden im Jahr 2010 23 Millionen von einem Konto der Bank mit dem Verdacht auf Geldwäsche gesperrt. Diese wurden jedoch 2011 wieder freigegeben (Wikipedia, 2012b). Papst Benedikt XVI. bestellte einen neuen Präsidenten des Verwaltungsrats, der stärker auf die Einhaltung moralischer Prinzipien durch die Vatikanbank achten solle (Katholische Internationale Presseagentur, 2011).

Die Theorie:

Große Popularität erlangte diese Theorie im Umfeld des Todes von Johannes Paul I. (vgl. JPI-Mord) und dem hierzu veröffentlichten Buch „Im Namen Gottes?" (Yallop, 2001). David Yallop (2001) und andere Autoren (z.B. Nuzzi, 2011) versuchen seitdem, enge Verbindungen der vatikanischen Finanzorgane zur italienischen Mafia zu belegen.

41) Martin Luther King wurde von der CIA oder der Mafia ermordet.

Die Fakten:

Martin Luther King jr., geboren am 15. Januar 1929 in Atlanta, war einer der prominentesten Vertreter der Forderung nach Gleichberechtigung der Afroamerikaner in den 1960er Jahren. Dabei vertrat Luther King einen pazifistischen Ansatz, der sich an den Prinzipien des gewaltlosen Widerstands nach Mahatma Gandhi in Indien orientierte. Am bekanntesten wurde Luther Kings „Marsch auf Washington" am 28. August 1963 mit 200000 Teilnehmern sowie seine Rede „I have a dream", in der er die Vision eines gleichberechtigten Umgangs von weißen und dunkelhäutigen Amerikanern entwarf. Am 4. April 1968 wurde Martin Luther King in Memphis von James Earl Ray erschossen, der für die Tat verurteilt wurde. Ray gestand die Tat zuerst, widerrief dann das Geständnis und bezeichnete sich selbst als Opfer von Verschwörungen (Schloredt, 1990, Dietrich,

---

[92]dt.: „Institut für die religiösen Werke"

2008).

Die Theorie:

Dieses Item wurde angelehnt an verschiedene VT in der Untersuchung von Goertzel (1994; vgl. 3.4) formuliert. Angeblich soll die CIA gemeinsam mit der Mafia und dem FBI in den 1960er Jahren versucht haben, den konservativen Status Quo zu sichern. Dabei wurde vor Morden nicht zurückgeschreckt, wobei oft die Häufung der Morde an liberalen Politikern (John F. Kennedy, Robert Kennedy, Martin Luther King) betont wird (McConnachie & Tudge, 2005).

42) Das World Trade Center stürzte vor allem ein, weil es von innen gesprengt wurde.

Die Fakten:

Maßgeblich für den Einsturz des WTCs und der beiden Haupttürme war die extreme Hitzeentwicklung infolge des Einschlages der Flugzeuge am 11. September 2001. Die starke Hitze ließ die Stahlträger schmelzen, sodass die Türme in sich zusammenfielen. Zu diesem Ergebnis kam auch eine offizielle Studie im Auftrag des National Institute of Standards and Technology (2002).

Die Theorie:

Anhänger einer vermeintlichen Sprengung des WTC verweisen darauf, dass zum einen die Temperaturen angeblich nicht ausgereicht hätten, um den Stahl zu schmelzen und auf Videos, auf denen die Sprengungen zu erkennen sein sollen. Sie sehen diese Sprengung als Teil der Gesamtinszenierung, die letztendlich einem Aushebeln der Grundrechte ebenso dienen wie sie einen Vorwand leisten sollte, Angriffskriege in der arabischen Welt zu führen (Bröckers, 2002; von Bülow, 2003).

43) Es gibt einen jüdischen Plan zur Weltherrschaft, die sog. „Protokolle der Weisen von Zion“.

Die Fakten:

„Die Protokolle der Weisen von Zion“ sind eine Fälschung des zaristischen Geheimdienstes „Ochrona“. Obwohl dies seit langem bekannt ist, dient dieses

Buch nach wie vor weltweit zur Rechtfertigung des Antisemitismus, welcher dann als Prävention einer jüdischen Weltverschwörung dargestellt wird. Besondere Relevanz erlebten die „Protokolle" in der Zeit der NS-Diktatur, die diese als Rechtfertigung für viele Aspekte ihres Judenhasses nutzte (Bartoschek, 2010).

Die Theorie:

Die „Protokolle" sollen einen realen jüdischen Plan zur Erlangung der Weltherrschaft wiedergeben. Dabei spielen vor allem die Kontrolle des Finanzsektors sowie das Ausspielen verschiedener Nationen gegeneinander eine zentrale Rolle. Neben einer zustimmenden Rezeption in der arabischen Welt, wie durch den iranischen Präsidenten Ahmadinedschad, gibt es auch in Deutschland heutzutage noch Autoren, die an die Echtheit der „Protokolle der Weisen von Zion" glauben, so Rüggeberg oder van Helsing (Bartoschek, 2010).

44) Papst Johannes Paul I – der 1978 für 33 Tage Papst war – wurde ermordet.

Die Fakten:

Am 6. August 1978 starb Paul VI. Das folgende Konklave[93] fand am 26. August 1978 statt; wahlberechtigt waren erstmals nur die 111 Kardinäle die jünger als 80 Jahre waren. Nach nur einem Tag wurde der 66jährige Albino Luciani zum neuen Papst gewählt. Er wählte den Papstnamen Johannes Paul I., wodurch Kontinuität gegenüber den Päpsten Johannes XXIII. und Paul VI. gezeigt werden sollte, deren Anliegen des 2. Vatikanischen Konzils Luciani fortsetzen wollte. Johannes Paul I. lehnte den Pluralis Majestatis sowie die Papstkrönung ab. Nach einem Pontifikat von 33 Tagen starb Johannes Paul I. in der Nacht vom 28. zum 29. September 1978 und wurde in der Krypta des Petersdoms beigesetzt (Fischer-Wollpert, 2004).

Die Theorie:

Bekanntester Autor der von einer Ermordung von Papst Johannes Pauls I. ausgeht, ist David Yallop (2001), der in seinem Buch „Im Namen Gottes?" darstellt, dass der Papst vergiftet worden sei. Entscheidende Indizien seien unterschiedli-

[93]Versammlung der Kardinäle zur Papstwahl

che Aussagen zum Gesundheitszustand des Papstes, widersprüchliche Schilderungen der näheren Todesumstände, die schnelle Präparation des Leichnams sowie die Weigerung des Vatikans, eine Autopsie durchführen zu lassen. Hintergrund sei das Bestreben des Papstes gewesen, korrupte Machenschaften der Vatikanbank aufdecken und beseitigen zu wollen, in die auch die italienische Mafia direkt bzw. die 1976 aus der Freimaurerei ausgeschlossene Loge Propaganda Due (P2) indirekt verwickelt gewesen sei. Mit diesen Betrügereien sei Luciani als Patriarch von Venedig in Berührung gekommen. Diese hätten in direktem Zusammenhang mit der Affäre um die Banco Ambrosiano und dem Selbstmord des Bankiers Roberto Calvi gestanden. Mitverschwörer sollen Paul Marcinkus (Direktor der Vatikanbank), John Cody (Erzbischof von Chicago), Jean-Marie Villot (Kardinalstaatssekretär) sowie der Bankier Michele Sindona gewesen sein. Zudem habe Johannes Paul I. eine wesentlich liberalere Kirchenpolitik vertreten als allgemein angenommen wird. So habe er bspw. die Verhütung für Katholiken für rechtens erklären wollen (Yallop, 2001).

45) Das RAF-Mitglied Grams wurde im Jahr 1993 gezielt in Bad Kleinen von GSG 9-Beamten hingerichtet.

Die Fakten:

Bei einem Einsatz der Polizeisondereinheit GSG-9 im mecklenburgischen Bad Kleinen sollten am 27. Juni 1993 die RAF-Terroristen Birgit Hogefeld und Wolfgang Grams festgenommen werden. Dabei kam es zu einer Schießerei, in deren Folge der Terrorist Wolfgang Grams und der GSG-9-Beamte Michael Newrzella ums Leben kamen. Hintergrund der Schießerei war, dass zwar die Festnahme Hogefelds gelang, allerdings nicht die von Grams (Peters, 2004).

Die Theorie:

Nach der Verschwörungstheorie soll Wolfgang Grams mit einem aufgesetzten Kopfschuss getötet worden sein, obwohl er bereits kampfunfähig war. Dies sei Teil einer Exekutionsaktion der GSG-9 gewesen. Die Ermittlungsbehörden hätten deswegen zum einen bewusst schlecht ermittelt und zum anderen Belege für die Ermordung verschleiert (Landgraeber, Sieker & Wisnewski, 1994).

46) So genannte "freie Energie" könnte als unerschöpfliches Energiereservoir genutzt werden, wenn die Forschungen hierzu nicht unterdrückt würden.

Die Fakten:

Die Idee der sogenannten „freien Energie“ geht auf das Wirken des Physikers Nikola Tesla (1856 bis 1943) zurück. Dieser war ein brillanter Erfinder und Physiker, dabei jedoch recht exzentrisch und esoterischem Gedankengut zugetan. Tesla war maßgeblich an der Verbreitung des Wechselstroms beteiligt. Er forschte tatsächlich an einer Energiequelle, die nie versiegen sollte und behauptete auch, Kontakt zu Außerirdischen gehabt zu haben. Eine kommerzielle Verwertung entsprechender Patente gelang Tesla jedoch nicht (Cheney, 2001).

Die Theorie:

In verschwörungstheoretischen und esoterischen Kreisen wird behauptet, dass Teslas Forschungen nach einer „freien Energie“ erfolgreich waren (McConnachie & Tudge, 2005).

Er konnte sich jedoch nicht gegen eine Verschwörung der Energiekonzerne durchzusetzen, die seine Entdeckungen verheimlichen, da ihnen nicht an der Idee einer frei und für jeden unbegrenzt verfügbaren Energiequelle gelegen sein konnte. Diese seien auch für die Diskreditierung all solcher Forschungsansätze verantwortlich (Seiler-Spielmann, 1999).

47) Nachrichtendienste öffnen regelmäßig heimlich meine Post.

Dieses Item wurde dem Fragebogen von Martin Bruder (2010; vgl. 5.1.1.2) entnommen und stellt keine spezifische Theorie im eigentlichen Sinne dar, sondern stellt vielmehr allgemein verschwörungstheoretisches Denken in den Fokus.

Es korrespondiert inhaltlich eng mit der „Bürgerkontrolle“-VT.

48) Der II. Weltkrieg begann mit dem polnischen Überfall auf Deutschland.

Die Fakten:

Am 31. August 1939 überfielen Angehörige der SS, verkleidet in polnischen Uniformen, einen deutschen Nachrichtensender, um einen Angriff Polens auf das Deutsche Reich vorzutäuschen. Dazu passend erklärte Adolf Hitler am 1. September 1939 den Einmarsch deutscher Truppen in Polen zur Revanche hierfür. England und Frankreich drohten dem Deutschen Reich mit Krieg, sollte dieses seine Truppen aus Polen nicht abziehen. Als dies unterblieb, erklärten England und Frankreich dem Deutschen Reich den Krieg, was als formaler Anfangspunkt des Zweiten Weltkrieges gesehen werden kann (Hey, Pandel & Radkau, 1992). Dieser Ablauf der Ereignisse wurde u.a. in den Nürnberger Prozessen als faktisch wahr festgestellt (Kraus, 1977).

Die Theorie:

Die Verschwörungstheorie hierzu geht davon aus, dass es tatsächlich einen Einfall polnischer Truppen ins Deutsche Reich gab, um eine entsprechende Reaktion der Deutschen zu provozieren. Es wird hier somit von der Richtigkeit der von Hitler verbreiteten Version des Beginns des 2. Weltkriegs ausgegangen.

49) Wer Bücher aus einer öffentlichen Bibliothek ausleiht, läuft Gefahr, dass seine Interessen durch Geheimdienste beobachtet werden.

Die Fakten:

Die beim Ausleihen eines Buches erhobenen Daten werden nur innerhalb der Bibliothek gespeichert, um nachhalten zu können, wann Bücher wieder abgegeben bzw. verlängert werden müssen. Bei der Rückgabe des Buches erfolgt eine Entkoppelung von Buch und ausleihender Person, sodass keine Zuordnung von Büchern zu bestimmten Personen möglich ist. Ein Zugriff von Strafverfolgungsbehörden auf diese Daten erfolgt nicht (Spezialbibliothek des Bundes, persönliche Kommunikation, 2011).

Die Theorie:

Verschwörungstheoretiker gehen davon aus, dass die Strafverfolgungsbehörden und Geheimdienste zentral erfassen, welches Buch wo ausgeliehen wird. Gewisse Bücher seien dabei unter besonderer Überwachung, bspw. solche extremistischer Autoren oder auch das Buch „Der Fänger im Roggen“, das der Attentäter John Lennons bei sich gehabt haben solle. Das Ziel dieser Überwachung sei letztendlich die Kontrolle des Bürgers durch den Staat. Eine populäre Bearbeitung erfuhr diese VT durch den Film „Conspiracy Theory“[94] (Donner &

[94]dt. Titel: „Fletcher´s Visionen“

Silver, 1997).

50) AIDS ist ein entwickelter Killervirus, der Homosexuelle bzw. Schwarzafrikaner dezimieren soll.

Die Fakten:

AIDS, Kurzform für „acquired immune deficiency syndrome“[95], ist eine Kombination von Symptomen, die durch die Infektion mit dem Humanen Immundefizienz-Virus („HIV“) ausgelöst wird. Die Übertragung geschieht durch Körpersekrete. Für das AIDS-Virus gibt es nach wie vor keine Heilung, gerade in Afrika ist der Anteil von Erkrankten besonders hoch. Das HIV stammt wahrscheinlich von einem Virus ab, das ursprünglich bei Schimpansen auftrat und, nach Mutation, über Verletzungen bei der Jagd bzw. Verzehr auf den Menschen überging (Weinreich & Benn, 2009).

Die Theorie:

Nach dieser Theorie wurde zu Zeiten Nixons der Plan gefasst, entweder Homosexuelle oder Afroamerikaner oder beide durch den gezielten Einsatz eines Killervirus auszurotten (vgl. Goertzel, 1994, Wilson, 2007).

51) Die Wirtschaft hält die Brenndauer von Glühbirnen künstlich kürzer als technisch machbar ("Phoebus").

Die Fakten:

In der Zeit von 1924 bis 1941 gab es tatsächlich das sogenannte „Phoebus-Kartell“. Zu diesem gehörten die Konzerne General Electric, Tungsram, Associated Electrical Industries, Compagnie des Lampes, Osram, Philips und ELIN. Diese einigten sich darauf, die Brenndauer von Glühlampen künstlich kurz zu halten. Die Mitglieder des Kartells besaßen in der Summe zur damaligen Zeit einen Marktanteil von über 80%. Durch den Kriegseintritt der USA wurde das Kartell 1941 aufgelöst (Wilson, 2007).

Die Theorie:

Nach verschiedenen Verschwörungstheorien wurde das Kartell 1941 nicht auf-

[95] dt.: „erworbenes Immundefektsyndrom“

gelöst, sondern besteht bis zum heutigen Tag fort (Wilson, 2007).

52) Strichcodes auf Supermarkt-Produkten haben geheime Funktionen.
Dieses Item wurde dem Fragebogen von Martin Bruder (2010; vgl. 5.1.1.2) entnommen.

Die Fakten:
Als Strich- oder Barcode wird eine Aneinanderreihung von verschieden breiten Streifen auf Konsumgütern bezeichnet. Diese können maschinell gelesen werden und enthalten Informationen zum vorliegenden Produkt, seinem Herkunftsland sowie dem Hersteller.

Die Theorie:
Angeblich würden die Strichcodes Ausdruck einer satanistischen Weltverschwörung sein. Dabei würde sich dreimal die Zahl „6“ in jedem Strichcode finden, ausgedrückt durch zwei nah beieinander stehende „||“, sodass sich stets die Zahl 666 finde – als Zahl Satans, der die wirtschaftliche Macht über die Welt übernommen habe (Relfe, 1982). Diese Theorie wird insbesondere im Internet verbreitet.

53) Der Rapper Tupac Shakur lebt weiterhin.
Die Fakten:
Der Rapper Tupac Shakur, geb. 16. Juni 1971, war ein US-amerikanischer Musiker, der in den 90er Jahren sehr erfolgreich war. Dabei war er Teil der Rivalitäten zwischen den Ostküsten- und Westküsten-Rapper. Er beging unterschiedliche Straftaten, wie sexuelle Belästigungen, für die er verurteilt wurde. Wohl im Rahmen der Gangstreitigkeiten erfolgte ein Überfall auf Shakur und einen Freund am 7. September 1996, bei dem Shakur von mehreren Schüssen getroffen wurde. Er verstarb am 13. September 1996 an seinen Schussverletzungen. Eine Verurteilung wegen Mordes hat bis heute nicht stattgefunden, ein ursprünglich Verdächtiger wurde erschossen (Sullivan, 2003; Legg, McCarthy & Flameboy, 2006).

Die Theorie:

Ähnlich wie bei Elvis Presley gehen auch hier Verschwörungstheoretiker davon aus, dass Shakur nicht verstarb, sondern vielmehr im Geheimen fortlebt. Hinweise darauf sollen sich in verschiedenen Musikstücken und Videos finden, die post mortem veröffentlicht wurden (Tuckett, 2001). Sammlungen der angeführten Begründungen finden sich im Internet v.a. in Fan-Foren, bspw. auf http://archiv.raid-rush.ws/t-5044.html (2005; Zugriff am 25.02.2012) oder http://forum.rap.de/forum/showthread.php?t=81392 (2009; Zugriff am 25.02.2012).

Unklar bleibt jedoch in diesen Theorien das letztendliche Motiv der Verschwörung zum Vortäuschen des eigenen Todes. Andere Verschwörungstheorien hingegen versuchen nachzuweisen, dass Tupacs eigenes Plattenlabel in die Erschießung verwickelt sein soll (Sullivan, 2003).

54) Marilyn Monroe wurde von der CIA ermordet.

Die Fakten:

Zum Leben und Sterben von Marilyn Monroe wird auf die Monroe-LaVey-VT verwiesen. Zudem ist quasi gesichert, dass Monroe ein Verhältnis mit dem damaligen US-Präsidenten John F. Kennedy hatte (Heideking & Mauch, 2005).

Die Theorie:

Aufgrund ihrer Affäre mit John F. Kennedy sowie mit seinem Bruder Robert F. Kennedy, soll Marilyn Monroe als Sicherheitsrisiko eingestuft worden sein. Daraufhin ersann die CIA einen Plan zur Tötung Monroes (McConnachie & Tudge, 2005).

55) Robert („Bobby“) Kennedy wurde nicht von einem Einzeltäter getötet.

Die Fakten:

Nach der Ermordung seines Bruders John F. Kennedy (vgl. JFK-VT), galt sein jüngerer Bruder Robert Kennedy, geb. am 20. November 1925, als großer Hoffnungsträger der Demokratischen Partei. Er strebte eine Kandidatur für das Präsidentschaftsamt an und gewann Vorwahlen. Im Rahmen einer Wahlkampfveranstaltung in L.A. wurde Robert Kennedy am 6. Juni 1968 niedergeschossen und erlag am folgenden Tag seinen Verletzungen. Als Täter wurde bereits am Tatort Sirhan Bishara Sirhan gestellt, der zunächst auch den Mord gestand und rechtskräftig verurteilt wurde (McConnachie & Tudge, 2005; Hönsch, 2011c).

Die Theorie:

Verschiedene Ungereimtheiten im Rahmen der Mordermittlungen führten schnell zum Entstehen einer Theorie über eine Verschwörung, die Robert Kennedys Ermordung in eine Reihe mit den Morden an seinem Bruder John F. Kennedy und an dem farbigen Menschenrechtler Martin Luther King stellten (vgl. LutherKing-VT). Als Indiz für eine solche Verschwörung gilt, dass die Schmauchspuren an der Einschusswunde auf Schüsse aus großer Nähe hinweisen, der vermeintliche Attentäter aber nie näher als knapp 60 cm an Kennedy heran kam (Wilson, 2007).

56) Das Trinkwasser enthält Drogen, um die Bevölkerung gefügig zu machen.

Die Fakten:

Trinkwasser ist in der BRD das am breitesten genutzte Lebensmittel (Umweltbundesamt, 2007). Seine Qualität und Reinheit wird durch die „Verordnung über die Qualität von Wasser für den menschlichen Gebrauch“ (TrinkwV) festgelegt (Bundesministerium der Justiz, 2012).

Während in den USA Fluorid zur Stärkung der Zähne Teil des Leitungswassers ist, hat sich dies in (West-)Deutschland nicht durchgesetzt und findet heutzutage nicht statt. Zur Chronologie der Ereignisse sei auf Wikipedia (2012d) verwiesen.

Die Theorie:

Im Rahmen verschiedener Weltverschwörungstheorien, meist unter dem Stichwort „New World Order“ („Neue Weltordnung“), wird behauptet, dass das Zusetzen von Fluor Teil einer gezielten Verschwörung sei, in deren Rahmen Bewusstseinskontrolle über die Bürger erlangt werden soll (Icke, 2010).

57) Jüdische Angestellte waren vor den Anschlägen am 11. September 2001 gewarnt worden und hatten daher frei.

Die Fakten:

Unter den Toten infolge der Terroranschläge vom 11. September 2001 waren etwa 400 Juden, was ca. 15% aller Opfer ausmacht. Allerdings konnte nicht die Religionszugehörigkeit aller Opfer ermittelt werden. Ihren Ursprung hat die Verschwörungstheorie wohl in einer unglücklichen Berichterstattung der BBC, in der u.a. aus „Israelis" allgemein „Juden" wurden und die viel zu hohe Zahl verbreitet wurde. Eine gute Aufarbeitung dieser Thematik findet sich bei Kutza (2007)[96].

Die Theorie:

Insbesondere antisemitische oder antiisraelische Verschwörungstheoretiker verbreiten, dass die jüdischen Angestellten, die im WTC arbeiteten, vorher von israelischen Stellen gewarnt worden seien und deswegen der Arbeit fern blieben. Da jedoch die Verstrickung Israels bzw. seiner Geheimdienste nicht offen gemacht werden könne, würde dies nach wie vor verheimlicht.

58) Die Automobilindustrie verzichtet auf den Einsatz von rostfreiem Stahl bei Auspuffanlagen nur deshalb, weil das die Umsätze mit deren regelmäßigem Austausch gefährden würde.

Die Fakten:

Da die Faktenlage zu dieser Verschwörungstheorie schwierig zu beurteilen war, schrieb der Autor mehrere große Automobilkonzerne an, namentlich Peugeot, Daimler-Chrysler, Volkswagen, Porsche, Nissan, BMW, Renault und Audi. Keines der Unternehmen wollte zu der Verschwörungstheorie Stellung beziehen. Trotzdem würde eine solche Verabredung wohl nicht legal sein (vgl. 2.1), sodass von einer Verschwörungstheorie im Sinne der Definition unter 2.3.3 ausgegangen werden soll.

Die Theorie:

Im Stil einer Großstadtlegende kursiert im Internet und in mündlicher Überlieferung die Theorie, nach der die Automobilkonzerne sich gemeinschaftlich abgesprochen hätten, auf eine praktisch machbare Konstruktion von Auspuffen aus

[96] Der in anderen Zusammenhängen als Verschwörungstheoretiker in Erscheinung tritt.

Materialien zu verzichten, die gegen Rostbefall immun wären. Dahinter wird das Ziel vermutet, am Verkauf neuer, rostbedrohter Auspuffanlagen mehr zu verdienen (Wikipedia, 2010b; Eber, 2012).

59) Kurt Cobain hat im Jahr 1994 keinen Selbstmord begangen.

Die Fakten:

Kurt Cobain, geb. 1967, war Sänger der US-Rockband „Nirvana“. Diese Rockgruppe prägte maßgeblich den Musikstil des Grunge, der von düsteren und melancholischen Texten und ebensolcher Musik getragen wird. Cobain selbst bekannte offen, eine bipolare Störung zu haben, bei der starke euphorische mit starken depressiven Phasen abwechseln. Cobain selbst war der große Erfolg und die öffentliche Popularität zuwider. In einer depressiven Phase nahm er sich am 8. April 1994 das Leben, indem er sich mit einer Schrotflinte ins Gesicht schoss (Cobain, 2004).

Die Theorie:

Kurt Cobain lebte in einer Beziehung mit der „Hole“-Sängerin Courtney Love. Diese Beziehung war von starken Schwankungen geprägt. Hierzu passend kursiert die Theorie, dass Courtney Love ihren Partner umgebracht habe. Angeblich habe sich Cobain von Love trennen und sie aus seinem Testament streichen lassen wollen. Ein Indiz für die Verschwörung zum Mord soll das Fehlen von Fingerabdrücken auf der Schrotflinte sein (Tuckett, 2001).

60) Seit längerer Zeit haben verschiedene Regierungen Kontakt zu Außerirdischen.

Die Fakten:

Bisher gibt es keine Belege für eine außerirdische Kontaktaufnahme zu menschlichen Regierungen. Auch die Suche der NASA nach extraterrestrischem Leben, u.a. im Rahmen des SETI-Programms („Search for extraterestrial intelligence"), verlief bisher ergebnislos (Drake & Sobel, 1994).

Die Theorie:

Nach Meinung verschiedener Autoren gibt es bereits seit längerer Zeit Kontakt zwischen Regierungen und Aliens. Diese Abkommen seien geheim und würden einen gegenseitigen Vorteil beinhalten. Die Außerirdischen lieferten Technologie und Wissen, im Gegenzug dürften sie unbehelligt an irdischen Tieren und Menschen experimentieren. Die Regierungen der Erde würden dafür Sorge tragen, dass jeder, der von diesem Kontakt erfährt, entweder schweigt, stirbt oder lächerlich gemacht wird (Armstrong, 1993; Steckling & Steckling, 2002).

61) Die Nazis haben im 2. Weltkrieg funktionierende Flugscheiben in UFO-Optik entwickelt.

Die Fakten:

Die Nationalsozialisten experimentierten im Zweiten Weltkrieg mit „Nurflüglern", die tatsächlich Ähnlichkeiten zu sogenannten „fliegenden Untertassen" aufwiesen. All diese Prototypen waren jedoch weder serienreif noch auch nur flugfähig, wie Nachbauten zeigen (Goede, 2010).

Die Theorie:

Insbesondere Verschwörungstheoretiker mit einem umstrittenen bis rechtsextremen politischen Hintergrund, wie Jan van Helsing (1997), führen aus, dass die Nationalsozialisten angeblich funktionierende Reichsflugscheiben gehabt hätten, die den Alliierten überlegen gewesen wären und deren Technologie möglicherweise außerirdisch gewesen sei. Eine wichtige Rolle käme dabei dem Sternensystem Aldebaran zu (van Helsing, 1997; Gehring & Zunneck, 2005). Teilweise wird zudem vermutet, dass die Alliierten sich verschworen hätten, diese technischen Errungenschaften geheim zu halten und in der Folgezeit im Rahmen eigener Programme zu nutzen.

62) Hinter John Lennons Ermordung im Jahr 1980 standen amerikanische Geheimdienste.

Die Fakten:

John Lennon, geb. am 9. Oktober 1940, war von 1956 bis 1970 einer der Sänger der Musikgruppe „The Beatles". Er verließ die Band im Jahre 1970 und ging eigene musikalische Wege (Kemper, 2007). Als Solokünstler und gemeinsam mit seiner Frau Yoko Ono machte sich Lennon für ein Ende des Vietnam-Krieges und für Pazifismus generell stark, weswegen er von der Bundespolizei FBI überwacht wurde (Wiener, 2005; Hayden, 2005). Am 8. Dezember 1980 wurde John Lennon auf offener Straße von Mark David Chapman erschossen, der daraufhin in eine Polizeidienststelle ging und mitteilte „I just shot John Lennon“[97]. Hintergrund der Tat des psychisch gestörten Täters soll der Wunsch nach Berühmtheit gewesen sein (McConnachie & Tudge, 2005).

Die Theorie:
Im Rahmen dieser Theorie wird eine Verschwörung amerikanischer Geheimdienste vermutet, denen John Lennons Aktivitäten gegen amerikanische Militärinterventionen ein Dorn im Auge waren und die ihn deswegen als zu beseitigendes Sicherheitsrisiko eingestuft hätten. Die Täterschaft von Chapman wird, so nicht abgestritten, dadurch erklärt, dass er quasi zu einem Killer „programmiert“ worden sei (McConnachie & Tudge, 2005).

63) George Washington wurde durch den Gründer der Illuminaten Adam Weißhaupt ersetzt.
Die Fakten:
George Washington, geb. am 22. Februar 1732, war der erste US-Präsident. Zunächst kämpfte er im Unabhängigkeitskrieg gegen die Briten (1775 bis 1783) und trat dann 1789 das Amt des Präsidenten an, das er bis 1797 innehielt. Sein Nachfolger war John Adams. George Washington verstarb am 14. Dezember 1799 im Alter von 67 an einer akuten Kehlkopfentzündung (Heideking & Mauch, 2005).
Adam Weishaupt war der Gründer des sogenannten „Illuminatenordens“. Dieser Geheimbund versuchte von 1776 bis 1785 die Gesellschaft mit dem Ziel zu unterwandern, einen Umsturz des Systems herbeizuführen. 1785 wurde der

[97]dt.: „Ich habe gerade John Lennon erschossen“

Illuminatenorden verboten. Zu dieser Zeit hatte er knapp 400 Mitglieder (Pfahl-Traughber, 2002; vgl. 3.5).

Die Theorie:

Nach Meinung einiger Verschwörungstheoretiker setzte sich Adam Weishaupt bei Verbot des Illuminatenordens in die frisch gegründete USA ab, wo er die Stelle von George Washington einnahm und somit Präsident der Vereinigten Staaten von Amerika wurde. Durch diese Ersetzung strebten die Illuminaten nach wie vor ihr Ziel des Umsturzes aller Gesellschaften an (van Helsing, 1995, von Retyi, 2004).

64) Das Deutsche Reich ist (juristisch) nicht untergegangen, sondern besteht fort.

Die Fakten:

Die juristische Situation der deutschen Staaten nach 1945 wird durch die Gründung zweier Staaten erschwert, die beide beanspruchen, Deutsche zu vertreten. Eine Entscheidung des Bundesverfassungsgerichts (BverfGE), das sich hierauf bezog, stellte 1973 fest:

> „Das Deutsche Reich existiert fort, besitzt nach wie vor Rechtsfähigkeit, ist allerdings als Gesamtstaat mangels Organisation, insbesondere mangels institutionalisierter Organe selbst nicht handlungsfähig. Im Grundgesetz ist auch die Auffassung vom gesamtdeutschen Staatsvolk und von der gesamtdeutschen Staatsgewalt "verankert" [...] Mit der Errichtung der Bundesrepublik Deutschland wurde nicht ein neuer westdeutscher Staat gegründet, sondern ein Teil Deutschlands neu organisiert. Die Bundesrepublik Deutschland ist also nicht "Rechtsnachfolger" des Deutschen Reiches, sondern als Staat identisch mit dem Staat "Deutsches Reich", – in Bezug auf seine räumliche Ausdehnung allerdings "teilidentisch", so dass insoweit die Identität keine Ausschließlichkeit beansprucht. Die Bundesrepublik umfaßt also, was ihr Staatsvolk und ihr Staatsgebiet anlangt, nicht das ganze Deutschland,

> unbeschadet dessen, dass sie ein einheitliches Staatsvolk des Völkerrechtssubjekts "Deutschland" (Deutsches Reich), zu dem die eigene Bevölkerung als untrennbarer Teil gehört, und ein einheitliches Staatsgebiet 'Deutschland' (Deutsches Reich), zu dem ihr eigenes Staatsgebiet als ebenfalls nicht abtrennbarer Teil gehört, anerkennt. Sie beschränkt staatsrechtlich ihre Hoheitsgewalt auf den "Geltungsbereich des Grundgesetzes", fühlt sich aber auch verantwortlich für das ganze Deutschland (vgl. Präambel des Grundgesetzes)."
> (BVerfGE 36, 1, 1973)

Die umfangreiche Zitation aus dem Spruch des BVerfGE wird hier vom Autor deswegen vorgenommen, um zu illustrieren, dass die juristische Sachlage nicht so simpel ist, wie von Verschwörungstheoretikern oft dargestellt, die eine unzulässige Verkürzung vornehmen. Das „Deutsche Reich" besteht also tatsächlich fort, allerdings bis 1990 in den teilidentischen Staaten BRD und DDR und nach dem Untergang der DDR als Völkerrechtssubjekt in Form der BRD (Ministerium für Inneres und Kommunales des Landes Nordrhein-Westfalen, 2012).
Nach Einschätzung des Verfassungsschutzes des Landes Nordrhein-Westfalen verfolgen Personen, die sich selbst als „Exil-Reichsregierungen" oder „Komissarische Reichsregierungen bezeichnen

> „mit der Nichtanerkennung der aktuellen deutschen Grenzen und der Forderung der Grenzen von 1937 [...] einen sogenannten Gebiets- oder geographischen Revisionismus. Hierbei handelt es sich um ein verbindendes Ideologieelement des gesamten rechtsextremistischen Spektrums, daher gehört es zum gesetzlichen Auftrag des Verfassungsschutzes, auch derartige Bestrebungen aufmerksam zu betrachten." (Ministerium für Inneres und Kommunales des Landes Nordrhein-Westfalen, 2012)

Die Theorie:

Anhänger dieser Theorie geben an, dass am Ende des 2. Weltkrieges nur eine Teilkapitulation der Wehrmacht stattgefunden habe und deswegen das

Deutsche Reich fortbestehe. In verkürzter Weise zitieren sie oben stehende BVerfGE. Sie sprechen der Bundesrepublik Deutschland die völkerrechtliche Souveränität ab und sehen das Deutsche Reich in den Grenzen von 1937 als nach wie vor existent an. Dementsprechend verbreiten bzw. verkaufen diese Gruppen „alternative" Ausweise und haben auch entsprechende Personen zu Kanzler und Ministern gewählt. Sie propagieren ein Szenario des baldigen Zusammenbruchs der aktuellen staatlichen Ordnung, in dessen Vakuum schließlich die „Kommissarische Reichsregierung" triumphieren würde. Diese Inhalte werden über Internetseiten verbreitet, deren Impressum auf eine bolivianische Person verweist (Ticona[98], 2012).

65) Jesus verfolgte vor allem politische Ziele.

Die Fakten:

Jesus Christus (griechisch für „der Erlöser") war der Stifter des nach ihm benannten Christentums, einer monotheistischen Religion, deren zentraler Inhalt das Leben nach den Geboten Jesu ist. Dabei sehen die christlichen Kirchen in Jesus Christus vornehmlich eine heilsbringerische Person, die den Anspruch erhebt, der Sohn Gottes zu sein und diesen Anspruch durch Wunder untermauert hat. In der Inschrift INRI („Jesus von Nazareth, König der Juden"), die über dem Kreuz des getöteten Jesus hing, sehen sie eine Verspottung seiner Person durch die Römer (Hattstein, 1997).

Eine ausführliche zurückweisende Auseinandersetzung mit den Thesen des Autorentrios Lincoln, Baigent & Leigh erfolgt bei Wörther (2006) sowie im Herausgeberwerk von Burstein (2004).

Die Theorie:

Dieser Theorie folgend versuchte Jesus von Nazareth vor allem die zerstrittenen jüdischen Stämme zu einen und sich gegen die römische Fremdherrschaft in Judäa aufzulehnen. Dies sei der ursprüngliche Tenor früher christlicher

[98] Laut Internetseiten ist Enrico Ticona der Verantwortliche für diese Quellen. Inwiefern es sich dabei um eine fiktive Person oder ein Pseudonym handelt, konnte vom Autor nicht in Erfahrung gebracht werden.

Schriften gewesen, der jedoch durch eine Verschwörung der frühen Kirchenväter verändert worden sei, um in der hellenistischen und römischen Welt missionarisch tätig werden zu können; entscheidend hierfür sei das Konzil von Nizäa und das Wirken des Apostel Paulus gewesen. Einige Hinweise seien jedoch nach wie vor in der Bibel erkennbar, so die Herleitung der Herkunft Jesu aus dem Königsgeschlecht Davids.
Maßgeblich für die Verbreitung dieser Theorien zeichnen sich die Autoren Lincoln, Baigent & Leigh (Baigent & Leigh, 1991, 2000, Lincoln, Baigent & Leigh, 2002).

66) Jim Morrison starb im Jahr 1971 nicht in seiner Badewanne an Herzversagen.
Die Fakten:
Jim Morrison, geb. am 8. Dezember 1943, war Sänger der US-Band „The Doors“. Morrison galt als eher introvertierter Typ, der Drogenerfahrungen machte und diese in den Liedern der Band verarbeitete. Nach vielen Alkohol- und Drogenexzessen wurde er am 3. Juli 1971 sterbend in seiner Badewanne gefunden. Er hatte zu diesem Zeitpunkt eine größere Menge Heroin genommen, das er fälschlicherweise für Kokain gehalten hatte. Da der Tod dadurch als „natürlich“ einzustufen ist, unterblieb eine Obduktion (Schober, 2001).

Die Theorie:
Es existieren verschiedene VT zu den angeblich wahren Abläufen. So sei Morrison von der CIA umgebracht worden, da er die amerikanischen Jugendlichen aufgewiegelt habe. Eine andere VT berichtet davon, dass er in einer Kneipe die Überdosis genommen habe und vom Besitzer bei seiner Frau abgeladen worden sei, die am nächsten Morgen die Ereignisse nicht mehr richtig rekonstruieren konnte, da sie selbst unter Drogen gestanden habe. Beide Theorien werden bei Schober (2001) erklärt.

Ebenso findet die VT Verbreitung, nach der Morrison seinen eigenen Tod vorgetäuscht habe, da ihm der öffentliche Medienrummel zu viel geworden sei (Schober, 2001).

67) Es gibt einen islamistischen Plan zur Übernahme Europas (v.a. durch eine gezielte Geburtenvermehrung).

Die Fakten:

Laut einer Untersuchung der Universität Rostock werden Migrantinnen zwei Jahre früher Mutter als deutsche Frauen. Während Zuwanderinnen der ersten Generation tatsächlich mehr Kinder bekommen hätten als Inländerinnen, gleicht sich die Differenz bei der zweiten Generation der Migrantinnen an die Verhältnisse des „Gastlandes“ an (Milewski, 2011).

Die Theorie:

Autoren wie Udo Ulfkotte interpretieren die unterschiedlichen Geburtenraten in Teilstichproben dergestalt, dass erhöhte Geburtsraten bei Personen mit muslimischem Glaubenshintergrund religiös motiviert seien. Fernziel solle dabei eine Islamisierung der europäischen bzw. deutschen Gesellschaft sein, die auch die Einführung der Sharia (religiöse islamische Rechtsordnung) beinhalte. Dabei wird auf ein entsprechendes Zitat des (ehemaligen) libyschen Staatschefs Gaddafi verwiesen (Ulfkotte, 2003[99], 2007).

Diese Argumentationsstränge finden sich auch im Programm rechter Parteien und Vereine, insbesondere beim 2003 gegründeten Verein „Pax Europa“, dessen Gründer Ulfkotte war.

68) In den USA gab es mehrere schwere vertuschte Atomkraftunfälle.

Diese VT ist analog zu der Atomunfälle-UDSSR-VT zu sehen.

Dieser Theorie folgend verschweigt die US-Regierung systematisch bereits aufgetretene Atomkatastrophen. Hintergrund soll hier der Wunsch der US-Regierung sein, das Zutrauen in die Atomenergie als sichere Energie nicht zu untergraben.

---

[99] Die hier genutzte Version wurde noch im selben Jahr per einstweiliger Verfügung vom Markt genommen.

69) Die Erde ist von innen hohl und dort existiert eine Zivilisation.

Die Fakten:

Die Erde ist in etwa eine abgeflachte Kugel, deren innerster Kern aus Metall besteht, das innen fest und außen flüssig ist. Am Erdkern, in 6400 km Tiefe, herrschen Temperaturen von 5000°C. Da die tiefsten Bohrungen des Menschen eine Tiefe von 15 km bisher nicht überschritten haben, folgt das Wissen über den Aufbau der Erde vor allem durch die Messung von Erdbebenwellen. Zudem induziert der flüssige Erdkern das Erdmagnetfeld, das vor dem Sonnenwind schützt (Malam, 2002).

Die Theorie:

Vor dem Hintergrund, dass das Innere der Erde bis heute nur schwer bis gar nicht direkt erforschbar ist, haben sich im Laufe der Jahrhunderte viele Theorien dahingehend gehalten, dass im Inneren der Erde große Hohlräume existieren, in denen sogar intelligente Lebewesen leben sollen (sogenannte Hohlwelt-Theorien). Der Eingang soll dabei über ein „Loch“ am Südpol erfolgen oder durch Zugänge im asiatischen Tibet (van Helsing, 1993, 2004; Seiler-Spielmann, 1993; Icke, 2010). Diese Theorien sind teilweise mit einer rechtsextrem-esoterischen Deutung verbunden, wie bei van Helsing (1993).

70) Der Koran enthält verschlüsselte Botschaften (sog. Koran-Code).

Die Fakten:

Der Koran ist die grundlegende Schrift des Islam, wobei hier eine direkte und unverfälschte Niederschrift des Wortes Gottes (Allahs) zu finden sein soll, weswegen der Koran von vielen Muslimen auch nur im arabischen Original gelesen und anerkannt wird. Seine Entstehung geht auf den Religionsstifter Mohammed zurück. Er besteht aus 114 Abschnitten, sogenannten Suren (Hattstein, 1997).
Das Vorhandensein eines Koran-Codes in unten beschriebener Form wird von Experten zurückgewiesen (Schmeh, 2010).

Die Theorie:

Analog zum Bibel-Code (Drosnin, 1997, 2002) werden geheime Botschaften bzw. Prophetien im Koran vermutet. Die im Koran enthaltenen Botschaften sollen sich dabei sowohl auf vergangene, zentrale Ereignisse der Weltgeschichte beziehen, als auch auf zukünftige Entwicklungen in Politik und Zeitgeschichte (Awadalla, 2004).

71) "Al-Qaida" ist eine Erfindung von Regierungen und Nachrichtendiensten um Panik zu schüren.

Die Fakten:

Al-Qaida ist das von Osama Bin Laden im Jahr 1989 gegründete islamistische Terrornetzwerk (Wienecke, 2001). Es übernahm die Verantwortung für die Anschläge vom 11. September 2001 (McConnachie & Tudge, 2005).

Das Netzwerk operiert weltweit und betreibt auch Bildungseinrichtungen in der arabischen Welt. Neben den Anschlägen vom 11. September war Al-Qaida für die Ermordung von US-Soldaten in Somalia im Jahr 1993, Bombenanschläge auf US-Botschaften in Kenia und Tansania im Jahr 1998 oder den Anschlag auf das US-Schiff Cole im Jahr 2000 verantwortlich (Wienecke, 2001).

Die Theorie:

Gerade unter den Autoren, die die offizielle Version der Geschehnisse am 11. September 2001 nicht glauben, verweisen viele auf vermeintliche Zusammenhänge zwischen der CIA und Al-Quaida (z.B. Bröckers, 2002, von Bülow, 2003).

Einige Verschwörungstheoretiker gehen aber noch weiter und behaupten, Al-Quaida sei eine vollständige Erfindung von Nachrichtendiensten und Sicherheitsbehörden. Solche Behauptungen finden sich hauptsächlich in Internetforen wie Weltverschwoerung.de (2003) oder Blog-Einträgen (Freemann, 2007), nur selten auch in namentlich gekennzeichneten Beiträgen (Anker, 2012).

72) Wolfgang A. Mozart wurde ermordet.

Die Fakten:

Der bis heute populäre Komponist Wolfgang Amadeus Mozart wurde am 27. Januar 1756 in Salzburg geboren. Obwohl Mozart schon zu Lebzeiten als musikalisches Genie galt, gelang es ihm aufgrund seines unsteten Lebenswandels nie, sich eine gesicherte finanzielle Existenz aufzubauen. Hinzu kam eine Vielzahl von Liebschaften und Neidern. Mozart verstarb am 5. Dezember 1791 in Wien und wurde aufgrund fehlenden Geldes in einem Armengrab verscharrt (Gebhardt, 2005).

Die Theorie:

Einer breiteren Öffentlichkeit wurde die Theorie, nach der sich verschiedene Personen zur Ermordung Mozarts verabredet hätten, durch den Kinofilm „Amadeus“ bekannt (Zaentz, 1984). Im Mittelpunkt dieser Verschwörung soll der Komponist Salieri gestanden haben, der Mozart aus Neid ermordet haben lassen soll (McConnachie & Tudge, 2005). Im Zentrum solcher Verschwörungstheorien ist dabei zudem oft Mozarts Mitgliedschaft bei den Freimaurern (so bei von Retyi, 2004).

73) Rudolf Heß hat 1987 in Berlin keinen Selbstmord begangen.

Die Fakten:

Rudolf Heß, geb. 1894, war ein hoher Funktionär des nationalsozialistischen Regimes, von 1933 bis 1941 Stellvertreter Adolf Hitlers, bis er im Jahre 1941 nach England flüchtete. Heß wurde bei den Nürnberger Kriegsverbrecher-Prozessen zu lebenslanger Haft verurteilt (Kraus, 1977, Hönsch, 2011b).
Diese Haft verbüßte er solange, bis er sich 1987 in seiner Zelle erhängte (Hönsch, 2011b).

Die Theorie:

Unter anderem aufgrund seiner (vermeintlichen) Friedensabsichten beim Flug nach England galt der inhaftierte Rudolf Heß in rechtsextremen und -revisionistischen Kreisen noch lange nach Kriegsende als positive Symbolfigur (Leasor, 1979). Dies sei auch der Hintergrund seiner angeblichen Tötung durch Regierungsstellen. Bis heute wird diese Verschwörungstheorie in rechtsextremen Kreisen aufrecht erhalten, wobei die Autoren sich teils auf bekanntermaßen gefälschte Dokumente beziehen (so bspw. Allen, 2003).

74) Geheimdienste waren Schuld am Sinken der Fähre Estonia im Jahr 1994

Die Fakten:

Als schwerstes Schiffsunglück der europäischen Nachkriegsgeschichte gilt der Untergang der Fähre Estonia am 28. September 1994 vor der finnischen Insel Utö, bei dem 852 Personen verstarben. Das Schiff segelte dabei unter estnischer Flagge. Maßgeblich für das Sinken der Fähre war das Herunterklappen der wohl defekten Bugklappe bei schlechtem Wetter (Wikipedia, 2012e).

Die Theorie:

Ungereimtheiten im Detailablauf führten zum Aufkommen verschiedener Verschwörungstheorien. Diese sind sich meist einig, dass die Öffnung des Bugvisiers letztlich nur durch eine Reihe von Sprengungen zu erklären sei (Ulrich & Thielke, 2001). Als Drahtzieher werden verschiedene Nachrichtendienste vermutet (Bollyn, 2005).

75) Jack The Ripper war Prinz Albert Victor.

Die Fakten:

„Jack the Ripper" ist der Name, der für einen Prostituiertenmörder genutzt wird, der im Jahre 1888 in London mehrere Prostituierte brutal ermordete. Wer hinter den fünf Morden stand, ist bis heute ungelöst. Deswegen und aufgrund der hohen Brutalität bei der Verstümmelung der Leichen ist die Thematik bis heute von Interesse (Cornwell, 2005).

Prinz Albert Victor (8. Januar 1864 bis 14. Januar 1892) war der älteste Sohn des späteren Königs Edward VII. Er besuchte regelmäßig Bordelle, stand aber auch in dem Ruf, homosexuell zu sein. Protokolle belegen, dass sich der Prinz während der Tatzeiten Jack the Rippers nicht in London aufhielt und somit als Mörder nicht in Frage kommt (Wikipedia, 2011b).

Die Theorie:

Der Umstand, dass ein Täter für die Morde nie gefunden werden konnte, führte zu allerlei Spekulationen darüber, dass der Täter in Wirklichkeit eine extrem prominente Person sei, die von einer Verschwörung in ihren Taten gedeckt wurde. Dabei stand neben dem Autor Edgar Allan Poe auch der britische Kronprinz Albert Victor im Interesse von Verschwörungstheoretikern. Eine Übersicht über verschiedene VT zu Jack the Ripper findet sich bei Cornwell (2005).

76) Bill Gates ist der Antichrist.

Die Fakten:

William („Bill") Gates, geboren 1955, gründete mit einem Freund die Softwarefirma „Microsoft", in der er bis 2008 aktiv tätig war. Er gilt als einer der reichsten Menschen der Welt und engagiert sich mit einer Stiftung für Entwicklungshilfe und Aidsbekämpfung (Hönsch, 2011).

Die Theorie:

Diese tatsächlich ernsthaft im Internet verbreitete Theorie baut auf der Offenbarung des Johannes auf. In dieser heißt es, dass die Zahl des Antichristen 666 sei. Diese Zahl wird nun mit dem Namen Bill Gates in Verbindung gebracht. So wäre „www" (für „world wide web") auch zu schreiben als „VI VI VI", was wiederum die „666" in römischen Zahlen sei – dabei wird davon ausgegangen, Gates habe das „world wide web" erfunden. Auch über vermeintliche Numerologie wird aus dem Namen Bill Gates III die Zahl 666 gebildet. Ergänzend wird darauf hingewiesen, welche Macht Gates besäße, was zum Antichristen in der Offenbarung des Johannes passe. Die Autoren bleiben im Internet meist anonym wie auf http://egomania.nu/gates.html oder http://www.theforbiddenknowledge.com/hardtruth/gates_antichrist.htm (Zugriff jeweils am 02.03.2012).

77) Auf dem Mond gibt es außerirdische Basen.

Die Fakten:

Zu den Geschehnissen, die zur Mondlandung führten sowie zur Mondlandung selbst vgl. die Apollo-Hoax-VT.

Die Theorie:

Gemäß dieser VT fanden die Amerikaner in ihren früheren Mondmissionen, insbesondere auf der erdabgewandten Seite des Mondes, Überreste einer außerirdischen Zivilisation. Dieses Wissen solle der Welt vorenthalten werden, wobei über angebliche Verträge mit den Außerirdischen gemutmaßt wird (Steckling & Steckling, 2002).

78) Es gibt keine rechtliche Grundlage für die Existenz der BRD.

Diese Theorie kommt aus demselben Umfeld wie die Deutsches-Reich-VT, fokussiert aber vor allem auf dem vermeintlichen Fehlen einer juristischen Legitimation der BRD.

79) Nach 1945 gab es noch eine Nazi-Enklave in der Antarktis (Neuschwabenland).

Die Fakten:

Das „Neuschwabenland" ist ein 600.000 km² großes Areal in der Ostantarktis. Eine deutsche Antarktisexpedition des Schiffes Schwabenland erreichte diesen Teil der Arktis im Jahre 1939. Die Expedition erfolgte auf Anordnung von Hermann Göring, um deutsche Wirtschaftsinteressen im Bereich des Walfangs zu vertreten. Einen territorialen Anspruch machte das Deutsche Reich auf dieses Gebiet nie geltend (Schön, 2004).

Da jedoch Überlegungen bestanden, vom Neuschwabenland aus weitere Bereiche der Antarktis zu besetzen, lief die Expedition unter strikter Geheimhaltung ab, was die bis heute dürftige Informationslage erklärt.

Die Theorie:

Anhänger der Verschwörungstheorie stützen sich vor allem auf die Expedition des US-Admirals Byrd im Jahre 1946/1947. Diese werden dahingehend interpretiert, dass es auch nach Kriegsende noch nationalsozialistische Enklaven in der Antarktis gab, die zudem über Technologien verfügten, die dem damaligen Stand der Technik weit voraus waren (van Helsing, 1995, 2004)[100].

Einige Autoren gehen so weit, mehrere Kriege um Neuschwabenland ebenso zu vermuten, wie ein Überleben Hitlers am Südpol (Gehring & Zunneck, 2005).

80) Jitzhak Rabin wurde vom eigenen Sicherheitsdienst ermordet.

Die Fakten:

Jitzhak Rabin, geboren am 1. März 1922 in Jerusalem, war Generalstabschef,

---

[100] Nochmals wird darauf hingewiesen, dass der Verfassungsschutz Jan van Helsing als rechtsextrem einstuft.

Verteidigungsminister und Ministerpräsident von Israel. Er erhielt gemeinsam mit Außenminister Perez sowie dem Palästinenserführer Arafat den Friedensnobelpreis im Jahre 1994. Am 4. November 1995 wurde Rabin auf dem Weg zu einer Friedenskundgebung in Tel Aviv erschossen Der Täter war Jigal Amir, ein rechtsextremistischer jüdischer Fundamentalist. Nach dem Gerichtsurteil gegen Amir veröffentlichte eine Kommission den offiziellen Untersuchungsbericht, jedoch in großen Teilen geschwärzt. Er wurde bis heute nicht vollständig veröffentlicht (Karpin & Friedman, 1998; Hönsch, 2011d).

Die Theorie:

Verschiedene Verschwörungstheorien beschäftigen sich mit der Ermordung Rabins, u.a. ist auch seine Witwe Lea Rabin davon überzeugt, dass ihr Ehemann einem Komplott zum Opfer fiel. Die Theorien verweisen meist auf die vom israelischen Inlandsgeheimdienst Schin Bet nicht mitgetragene Aussöhnungspolitik Rabins mit den Palästinensern (Karpin & Friedman, 1998; Ringel, 1998).

81) Kondome verhindern nicht die Übertragung von HIV bzw. AIDS beim Geschlechtsverkehr.

Die Fakten:

Das HIV wird durch den Austausch von Körperflüssigkeiten, wie Blut oder Sperma, übertragen (vgl. AIDS-Waffe-VT).

Da bei Geschlechtsverkehr mit einem Kondom das Sperma im Kondom verbleibt und nicht in den Körper des Sexualpartners gelangt, kann so eine Übertragung des HI-Virus verhindert werden (Bundeszentrale für gesundheitliche Aufklärung, 2010).

Die Theorie:

Verschwörungstheoretiker behaupten, dass Kondome die Übertragung des HIV nicht verhindern könnten. Diese Theorien gehen davon aus, dass das AIDS-Virus durch Kondome „durchschlüpfen“ könne. Vertreter dieser Theorie nehmen eine meist konservativ christliche Haltung ein und vermuten, dass durch die Kondomverhütungs-Theorie nur promiskuitivem Sex Vorschub geleistet werden solle. Nach Meinung dieser Autoren sei der einzig wirksame Schutz vor AIDS die völlige Enthaltsamkeit (Aktion Leben, 2007).

82) Karl der Große hat nie gelebt; Geschichtswissenschaftler vertuschen dies jedoch.

Die Fakten:

Karl der Große (2. April 748 bis 28. Januar 814) war König des Fränkischen Reiches und seit dem 25. Dezember 800 römischer Kaiser. Er war einer der bedeutendsten Herrscher Europas. Durch seine Kaiserkrönung wurde das Kaisertum in Westeuropa wieder eingeführt. Als herausragend gilt seine europaweite Politik, die insbesondere die Deutschen und die Franzosen als für ihre Geschichte wichtig hervorheben (Becher, 1999).

1997 stellte die Zeitschrift „Ethik und Sozialwissenschaften" die Thesen zum erfundenen Mittelalter zur Diskussion. Zahlreiche Historiker wiesen darin die These von einem erfundenen Frühmittelalter als falsch zurück (so Gerd Althoff, Gunnar Heinsohn oder Wolfhard Schlosser).

Die Theorie:

Insbesondere der Publizist Herbert Illig (1998) stellte die Theorie auf, dass der Zeitraum von September 614 bis August 911 nicht stattgefunden habe, was dieser als „erfundenes Mittelalter" oder „Phantomzeit" bezeichnet. Darin geht er vor allem auf das vermeintliche Fehlen von Quellen aus der damaligen Zeit ein und behauptet zudem, dass verschiedene Aspekte der Geschichtsschreibung aus der damaligen Zeit, so zur Person Karl des Großen sowie der Ökonomie Frankreichs zu jener Zeit, nicht stimmig sind, was seine These unterstützen solle (Illig, 1998).

83) Paul McCartney ist seit Ende der 60er Jahre tot.

Die Fakten:

Paul McCartney, geboren am 18. Juni 1942, war von 1960 bis 1970 Sänger der englischen Band „The Beatles". Die öffentliche Aufmerksamkeit, die diese Band erhielt, war bis zum damaligen Zeitpunkt ebenso unbekannt wie die Hysterie und Lebensprägung, die diese für die junge Generation darstellte (Carlin, 2010). Zu den Verschwörungstheorien zu seinem angeblichen Tod nahm McCartney im LIFE-Magazin Stellung und sagte zusammenfassend: „It is all bloody stupid."[101] (Bacon,1969).

Die Theorie:

Angeblich soll der echte Paul McCartney im Jahr 1966 einen Autounfall gehabt haben, bei dem er verstorben sei. Da die Plattenfirma dies jedoch vertuschen wollte, habe ein Doppelgängerwettbewerb stattgefunden, den William Campbell gewonnen habe, der seitdem Teil der Band geworden sei. Da dies nicht auf die Zustimmung der anderen Band-Mitglieder gestoßen sei, versteckten sie seither auf allen Coverbildern ihrer Alben Hinweise darauf, dass Paul McCartney in Wirklichkeit tot sei. Beispielsweise sei auf dem LP-Cover von „Abbey Road" ein VW-Käfer zu sehen, mit dem Kennzeichen LMW, was für „Linda McCartney Widow" („Linda McCartney Witwe") stehe (Tuckett, 2001; McConnachie & Tudge, 2005; Huwer, 2010).

84) Flugzeugkondensstreifen sind ab und an in Wirklichkeit Geheimversuche, sog. „Chemtrails", die die Umwelt schädigen.

Die Fakten:

Wenn sich Abgase von Flugzeugen beim Fliegen mit der kalten Luft vermischen, entstehen sogenannte Kondensstreifen aus Eiskristallen. Dies geschieht normalerweise bei Düsenflugzeugen in der Luft, seltener auch in Bodennähe. Solche Kondensstreifen lösen sich meist rasch auf. Je nach Wetterlage können Sie aber über mehrere Stunden zu erkennen sein und scheinen sich dann auszubreiten. Die gezielte Beobachtung dieser Kondensstreifen kann dazu führen, dass geglaubt wird, dass diese sich länger halten.

Eine Aufarbeitung des Phänomens des „Chemtrail"-Glaubens aus skeptischer Sicht unter Darstellung der Verschwörungstheorien findet sich bei Hümmler (2006).

Die Theorie:

Verschwörungstheoretiker behaupten, dass die überdauernden Kondensstreifen in Wirklichkeit die Versprühung von Chemikalien darstellen, mit denen entweder

---

[101]dt.: „Das ist alles völliger Blödsinn."

Versuche an der Bevölkerung oder Wettersteuerung durchgeführt werden sollen (Hümmler, 2006).

85) Natascha Kampusch wurde nicht entführt, sondern von ihrer Mutter verkauft oder verliehen.

Die Fakten:

Am 2. März 1998 entführte Wolfgang Priklopil die damals zehnjährige Natascha Kampusch in der Nähe ihres Wiener Wohnhauses und hielt sie anschließend acht Jahre in seinem Haus in Strasshof bei Wien gefangen. Am 23. August 2006 konnte Kampusch im Alter von 18 Jahren fliehen. Die Details der Entführung führten zu einem weltweiten Medienecho. Das Doppelleben des Entführers, der Natascha in einem eigens hierfür eingerichteten Raum gefangen hielt, das Verhältnis des Entführers und der Entführten zueinander sowie die späte Rehabilitation der Eltern, über deren Mitschuld im Verlauf der Entführung immer wieder diskutiert worden war, waren dabei von besonderem Interesse. Stark beachtet wurden die ersten Fernsehinterviews, die Natascha Kampusch nach ihrer Flucht gab. Eine ausführliche Dokumentation des Falles, samt entsprechender Presseberichte, findet sich auf Kampuschs offizieller Webpräsenz (Kampusch, 2007).

Die Theorie:

Der ehemalige österreichische Schlagersänger Christian Anders, bekannt durch Lieder wie „Geh' nicht vorbei“ oder „Es fährt ein Zug nach Nirgendwo“, veröffentlicht verschwörungstheoretische, wahrsagerische und esoterische Schriften unter dem Pseudonym „Lanoo“. Dabei verbreitete er zum Fall Kampusch, dass diese von ihrer Mutter an Wolfgang Priklopil verkauft und schon zuvor im elterlichen Haushalt missbraucht wurde. Die Veröffentlichungen zur Theorie erfolgte in Kolumnenform auf Anders' Homepage unter den Titeln „Natascha lügt“ (Anders, 2006) und „Die Kampusch lügt!“ (Anders, 2008).

86) Unter den Menschen leben – normalerweise als Menschen getarnt – Angehörige einer Reptilienrasse.

Die Fakten:

Schlangen ziehen sich als Motiv durch die Menschheitsgeschichte, vielleicht aufgrund der Bedrohung, die von ihnen für den frühzeitlichen Menschen ausging. Hierfür spricht auch die biologische Disposition des Menschen, Angst vor Schlangen zu entwickeln, nicht aber bspw. vor defekten Haushaltsgeräten, wie im Experiment gezeigt werden konnte (Seligman, 1971).
In der jüdisch-christlichen Mythologie spielt die Schlange zum einen die Rolle der bösen Verführerin, die aber gleichzeitig Erkenntnis bringt, vor allem bei der Verführung im Garten Eden (Hattstein, 1997).
Wissenschaftliche Belege für eine Landung von Außerirdischen (und damit auch von reptilienartigen Aliens) fehlen bisher.
Die Blutsverwandtschaft zwischen einflussreichen Familien ist ein seit Jahrhunderten, auch als Machtmittel, praktiziertes Band. Im Europa des Feudalismus wurden durch gezielte Verheiratungen untereinander Bündnissysteme geschaffen.

Die Theorie:
Besonders bekannt für die Verbreitung dieser Theorie wurde der ehemalige Rugby-Star und Abgeordnete der Grünen, David Icke (2010). Er behauptet, dass die vielfältigen mythologischen Hinweise auf Schlangen und Reptilien in Wirklichkeit eine ferne Erinnerung an die Landung außerirdischer Wesen in Reptilienform sind, womit er an einige Ideen der Präastronautik anknüpft (vgl. Präastronautik-VT).
Diese Aliens hätten sich jedoch mittlerweile als Menschen getarnt und seien bemüht, die Geschicke der Menschheit im Verborgenen zu leiten. Dabei würden sich Angehörige dieser Reptilienrasse nur untereinander vermehren, was Icke an Beispielen einflussreicher US-Familien, wie der Familie Bush oder europäischer Königshäuser, wie dem Königshaus Windsor, darstellt (Icke, 2010).

87) Alternative 3 bezeichnet einen Plan zu einer Flucht einer Elite von der Erde.
Die Fakten:
Diese Verschwörungstheorie geht auf einen April-Scherz der BBC zurück, die eine satirische Dokumentation erstellt hatte. Darauf wird auch explizit in der BBC-Dokumentation hingewiesen. Allerdings verschob sich der

Ausstrahlungstermin produktionsbedingt auf den 20. Juni 1977, sodass für den Zuschauer nicht sofort der Bezug zum 1. April erkennbar war. Die BBC hat seitdem mehrfach auf den satirischen Charakter der Dokumentation hingewiesen (Wikipedia, 2011d).

Die Theorie:

Trotz der Beteuerungen der BBC (s.o.) wurde diese Verschwörungstheorie seither immer wieder als ernstgemeint angesehen. Die Dementi der BBC seien nur Schutzbehauptungen. Im Zentrum der Verschwörungstheorie steht die angebliche Überlegung einer Art Weltregierung, was im Falle einer durch Verschmutzung und Klimawandel unbewohnbar werdenden Erde zu tun sei. Dabei bezeichne „Alternative 1" die Idee, durch Atomexplosionen Löcher in die Atmosphäre zu schießen, um die Kohlendioxidhülle zu durchlöchern. „Alternative 2" hingegen sei der Fortbestand der Menschheit in unterirdischen Höhlen gewesen. Schließlich hätten Wissenschaftler „Alternative 3" favorisiert, nach der eine menschliche Elite auf dem Mond fortbestehen sollte. Unklar bleibt, ob das zugrunde liegende Buch als satirisch oder ernst gemeintes Sachbuch gemeint war (Watkins, Ambrose & Miles, 1996).

88) Das US-Forschungsprogramm HAARP sorgt für Naturkatastrophen bzw. hat Gedankenkontrolle über Menschen zum Ziel.

Die Fakten:

HAARP (englisch für High Frequency Active Auroral Research Program) ist ein US-amerikanisches Forschungsprojekt, bei dem es um sogenannte hochfrequente Radiowellen ging, mit denen die obere Atmosphäre der Erde untersucht werden sollte.

Erdbeben entstehen durch das Aufeinandertreffen tektonischer Platten, was durch Strahlung weder positiv noch negativ beeinflusst werden kann.

Eine skeptische Würdigung der Verschwörungstheorien zu und Hintergründe von HAARP findet bei Hümmler (2011) statt.

Die Theorie:

Im Rahmen von Verschwörungstheorien wird HAARP als Geheimprojekt der

US-Regierung gesehen, mit dem entweder Gedanken manipuliert werden sollen oder auch Naturkatastrophen wie Erdbeben ausgelöst werden sollen (Heinrich, 2004; McConnachie & Tudge, 2005).

89) Die katholische Kirche wird von Satanisten gelenkt.

Die Fakten:

Die katholische Kirche sieht sich in der Nachfolge Jesu Christi. Religiöser Widersacher Gottes laut christlichem Glauben ist Satan, der von der Kirche als real existent angesehen wird. Das weltliche und geistliche Oberhaupt der Katholiken ist der Papst (Hattstein, 1997).

Viele Satanisten definieren ihren Glauben über eine Negation des christlichen Wertekanons, insbesondere der Fürsorgepflicht für andere. Sie folgen dabei u.a. dem Credo des Esoterikers Aleister Crowley (1857-1947), der propagierte, dass nur der eigene Wille maßgeblich für die eigenen Handlungen sein solle. Christlichen Kirchen stehen Satanisten ablehnend gegenüber, was auf Gegenseitigkeit beruht (Schweer, 1997).

Die Theorie:

Satanisten sollen die katholische Kirche unterwandert haben und hätten die Agenda der Kirche entsprechend satanischen Überzeugungen ausgebaut. Ziel sei letztendlich die Errichtung eines Reiches Satans auf der Erde, wobei nach Sicht dieser Theorie der Papst als der in der Bibel angekündigte Antichrist zu sehen ist. Diese Verschwörungstheorie findet sich im Umfeld ultrakonservativer, aber kirchenfeindlicher, religiöser Glaubensgruppen. Dabei spielt auch die Numerologie hinter einem (angeblich) auf der Papst-Tiara zu lesenden Spruch eine Rolle (de Ruiter, 2000; Wikipedia, 2012).

90) John Dillinger wurde 1934 nicht vom FBI erschossen.

Die Fakten:

John Herbert Dillinger, geb. am 22. Juni 1903, war ein Bankräuber in den USA der 1930er Jahre. Zuvor Kleinkrimineller, beging er nach seiner Haftentlassung im Jahr 1933 einen Bankraub. Es folgten Verhaftung, Haftantritt und Ausbruch. In den folgenden neun Monaten führten Banküberfälle, ein weiterer Haftausbruch, die Erschießung mehrerer Menschen sowie das Übertreten einer Bundesstaatengrenze dazu, dass das FBI für den Fall zuständig wurde. Dieses erklärte ihn als eine der ersten Personen zum „Staatsfeind Nr. 1“[102]. Durch seine spektakulären Fluchtaktionen und reißerische Presseberichte gelangte Dillinger zu nationaler Bekanntheit. Schließlich wurde Dillinger von einer Person aus seinem Umfeld an das FBI verraten. Diese besuchte am 22. Juli 1934 mit Dillinger ein Kino und trug zur Erkennung ein orangenes Kleid, das im Straßenlaternenlicht rot leuchtete („Lady in Red“). Beim Verlassen des Kinos versuchte das FBI Dillinger zu verhaften, der seine Waffe zog und daraufhin erschossen wurde (Matera, 2004).

Die Theorie:

Maßgeblich für die Verschwörungstheorie ist die Behauptung, dass nicht John Dillinger sondern eine andere Person erschossen wurde. Eine Narbe, anhand derer die Leiche Dillingers von dessen Schwester identifiziert wurde, wurde im Autopsiebericht nicht erwähnt sowie andere Ungereimtheiten, die sich bei der Obduktion ergaben. Als Fälschungen stellten sich die Briefe heraus, die ein angeblicher John Dillinger (post mortem) an eine Zeitung schrieb. Die Verschwörungstheorie wurde in neuerer Zeit v.a. durch Robert Anton Wilson in seiner „Illuminatus!“-Trilogie verbreitet (Wilson & Shea, 1975, 1977, 1978).

91) Der Graf von Saint Germain war ein Zeitreisender.

Die Fakten:

Nach derzeitigem physikalischen Wissensstand sind Zeitreisen in die Vergangenheit nicht durchführbar.

Hinsichtlich des Grafen von Saint Germain wird davon ausgegangen, dass es sich hier um eine Folklorefigur handelt, deren Namen verschiedene Personen über einen längeren Zeitraum genutzt haben, um sich ein bestimmtes Image zu geben. Der „historische“ Graf von Saint Germain war dabei eine Person, die im 18. Jahrhundert lebte und am 27. Februar 1784 verstarb (Wikipedia, 2012f).

Die Theorie:

[102]engl.: „public enemy“

Der Verschwörungstheoretiker Jan van Helsing (bürgerlicher Name: Jan Udo Holey) widmet sich ausführlich dem Grafen und bindet ihn in seine verschwörungstheoretischen Gedankengebäude ein (van Helsing, 2004). Danach sei der Graf von Saint Germain ein Zeitreisender aus der Zukunft, der mit ungeklärter Aufgabe in die Vergangenheit zurückgeschickt wurde.
Derselben Überzeugung ist Meckelburg (1987), dessen Meinung nach stattfindende Einmischung von Zeitreisenden, sog. „Temponauten" systematisch von den Regierungen und Wissenschaftlern vertuscht werden, wobei das Motiv hierfür letztlich offen bleibt.

92) Marilyn Monroe hatte eine Affäre mit dem Gründer der Church Of Satan, Anton LaVey.

Die Fakten:

Marilyn Monroe (1. Juni 1926 bis 5. August 1962) galt in den 1950er und 1960er Jahren als Sexsymbol. Sie war Schauspielerin, Produzentin und Sängerin. Bevor sie ihren Künstlernamen annahm, hieß sie Norma Baker. Ihr wird eine Affäre mit dem US-Präsidenten John F. Kennedy nachgesagt.
Anton Szandor LaVey (11. April 1930 bis 29. Oktober 1997) gründete 1966 die „Church of Satan", deren bekannteste Publikation die „Satanistische Bibel" ist (LaVey, 1999). Zeitweise zeigten sich einige bekannte Showgrößen an LaVeys Glaubensmodell interessiert (Schweer, 1997).

Die Theorie:

LaVey selbst war stets bemüht, Mythen und Geschichten in seine echte Biografie einzuweben. Über Marilyn Monroe wurde gelegentlich behauptet, vor ihrem großen Durchbruch als Pornodarstellerin tätig gewesen zu sein. Belege hierzu fehlen; aufgetauchte Filme wurden als Fälschung entlarvt.
LaVey selbst behauptete, zu ihrer unbekannten Zeit eine Liebesaffäre mit Monroe gehabt zu haben (LaVey, 1999).

93) Helmut Kohl ist in Wirklichkeit jüdischer Herkunft und trug den Namen Henoch Kohn.

Helmut Kohl, geb. am 3. April 1930 in Ludwigshafen, war der bisher am längsten regierende Bundeskanzler der BRD. Seine Kanzlerschaft dauerte von 1982 bis 1998 und beinhaltete einige wegweisende Entwicklungen, so die Deutsche Einheit im Jahre 1989/1990. Er ist Sohn des deutschen Finanzbeamten Hans Kohl und seiner Frau Cäcilie (Hofmann, 1990).

Die Theorie:
In dem wegen Volksverhetzung indizierten Buch „Geheimgesellschaften II: Interview mit Jan van Helsing“ (van Helsing, 1995) wird Helmut Kohl als Teil einer jüdischen Weltverschwörung dargestellt. Er sei letztendlich der Erfüllungsgehilfe jüdischer Bankiersfamilien und habe zur besseren Tarnung seinen ursprünglichen Namen Henoch Kohn abgelegt und einen „deutsch klingenden“ Namen angenommen.
Eine Aufhebung des Beschlagnahmebeschlusses für das Buch erging 2001.

94) Die Sonne ist nicht heiß, sondern kalt – was aber von Wissenschaftlern vertuscht wird.
Die Fakten:
Die Sonne ist das zentrale Gestirn und die Namensgeberin unseres Planetensystems, des Sonnensystems. Sie besteht zu 74% aus Wasserstoff und 25% aus Helium. Auf ihrer Oberfläche herrschen über 5400°C, in ihrem Inneren knapp 16000000°C, die durch die fortgesetzte Fusion entstehen (Hönsch, 2011e).

Die Theorie:
Gemäß dieser Theorie sei die Sonne in Wirklichkeit kalt. Als Indizien hierfür wird angeführt, dass es auf Bergen, die der Sonne ja vermeintlich näher sind, kälter sei als unten im Tal. Zudem sei es im Weltraum auch kälter als auf der Erde, was unlogisch sei, wenn doch die Erwärmung des Weltraums durch die Sonne erfolgen würde. Die Wissenschaft vertusche dies aus ideologischen Gründen (Härtel, 2006).

95) Bill Gates wurde erschossen.
Die Fakten:

Zur Person Bill Gates sei auf die Gates-Antichrist-VT verwiesen.
Unbestritten ist die Wirtschaftsmacht des von ihm gegründeten Unternehmens „Microsoft“, weswegen sein Tod nachgebende Aktienkurse zur Folge haben könnte.
Genau auf dieser Thematik baut die Pseudo-Dokumentation „Nothing So Strange“ (Flemming, 2002), in der behauptet wird, Gates sei am 2. Dezember 1999 bereits erschossen worden, was aber aus Angst vor einen Zusammenbruch der Weltwirtschaft vertuscht werde.

Die Theorie:
Infolge des oben genannten Films wurde hierzu passend die Homepage des fiktiven Charakters Jack Perdue[103] kreiert, die jedoch ab und an für echt gehalten wird (Patalong, 2000), sodass der Autor in Gesprächen immer wieder auf diese VT traf und sie in die Befragung mit aufnahm.

[103]http://www.billgatesisdead.com

Anhang G CD mit Datensätzen und Ergebnisdateien

Inhalt:

1_Datensaetze

Bekanntheit_von_VT_120612

Bekanntheit_Zustimmung_VT_120612

Zustimmung_zu_VT_120612

2_Ergebnisdateien

Reliabilitaet_Bekanntheit_120614

Faktorenanalyse_Bekanntheit_120614

Reliabilitaet_Zustimmung_120614

Faktorenanalyse_Zustimmung_120614

Korrelationen_H3_120614

H9_nicht_signifikant_120614

3_Dissertation

Verschwoerungstheorien_final